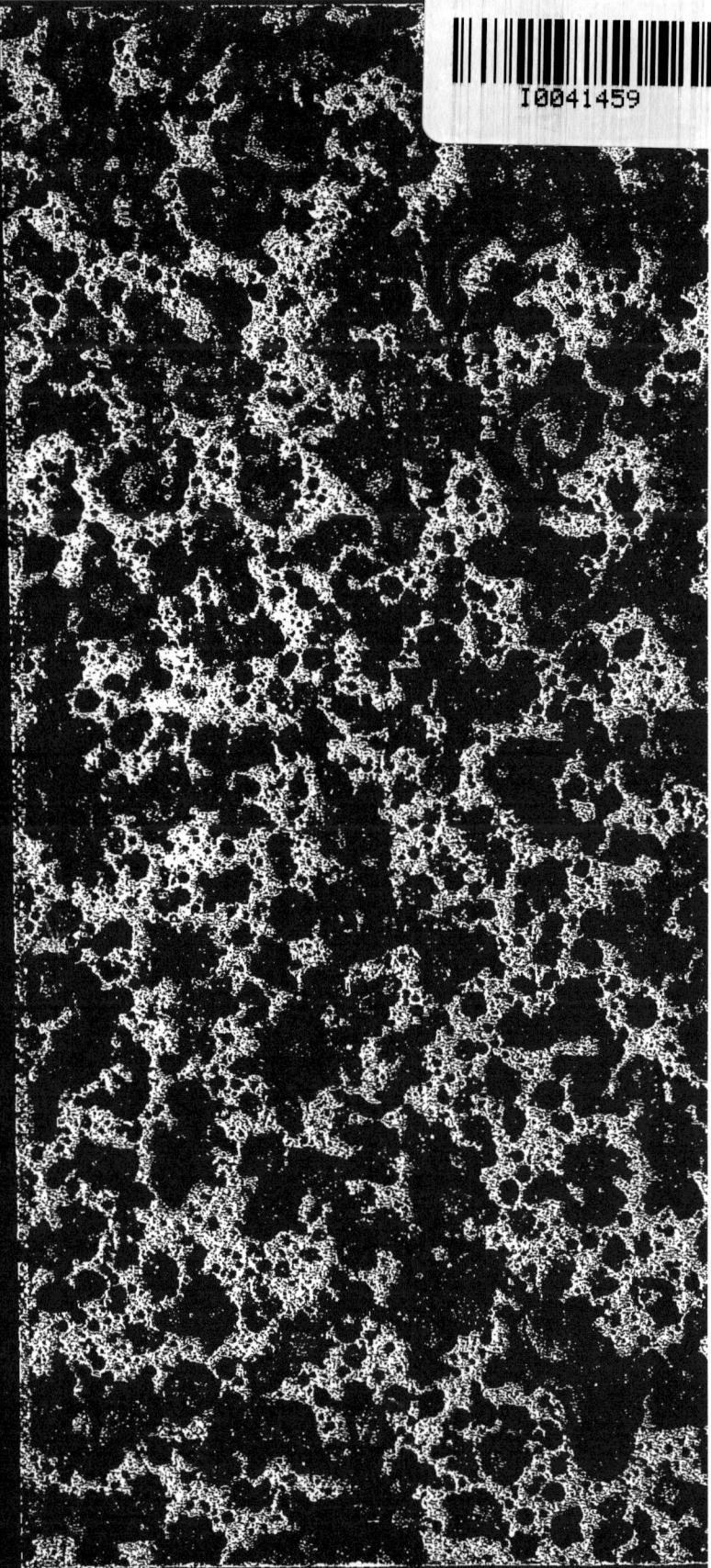

F   4001

TRAITÉ DU BAIL

A

PORTION DE FRUITS

OU

COLONAGE PARTIAIRE,

Par M. E. MÉPLAIN,

JUGE AU TRIBUNAL CIVIL DE 1re INSTANCE DE MOULINS (ALLIER),

MOULINS,

IMPRIMERIE DE P.-A. DESROSIERS.

1850.

AVANT-PROPOS.

—

Dans ces temps d'agitation politique, il y a bien des instants pendant lesquels, sans s'abandonner à une indifférence coupable pour les intérêts dont la société se préoccupe , sans cesser de remplir les devoirs communs à tous, et ceux plus étendus que certaines positions imposent, on peut s'isoler du tumulte qu'occasionne le conflit des pas. sions. Il faut le faire, surtout lorsqu'on veut écrire dans un but d'utilité sérieuse et durable. C'est dans cet isolement qu'on retrouve, intactes et pures, ces notions de justice et de vérité, que l'esprit de système, les théories irréfléchies, les préventions suscitées par l'inquiétude des intérêts menacés ou compromis, les susceptibilités de l'amour propre blessé , altèrent et obscurcissent quelquefois. Si, dans la vie active, on a reçu quelques-unes de ces injures imméritées, dont le ressentiment gêne l'action du jugement; dans la vie retirée, dans l'asile silencieux et saint de la conscience, elles semblent si légères, qu'on s'étonne de les avoir senties. J'ai tâché de vivre ainsi pour écrire ces études et les offrir au public.

Leur mérite est trop imparfait pour que j'en attende ni gloire ni profit; mais j'ai pensé qu'elles pouvaient être utilement publiées, alors même qu'elles ne feraient qu'attirer sur le contrat qu'elles ont pour objet , et ç'a été mon but principal, l'attention d'esprits plus doctés et plus élevés, auprès desquels je ne demande d'autre titre que celui d'un humble auxiliaire. Pour leur fournir ces premières données, il fallait peut-être se trouver dans les conditions d'une certaine obscurité : il fallait, propriétaire modestement aisé, avoir eu à gérer soi-même avec intérêt, et jusque dans les moindres détails, une métairie; il fallait, jurisconsulte ou magistrat, être resté, sans s'élever davantage, attaché à un tribunal de première instance dans le ressort duquel viennent se liquider les intérêts médiocres que ce contrat engendre, et s'éteindre les débats que les difficultés de son exécution suscitent trop fréquemment. C'est à raison de cette infériorité de position, en rapport avec le sujet de cet ouvrage, que je me suis cru autorisé à le publier. Puisse cette déclaration sincère, lui mériter l'indulgence de tous, et surtout celle des écrivains et jurisconsultes éminents dont j'ai souvent emprunté, et dont je me suis permis quelquefois de discuter les opinions.

Je me suis efforcé d'envisager constamment, quant aux principes, le bail à portion de fruits, à son point de vue le plus général; cependant on ne sera pas étonné que, dans les détails, cet ouvrage se rapporte plus particulièrement aux usages observés dans les départements du centre de la France.

Lorsque j'ai commencé ces études, mon intention était d'en offrir les divers chapitres en manuscrit, et selon la nature de chacun d'eux, aux Sociétés d'Agriculture et d'Emulation de l'Allier. Quoique je me sois laissé entrainer à leur donner une autre forme, je les prie d'en accepter l'hommage.

E. M.

INTRODUCTION.

C'est dans les contrées où l'agriculture a fait le moins de progrès que le bail à portion de fruits, ou colonage partiaire, continue d'être en vigueur. Dans ceux où l'art de cultiver la terre est parvenu à un plus haut degré de perfectionnement, le laboureur est à la fois cultivateur et fermier; on a conclu de là que le colonage était un système vicieux que l'on devait s'efforcer de proscrire. (1)

Cette opinion est fausse en tant qu'elle est absolue ; elle est juste au contraire si elle considère l'agriculture dans de certaines conditions.

Dans les contrées où les capitaux abondent et sont assez disséminés pour qu'il s'en trouve jusque dans les mains qui manient la charrue, s'il n'est pas préjudiciable, le colonage est au moins inutile. On peut affirmer en

(1) Opinion de Mathieu de Dombasle ; *Annales de Roville.*

effet comme observation générale que l'intelligence suit les capitaux ; là donc où le cultivateur est en possession de l'un et de l'autre , son zèle sera d'autant plus excité qu'il n'aura à partager avec personne le fruit de son travail ; mais là où le cultivateur est misérable et par suite peu intelligent, il ne peut suffire à lui seul aux besoins de la terre ; il faut qu'il soit guidé par l'intelligence, secouru par la richesse Son association au propriétaire atteint ce double but , et loin d'être infécond et vicieux, ce système est rationnel et progressif. Il rassemble des forces éparses pour les réunir dans un même intérêt , il met la force physique aux ordres de l'intelligence , et procure aux mains laborieuses les instruments du travail. Le colonage établit d'ailleurs entre les deux classes extrêmes de la société un lien, une communion d'intérêts , essentiellement favorable à l'intérêt public : « Il n'y a, dit Montesquieu, qu'une société de perte et de gain qui puisse réconcilier ceux qui sont destinés à travailler, avec ceux qui sont destinés à jouir. » (*Esprits des Lois*, livre 13 ch. 3). (1).

(1) La justesse profonde de cette sentence du prince des publicistes, a reçu de nos jours et dans le cours de nos révolutions, un témoignage irrécusable et bien digne d'attention. Il n'est pas de classe plus misérable que celle des colons, et pourtant il n'en est pas qui se soit montrée plus patiente et plus résignée; nulle n'a mieux compris et plus respecté les droits de la propriété. Tandis que la moindre hausse dans le prix des denrées excite au sein des populations , à salaire fixe , les émeutes et la révolte , les disettes les plus désastreuses, les exactions même les plus rigoureuses trouvent calme et muette la classe des cultivateurs à partage de fruits. C'est que l'associé comprend que la perte n'est pas pour lui seul; il accepte son malheur sans murmurer, parce qu'il le sait partagé.

« Dans les pays à métairies , on ne voit pas cette fureur aveugle

Des exemples malheureusement trop peu nombreux, prouvent, à n'en pouvoir douter, que toutes les fois que le propriétaire désireux d'améliorer sa terre, assez aisé pour faire les avances nécessaires, s'est associé au colon l'amélioration ne s'est point fait attendre. (1)

Mais il est rare que cette association s'accomplisse; un système infécond de fermage, parasite du colonage, s'interpose entre le propriétaire et le cultivateur, désaffectionne le premier, désespère le second, appauvrit la terre, et couronne le plus souvent par sa propre ruine les résultats si déplorables de son intervention.

Pour apprécier avec plus de justice les causes de l'imperfection de l'agriculture dans les pays de colonage, il faut se rendre un compte exact du rôle de chacun de ceux qui, dans ce système y concourent plus ou moins directement.

Ils sont, comme on a pu le comprendre, au nombre de trois : le propriétaire, le fermier et le colon.

Le propriétaire n'est pas cultivateur; souvent il ne connaît pas même les limites de ses champs; il habite la ville, et vit en oisif, exerce une profession ou remplit un emploi public. Il s'est fait propriétaire, s'il ne l'est pas devenu par succession, pour acquérir un capital certain, à l'abri des mauvaises chances du crédit public ou de l'industrie particulière. Ce qu'il demande avant tout à ce

« contre la propriété qui anime les esprits dans ceux à fermage. » (de Gasparin. *Guide des propriétaires de biens soumis au métayer.*)

(1) L'association du propriétaire et de l'exploitant, au moyen du colonage partiaire, est suffisante à l'exécution des améliorations agriles... (Réponse du conseil général du département de la Mayenne à la première question relative au crédit agricole.) — *Moniteur* du 12 janvier 1846.

capital , c'est un produit exact, un revenu fixe et net, *porté et compté en espèces métalliques ayant cours* (style de bail), *à son domicile et à tel jour de l'année.*

Le bail à colonage ne lui donnant qu'une part de fruits toujours incertaine, ne lui offre point ces avantages; pour les obtenir, il s'adresse au fermier et le subroge dans tous ses droits de jouissance.

Ce fermier n'est pas ce qu'on entend par ce mot dans les contrées du nord de la France; il n'est point assez riche pour être propriétaire : il ne se trouve point assez pauvre pour être cultivateur; il ne cultive pas, il spécule; intendant à forfait, il paie au propriétaire la rente fixe que celui-ci demande à la terre ; et pour en déterminer la quotité, il a calculé, bon an, mal an, la valeur de la portion des fruits qu'il aurait à retenir en partageant avec le colon.

C'est donc entre lui et ce dernier qu'intervient le contrat qui a pour fin la culture de la terre ; et comme le propriétaire , en concédant son droit de jouissance au fermier, a exigé de lui la redevance la plus élevée possible, celui-ci, à son tour, impose au colon les conditions les plus onéreuses, et réduit à la plus simple expression la portion des fruits qu'il consent à lui laisser.

Sans doute , le fermier n'use envers le colon que des droits dont le propriétaire aurait pu user lui-même; mais il en use en spéculateur, comme l'usurier envers l'emprunteur nécessiteux, tandis que le propriétaire eût apporté, dans les stipulations du contrat, des ménagements et de la bienveillance; il n'eût pas demandé du colon plus qu'il n'exige du fermier, et la condition du premier se trouverait améliorée de tout le bénéfice que celui-ci prétend réaliser.

Le fermier pèse donc d'un poids énorme sur le colon.

et, par contre-coup, sur l'agriculture. Il est la cause première, incessante, de la misère de l'un , de la détresse de
l'autre; et malheureusement, sous l'influence des besoins
qu'engendre le luxe toujours croissant des villes , sous
l'empire des exigences qui dominent l'esprit des propriétaires , son concours est presque une nécessité; car,
pour le supprimer, il faudrait que celui à qui la terre appartient consentît à concourir de son intelligence et de sa fortune à l'améliorer, et de puissants obstacles s'y opposent.

On rencontre bien , il est vrai, quelques propriétaires
amis des champs , riches de savoir , d'argent et de bonne
volonté, qui consacrent leur vie à l'amélioration de leurs
terres ; leurs succès sont quelquefois merveilleux , et si
l'amour de l'humanité se joint en eux à l'affection pour
le sol, le peuple de travailleurs qui les entoure et les
aide , passe progressivement de la misère au bien être
et à l'aisance ; mais ces oasis sont rares à travers nos
landes et nos bruyères !....

Revenons au régime commun : un double obstacle
s'oppose à l'intervention du propriétaire dans la culture
des terres, et aux sacrifices qu'il serait de son intérêt
de s'imposer pour leur amélioration.

En premier lieu, comme je l'ai fait remarquer déjà ,
c'est une rente périodique et certaine que le propriétaire
attend de son domaine. C'est son budget des recettes, il
ne faut pas lui demander d'en rien retrancher pour l'employer en améliorations; son budget des dépenses en serait dérangé. Ce qu'il veut avant toute chose , c'est la
solidité du placement de son capital, et les essais d'amélioration laissent place toujours à des chances qu'il ne
veut pas courir.

En second lieu, si la propriété des terres nous arrive
par succession, elle nous trouve livrés à des occupations

étrangères, auxquelles notre jeunesse s'est formée pour
ne point rester oisive pendant la vie de ceux à qui nous
succédons. Si nous l'acquérons directement, c'est que
déjà une partie de notre vie s'est usée dans des spéculations lucratives qui n'ont rien de commun avec le travail
des champs, et que l'on ne quitte qu'en vue du loisir ;
les soins de l'agriculture exigent du travail, de l'activité,
du mouvement; et pour la plupart, l'utilité de la richesse,
c'est le repos qu'elle procure.

Le propriétaire qui habite les champs n'est pas beaucoup plus disposé à tenter des améliorations importantes. Les limites de *son bien* lui paraissent étroites, le
domaine voisin projette dans le sien quelqu'angle qui le
dépare, et la manie de *s'arrondir* absorbe les épargnes
ou le capital qu'il pourrait donner à l'amélioration.
Cependant, si sous son administration directe la terre
ne s'améliore pas sensiblement plus que sous celle du
fermier, elle gagne au moins de ne se point amoindrir ;
un esprit constant de conservation, une sorte de bienveillance, la maintient dans sa médiocrité; la condition
du colon est d'ailleurs incontestablement plus favorable.
Des rapports d'intérêts communs établissent entre le propriétaire et lui une sorte de familiarité, et il est remarquable que les métayers demeurent plus longtemps dans
le même domaine et s'attachent plus étroitement au sol,
lorsqu'ils l'exploitent avec le propriétaire. Il y a, du reste,
des raisons très-positives pour qu'il en soit ainsi.

C'est une vérité proverbiale dans les pays de colonage
que le changement fréquent de colons appauvrit la terre;
le propriétaire a donc intérêt à conserver ses laboureurs,
et s'ils sont laborieux, intelligents, il s'impose volontiers
quelques sacrifices pour les attacher à son domaine. De
son côté, le colon, qui voit dans le propriétaire un pos-

sesseur permanent, comprend qu'il peut compter sur la
stabilité de son établissement; dans le domaine affermé,
au contraire, surtout dans les derniers temps de la durée
du bail, le fermier, loin de se soucier de l'appauvrissement que le changement du colon peut causer à la terre,
travaille lui-même à l'appauvrir; souvent même, en
déplaçant son industrie, il entraîne avec lui le colon s'il
peut tirer quelque profit de son habileté. Ajoutez que le
fermier et le propriétaire se quittent rarement sans être
devenus ennemis l'un de l'autre; le refus de renouveler
ou de proroger le bail suffit pour faire naître cette inimitié, et le moyen qui se présente le plus facile au fermier, pour satisfaire ses sentiments haineux, c'est de
laisser au propriétaire ou au fermier qui lui succède
l'embarras d'un mauvais colon. Ce dernier enfin, ne
tenant son droit que du fermier, est obligé dans ses
prévisions de borner à la durée du bail de celui-ci le plus
long séjour dont il puisse être assuré sur la terre dont la
culture lui est confiée. Il ne saurait associer son avenir
et sa prospérité à celle d'un sol qu'il doit quitter; bien
plus, son intérêt le pousse à l'épuiser avant qu'il s'en
sépare.

C'est donc un concours triplement funeste au propriétaire, au colon et à la terre, que celui de cet intermédiaire improductif auquel nous donnons le titre de fermier et qui n'est qu'un traitant à forfait, escomptant
à usure au propriétaire les produits du domaine à la
valeur duquel il n'ajoute et ne peut rien ajouter.

Le propriétaire devenant étranger à la culture, le
colon qui manque d'intelligence et de capital, ne peut
être éclairé et soutenu que par le fermier dont il faut
maintenant esquisser le rôle et apprécier l'action sur la
culture.

Son intervention dans la culture se borne presque toujours à la vente et à l'achat des bestiaux ; quelques-uns
y acquièrent une expérience qui les y rend habiles; mais
ils s'en font prodigieusement accroire sur ce point. C'est
un art d'observation dans lequel le colon paysan, si naturellement observateur, les aurait bien vite surpassés.
J'ai vu quelques propriétaires entreprenant de diriger
eux-mêmes, par le moyen du colonage, l'exploitation de
leurs propriétés, effrayés des difficultés que semblent
présenter la vente et l'achat des bestiaux, et qui sont
passés maîtres, après quelques mois d'école. En réalité,
il n'y a pas de colon un peu intelligent qui n'égale en
cette science la moyenne des fermiers

Le fermier n'est point en état d'éclairer le colon sur la
direction des travaux ; il n'a rien appris dans les livres,
où d'ailleurs on apprend peu en cette matière, parce
qu'il est illettré ; il ne s'est point instruit par l'exemple
d'une bonne culture, parce que jamais il n'est sorti de
la contrée qu'il habite, et que son expérience se borne à
la pratique routinière du pays. La conduite de l'exploitation reste donc tout entière au colon qui n'a de reproche
à essuyer qu'autant qu'il manque gravement aux règles
que prescrit l'usage des lieux, c'est-à-dire la routine.

L'interposition du fermier ne pourrait donc être utile
qu'en un point ; ce serait en compromettant, dans la
spéculation agricole, des capitaux qui favoriseraient son
extension (1).

(1) Dans la maison, on ne gagne qu'en épargnant; dans le champ,
une grande hardiesse est souvent nécessaire pour gagner beaucoup. Il
arrive très-souvent que les fermières qui deviennent veuves se ruinent,
parce qu'elles conduisent toute la ferme par les principes qui ne conviennent qu'à la basse-cour. (*Quesnay*.)

Cette ressource lui manque habituellement ; il n'a presque toujours pour capital qu'un fonds de roulement insuffisant; heureux si pour les besoins les plus ordinaires il n'est point obligé de recourir au crédit ruineux de la banque ou des petits usuriers. Mais pour ceux-mêmes qui seraient possesseurs de capitaux dont ils pourraient disposer au profit des améliorations agricoles, les motifs les plus péremptoires s'opposeraient a cet emploi.

Le fermier n'est point cultivateur; le colon seul sème, récolte, a soin des bestiaux, et l'emploi des capitaux n'étant qu'un moyen de culture, serait nécessairement à sa disposition; or, son incurie, son mauvais vouloir, ou son ignorance suffirait pour faire tomber en perte sèche les avances de fonds qu'aurait faites le fermier. C'est un risque qu'il est pardonnable de ne vouloir point courir.

D'une autre part, les améliorations sont lentes à se produire, et le terme moyen des baux à ferme est de six années ; le terme légal est de trois ans ou de deux ans. A coup sûr, le fermier qui, dans une position pareille, tenterait des améliorations, sèmerait sans recueillir. Le remède à cet inconvénient se trouverait dans la concession de baux à longs termes ; mais le propriétaire est peu disposé à l'accorder. Depuis bien des années, le renouvellement du bail a été toujours l'occasion d'une augmentation de fermage; le propriétaire ne se dessaisit pas de cette espérance que la concurrence entre les fermiers l'aide souvent à réaliser.

Qui sait même si l'usage des baux à longs termes s'introduisant, ce serait, dans le système de fermage dont nous nous occupons, une garantie bien certaine de progrès ; abandonner pour longtemps la terre aux rou-

2

tiniers, ne serait-ce pas à jamais perpétuer la routine ;
et conviendrait-il bien de confier à des mains aussi
inhabiles l'avenir de la prospérité agricole?

Des baux de vingt ans seraient d'ailleurs accordés à
de tels fermiers, ce qui n'arrive jamais, que leur intérêt
s'opposerait encore à des améliorations successivement
persévérantes. S'ils employaient les dix premières années
à porter au plus haut degré la fertilité du sol, ils em-
ploieraient les dix dernières à l'épuiser. Les vaches
maigres dévoreraient les vaches grasses, et le bail fini,
la terre se trouverait encore plus appauvrie qu'à l'entrée.

Aussi les fermiers clair-semés qui ont un capital le
dirigent vers des spéculations étrangères à l'agriculture,
et se livrent au commerce des vins, des bois, des
grains. (1) Malheur alors à la terre, au propriétaire et
au colon. Ce dernier se transforme en voiturier aux
gages du fermier; les bestiaux quittent le labourage
pour le charroi; les terres restent en friche, et les
engrais se perdent sur les routes.

Enfin les améliorations foncières, les plantations et
leur conservation étant souvent nuisibles, toujours au
moins indifférentes au fermier, il les dédaigne, les empêche ou les détruit.

Ne pouvant attendre ni lumières, ni soutien du propriétaire ou du fermier, quel progrès le colon pourrait-il
imprimer à la culture? Des trois possesseurs du sol,
il est le plus incapable de l'améliorer et le plus malheu-

(1) Parmi les fermiers, ceux qui, sous prétexte de joindre le commerce au labourrage, se répandent souvent dans les marchés publics,
n'en rapportent que le goût de la dissipation, et perdent de vue la
seule affaire qui leur soit importante. (Quesnay.)

reux en même temps. Ignorant et pauvre, il n'a pas même pour stimulant l'ambition de s'enrichir, tant il est convaincu de son impuissance à le faire.

On répute riche le métayer qui, au jour de la moisson nouvelle, compte encore sur son grenier quelques sacs de blé de la récolte précédente ; aisé, celui qui, à la même époque, n'a rien, mais ne doit rien. Le plus grand nombre emprunte du fermier, en avance sur la moisson prochaine, le pain qu'il mange chaque jour.

Son bail est presque toujours d'une année ; il en embrasse trois au plus. Comment dans une condition aussi précaire pourrait-il songer à des améliorations qui demandent de longues années pour se réaliser ? Toute innovation lui est odieuse, et c'est justice ; victime assurée de tout essai infructueux, il sait qu'il ne doit rien lui revenir des profits du succès.

Ce résultat peut paraître étrange dans une société où le colon doit recevoir en compensation de son travail une quote-part des fruits ; cette quote-part étant fixe, par exemple de la moitié, on doit croire qu'il profitera dans la même proportion du produit des améliorations, c'est-à-dire, de l'augmentation des fruits. Mais il faut savoir que cette condition de partage n'est qu'apparente ; si le colon perçoit une part fixe des fruits de toute espèce, même du produit des bestiaux ; sous une autre forme, il en restitue la meilleure portion. Sous le titre d'impôt, de prestation colonique, il paye chaque année au fermier une somme qui varie selon l'importance des profits qu'il peut obtenir. Au moyen de ce contre-poids, les améliorations du domaine sont pour lui sans profit, et sa part est toujours ramenée au strict nécessaire. Que par ses soins, les produits s'accroissent, le fermier augmente aussitôt le chiffre de la prestation colonique, et reprend par cette voie la portion des profits que le colon avait perçue ; si le colon refuse de subir cette exigence, il le renvoie et fait accepter sa condition par un autre, qui n'ayant point contribué à l'amélioration du domaine, n'a point à se plaindre qu'on le prive d'un bénéfice acquis par son travail.

Cette injustice révolte, et cependant c'est la base de ce système de fermage qui pivote, pour ainsi dire, sur cette iniquité ! C'est comme une chose convenue, qu'il ne doit rester au colon que le nécessaire, et comme l'avidité des spéculateurs est insatiable et sans pitié, le nécessaire le plus étroit paraît toujours trop large au fermier ; le nécessaire du colon, c est : pour se couvrir des haillons, pour se nourrir du pain noir, des pommes de terre et de l'eau. Mais des aliments qui donnent et soutiennent les forces du travailleur, maintiennent sa santé, raniment son courage ; le vin, la viande, il n'y touche qu'en fraude, le jour qu'entraîné au cabaret par un désir brutal, il se gorge de l'un et s'enivre de l'autre.

Cette association du propriétaire, du fermier et du colon est déplorable ; c'est la combinaison la plus funeste qu'on puisse rencontrer, et pourtant, il faut l'avouer encore, dans les pays où le cultivateur est ignorant et misérable, elle seule semble pouvoir procurer au propriétaire la sécurité qu'il exige avant tout. C'est pour l'entretien de son bien-être, pour la satisfaction de ses désirs, que les récoltes mûrissent, que les troupeaux s'accroissent. Cependant, il veut que son bien-être soit à l'abri des fléaux qui ravagent les récoltes, détruisent les troupeaux ; la grêle, l'épizootie ne doivent point troubler sa quiétude ; les succès de l'agriculture sont à lui tôt ou tard ; il est étranger à ses revers ; car annulant la disposition de l'article 1769 du code civil, il stipule dans le bail que le fermier ne pourra réclamer aucune indemnité ou diminution sur le prix pour grêle, inondation ou épizootie. Cette condition est de droit pour les colons.

Le fermier a pu se créer, dans les années prospères, une réserve qui l'aide à supporter ces désastres; la prestation ou l'impôt, quelque nom qu'on lui donne, s'aggravant dans les jours heureux, interdit au colon toute épargne. Non seulement il ne peut espérer que les profits de l'avenir combleront le vide que le fléau vient de creuser; mais alors même que le fruit du travail d'une année s'anéantit sous un nuage, il n'est point déchargé du tribut : sa misère est alors sans consolation, sans espoir. Il quitte la métairie, vend ses instruments aratoires pour payer sa dette, et devient journalier, le dernier terme du prolétariat (1).

Maintenant, nous pouvons déterminer les bases de cette fausse image d'association qui s'établit entre le propriétaire, le fermier et le colon.

Le premier, fournisseur du capital exploité, ne court aucune chance de perte soit dans le capital, soit dans le produit : il a dans le fermier un assureur pour le tout.

(1) Le laboureur qui laboure son héritage, combien doit-il estre fasché estant déçu dans son attente, quand sur lui seul tombe la perte? Or, combien plus quand il laboure sur autruy et que par calamité d'une année, il tombe à la mercy d'un maistre impiteux, qui ne lui corne dans les oreilles qu'une fascheuse appréciation de grains, laquelle sortant effet ne lui laisse pour l'advenir nulles espérances de ressources ? (Estienne Pasquier, liv. II, lett. 4.)

Quant à l'oppression des paysans, hélas! nous avons peine à trouver de loin en loin, un pays sur la terre, un siècle, où elle n'ait fait rougir l'humanité! (Sismondi, *Précis de l'histoire des Français.*)

Le second, qui ne fournit ni capital ni travail, est un joueur qui spécule sur la clémence ou la rigueur des saisons. Il court alternativement des chances de perte et de profit (1).

Le troisième, fournisseur du travail, n'a rien d'assuré, pas même son mince capital d'instruments aratoires. Son salaire, modéré dans les temps d'abondance par le contre-poids de la prestation, se réduit sous l'influence des saisons, s'annule sous la violence de leurs intempéries ; et lorsqu'il ne reste rien du travail de l'année, le travail de celle qui la suit est grevé par avance d'une dette qu'il ne peut couvrir.

Evidemment, cette situation est affligeante au point de vue de la philosophie, ruineuse au point de vue de l'économie. Elle est bien différente de l'idée qu'on peut s'en faire dans les pays où le colonage n'est point usité, si j'en juge par le passage suivant, que j'extrais de la préface du Traité du Louage par M. Troplong : « Le « métayer vit avec sécurité sur le champ qu'il féconde, « dispensé de *payer au maître de l'argent* et d'acquitter « les impôts; car le contrat à colonage partiaire est or- « ganisé tout entier sur cette idée, que le paysan n'a pas « d'argent et qu'il ne faut pas lui en demander. Cette « position est commode pour l'agriculture; elle lui laisse « une jouissance exempte de toutes les inquiétudes qui « peuvent troubler le spéculateur ; il ne craint pas sur-

----

(1) On peut appliquer à ce genre de fermage ce que dit M. Michel Chevalier de l'agiotage. « D'autres fois à la faveur des banques, s'est « développé l'agiotage, c'est-à-dire, la spéculation sans travail, quel- « que chose qu'on peut appeler la piraterie des sociétés policées. » — Lisez *Piraterie de l'Agriculture*. (Michel Chevalier, discours d'ouver- ture du cours d'économie politique 1845-44.)

« tout que le prix de son bail aggrave sa condition par
• de dures exigences, puisque le système du bail à mé-
« tairie se résout en un résultat *uniforme et invariable*,
« le partage à mi-fruit.

Cet auteur ne paraît pas avoir soupçonné le funeste
système de fermage que je viens de décrire ; il ignore
aussi évidemment l'usage et·l'abus de la prestation colonique. Il indique comme règle générale l'association
immédiate du colon et du propriétaire ; c'est l'exception.
Le métayer lui paraît quitte envers son maître une fois
qu'il lui a livré la moitié des fruits ; il le suppose étranger au paiement des impôts, exempt de toute inquiétude,
tandis qu'il n'a pas un meuble de la possession duquel
il puisse être assuré pour une année entière.

La condition du colon français est loin assurément de
la détresse presque fabuleuse du paysan irlandais, si
éloquemment décrite par le même auteur, et avant lui
par M. G. de Beaumont. Cependant il y a dans leur position une analogie qu'il est facile de saisir — Comme
en Irlande, le colon français n'est point en relation immédiate avec le propriétaire ; il subit la loi d'un traitant ;
et bien qu'il n'ait à répondre qu'à l'avidité d'un seul,
sa condition n'en serait pas meilleure si l'exemple des
propriétaires qui jouissent eux-mêmes de leur domaine,
ne maintenait une sorte de modération dans les exigences du fermier. Mais parce qu'ils échappent au dernier excès de la misère, doit-on repousser comme illégitime toute demande pour eux d'une condition meilleure!

Je ne partage point dans leurs exagérations les prétentions de novateurs qui déplacent tous les droits,
confondent tous les devoirs, pour niveler toutes les conditions ; je crois fermement à la justice, à la nécessité
pour l'existence sociale du droit de propriété : mais je

détesterais aussi cordialement l'égoïsme et l'orgueil qui
dénieraient au travail son droit au bien-être, comme il a
sa place au soleil. Je ne connais pas de droit qui n'ait
pour corrélatif un devoir ; et toujours il m'a paru qu'en
confiant à de certaines mains la propriété du sol,
la loi sociale leur impose la condition de l'améliorer et
le leur livre grevé d'une sorte de droit au profit de ceux
qui sont exclus de ce privilége, et n'y participent que par
le travail ; et quand je lis que de 1811 à 1820 la duchesse
de Sutherland, pour convertir ses champs en pâturages,
dépeuple ses terres de quinze mille paysans qui d'âge
en âge les avaient cultivés, détruit les villages et les
habitations, les chasse impitoyablement d'une contrée
arrosée de leurs sueurs, les condamne aux horreurs de
l'exil et de la faim, je ne puis admettre qu'elle ne commet
qu'un abus du droit de propriété ; je dis qu'elle abuse
du silence des lois civiles pour commettre un vol inique,
pour spolier des malheureux du droit le plus légitime et
le plus sacré, celui de demeurer sur le sol où l'on a pris
naissance en le fécondant par son travail. *Divina natura
dedit agros.* (1) La déclaration de ce droit, qui défend
de séparer l'homme de la terre, n'a pas toujours été
absente des lois civiles, le droit romain l'avait consacré :
« Sous les empereurs, les colons, quoique tenant d'assez
« près à l'état servile, exercent une espèce d'industrie ;
« ils sont en quelque sorte les fermiers perpétuels des
« domaines auxquels leur *naissance* ou la convention les
« attache. Une garantie leur était assurée, c'est qu'il

---

(1) Dans l'état social de la tribu germanique sédentaire et agricole,
les colons habitaient la terre du chef de clan, sans aucun droit de propriété véritable, mais jouissant héréditairement du droit de la cultiver moyennant une redevance. (Guizot, *Histoire moderne*)

« n'était pas permis de les séparer du domaine ; le
« propriétaire *ne pouvait les vendre qu'avec la terre ;*
« *et la terre ne pouvait être vendue sans eux* (1).

Ces colons n'étaient plus esclaves, mais ils n'étaient
pas libres encore (2) ; et pourtant la puissance du maître
ne s'étendait pas jusqu'à leur refuser une patrie ; et dans
l'Europe moderne cet ostracisme impie a pu s'exercer sur
des hommes libres !

Je me suis éloigné de mon sujet, j'y reviens. J'ai voulu
prouver que le colonage n'était point en lui-même une
aussi mauvaise institution que quelques-uns le pensent,
et que si la terre assujétie à son régime ne développe
point toute sa fécondité, ce n'est point à des vices qui
lui soient propres qu'il faut s'en prendre, mais à une
combinaison d'intérêts qui le prive de l'appui qui lui est
nécessaire, et neutralise ce qu'il pouvait avoir de puissance.

L'agriculture, dans son développement, a des âges
bien marqués. Livrée d'abord aux mains d'esclaves ,
qu'aucun intérêt n'attache à sa prospérité, elle s'affran-
chit dans celles des colons *serfs* que la loi unit à la terre
en défendant au maître de les en séparer. Sa fécondité
s'augmente lorsqu'au lieu de travailler uniquement pour
son maître, le colon, assujéti seulement au tribut d'une
quote part des fruits, partage au moins les bénéfices d'un

(1) Troplong (ibid) V.

(2) Les différences très-réelles qui existaient entre les colons et les
esclaves, faisaient du colonat une situation légale bien distincte , une
classe à part dans la société. Mais la liberté de cette classe était réservée
dans des limites fort étroites , et soumises à des conditions fort dures.
C'était une condition mitoyenne entre la liberté et la servitude.
(Guizot, *Histoire moderne.*)   3

redoublement de travail et de soins; son essor est plus rapide encore dans les mains du franc-fermier qui, payant un loyer du capital qu'on lui prête, ne doit rien au-delà, et profite seul de l'accroissement de produits; enfin, la culture s'unissant à la propriété, le maître du sol, dont la jouissance n'a point de terme, confiant dans l'avenir, l'enrichit de ses épargnes, et l'agriculture atteint alors son plus haut degré de prospérité, son âge d'or.

Toutefois, ce n'est pas d'un seul bond qu'elle franchit cet espace; chacun de ses âges a lui-même ses embarras, ses entraves qu'elle doit rompre et dont il faut qu'elle s'affranchisse par la patience et par des efforts longs et persévérants.

La culture par esclave cède la place à la culture par colon *serf*. Lorsque le maître, possesseur de domaines trop vastes, ne peut plus étendre sur tous sa surveillance, de l'esclave il fait un colon partiaire pour l'intéresser à l'augmentation des produits; il lui livre la terre, en conservant son droit sur sa personne. Mais les idées morales s'épurent, l'esclavage est proscrit, et le colon obtient une place parmi les hommes libres (1); ainsi les progrès de l'agriculture suivent les progrès de la liberté, cette providence du travail.

Mais la liberté pauvre, la liberté sans capital, est incomplète encore; c'est un droit, ce n'est pas encore un fait. Le travail reste assujéti au besoin d'instruments, et par suite aux exigences des possesseurs des capitaux. Si ce n'est plus un esclavage, c'est au moins une sujétion qui peut devenir accablante lorsque la maîtrise tombe entre des mains avides et impitoyables. Cet état est celui du colonage libre, assujéti au fermage.

(1) Contracter un contrat de métayage, c'était affranchir l'homme pour se réserver la propriété de la terre. (de Gasparin).

Pour passer de leur état à celui des francs-fermiers, il manque donc aux colons une première chose, un capital. J'ai montré comment ils sont empêchés de l'acquérir par l'obligation de payer une prestation en argent qui s'élève ou s'abaisse selon que la terre se féconde ou s'épuise ; à cette cause il faut ajouter le pouvoir qu'a le propriétaire ou le fermier qui le représente, d'exiger une quote-part des fruits plus forte que la moitié. S'il était possible d'imposer des limites au droit de propriété dans ses rapports avec le colonage, la distance serait franchie en peu d'années. Si par exemple il pouvait être défendu, sous peine de nullité de cette convention, d'exiger du colon plus que la moitié des fruits en nature, et pour prestation plus que la moitié de l'impôt du fisc(1), on verrait sous le colonage même l'agriculture sortir de la routine où la maintient plus que tout autre cause l'insouciance du cultivateur. Le canon du fermage serait pour quelque temps diminué, peut-être ; mais aussitôt que le colon aurait épargné son premier capital, il aurait hâte de devenir fermier ; et comme il saurait mieux qu'un autre apprécier toutes les ressources du domaine, il en offrirait un prix plus élevé. (2)

La proposition de modifier ainsi la législation paraîtra bien osée à certains esprits qui portent jusqu'au fétichisme le culte du droit de propriété, que nous nous contentons de respecter comme une institution utile, nécessaire même, mais dont le développement peut et

(1) Je montrerai plus tard que cette condition est conforme à l'esprit même du contrat de bail à colonage partiaire.

(2) L'exploitation par métayers est une véritable transition de la culture servile à la culture des fermiers, (de Gasparin).

Voy. aussi Troplong, *Préf. du Traité du Louage.*

doit recevoir certains tempéraments , et accepter certaines restrictions qu'exigent la justice et l'intérêt social bien entendu. Auprès de ceux-là néanmoins, nous nous justifierons en leur citant quelques textes propres à leur prouver que cette proposition a été mise en pratique ou conseillée dans tous les temps.

Selon Plutarque, « on ne permettait point, à Lacédémone, d'augmenter le tribut de l'esclave. On pensait « que les hilotes cultiveraient mieux la terre, lorsqu'ils « sauraient que leur servitude n'augmenterait pas ; on « croyait que les maîtres seraient meilleurs, lorsqu'ils « ne désireraient que ce qu'ils avaient coutume d'avoir.» (Plutarque)

Le même principe dominait dans la loi romaine, et la loi V au Code de Agric. et Censit. renferme ce texte énergique : *Domini prædiorum, id quod terra prestat accipiant, pecuniam non requirant.*

Et alioqui , nullum justius genus reditus, quam quod terra , cœlum, annus refert. (Pline le Jeune , lettr. 37, liv. IX.

« Que tout colon de qui son maitre exigera plus qu'il « n'avait coutume, et qu'on exigeait de lui dans les « temps antérieurs, s'adresse au premier juge qu'il pourra « aborder, et prouve le fait , afin qu'on défende au maî- « tre convaincu , d'exiger ainsi à l'avenir plus qu'il n'a- « vait coutume de recevoir, et qu'on lui fasse rendre ce « qu'il aura extorqué par un tel surcroit. (*Cod. Just.* liv. « XI, tit. 49, liv. I.) »

« La fixité de la rente , dit M. Guizot, était pour les « agriculteurs un immense avantage; elle avait le même « effet qu'on cherche à obtenir, dans les sociétés moder- « nes, de l'immutabilité de l'impôt foncier... les colons « jouissaient de cet avantage; et si d'autres circonstances

« n'en avaient atténué l'effet, il aurait peut-être contre-
« balancé, jusqu'à un certain point, les vices de leur
« condition. »

Heureux aussi, les colons qui purent, après l'invasion
des Francs se maintenir sous cette égide de la loi romaine!
« —Les serfs cultivateurs de ceux qui suivaient la loi ro-
« maine, étaient moins malheureux que les esclaves des
« peuples germains; la rente de ceux-ci n'avait rien de
« fixe, et ne se réglait que sur la volonté de ceux à qui
« ils appartenaient; les premiers au contraire, soumis à
« des redevances régulières, ne craignaient pas de les
« voir varier au gré de leur maître. » (Perreciot).

Au reste, comme ce principe de sécurité accordé aux
colons était moins un bienfait, « que le résultat d'une
« organisation primitive, naturelle et juste (1); » et
qu'un principe pris dans la nature des choses et puisé
aux sources de la justice, ne périt plus quand il s'est fait
jour dans les lois humaines, il ne s'éteignit pas dans le
cahos du moyen âge, et sa lumière apparaissait encore
de temps en temps, ranimée par la volonté pure et dé-
sintéressée de la vertu, ou rallumée, comme un élément
nécessaire à la vie sociale, par ceux mêmes qui avaient
tenté de l'éteindre. M. Guizot en a cité de précieux do-
cuments.

Le premier est une lettre de Grégoire le Grand (590—
6)4), au sous-diacre Pierre chargé de l'administration
des biens de l'église en Sicile :

« Nous avons appris que les colons de l'église sont
« extrêmement vexés à raison du prix des grains, à ce
« point que le montant de la redevance à laquelle ils
« sont tenus ne demeure pas la même dans les temps

____

(1) Guizot, ibid.

« d'abondance. Nous voulons que de tous les temps, soit
« qu'on ait récolté plus ou moins de blés, on ne leur en
« fasse fournir que la même mesure . . . .
« et de peur qu'après ma mort, lorsque nous aurons
« augmenté la somme totale à payer, et supprimé les
« charges qui étaient mises en sus, ces charges ne soient
« de nouveau imposées aux colons, de manière que leur
« redevance se trouve plus forte, et qu'ils soient en ou-
« tre obligés de supporter d'autres charges, nous voulons
« que tu fasses des registres de sûreté, où tu établiras
« qu'une fois pour toutes chacun doit payer tant . . . .
« . . . . Nous ordonnons par la présente, que tu fas-
» ses aux colons, sur notre trésor public, les prêts qu'ils
« pourraient demander à des étrangers ; qu'on n'exige
« d'eux le paiement que peu à peu, et à mesure qu'ils
« auront de quoi payer, et qu'on ne les tourmente pas
« pour l'époque. Car ce qui pourrait leur suffire en le
« gardant pour plus tard, vendu trop tôt et à vil prix
« quand on les presse, leur devient insuffisant. »

Admirable et touchante leçon de charité chrétienne, et
tout à la fois, d'économie politique, où se manifestent
également le génie et la vertu !

Ce fut ce même esprit de bienveillance pour les colons
qui dicta les termes d'une donation faite au IX⁰ siècle à
l'abbaye de St-Martin de Tours.

« Je donne à l'abbé Friedegies, notre manoir seigneu-
« rial... avec les hommes qui demeurent là, et que nous
« y avons établis, pour y vivre comme des colons. .. et
« nous ordonnons que ces hommes cultiveront la terre,
« et les vignes, et toutes choses à mi-fruit, et qu'on ne
« leur demandera rien de plus, et qu'après nous ils n'au-
« ront point de trouble à souffrir »

Perreciot (1) rapporte d'après Pérard, que « 13 colons
« que l'église de St-Etienne de Dijon avait à Ahuit, s'é-
« tant plaint qu'on exigeait d'eux depuis 3 ans un muid
« de vendange par chaque muid colonique, au-delà des
« redevances réglées d'ancienneté, cette surcharge fut
« réformée par une charte. »

Ce que l'église accordait ainsi par esprit de charité,
les seigneurs furent eux-mêmes obligés de le concéder
pour assurer leur puissance en attirant sur leur terre un
plus grand nombre de vassaux, de vilains ; et l'appat
qu'ils leur présentèrent, ce fut la fixité et l'invariabilité
de la redevance qu'ils en percevraient pour la concession
des terres; et telle était l'influence de cet avantage qu'il
suffisait pour préserver le paysan du désespoir et du dé-
couragement qui eussent été les conséquences inévitables
des droits odieux, quelquefois atroces auxquels les seigneurs continuaient de les soumettre au nom de la
coutume du manoir, et pour contenir le sentiment d'indépendance que leur inspirait cette sécurité. (2).

Le plus souvent, sans doute, ces redevances étaient
le prix de concessions faites à titre d'emphytéoses, ou de
baux et rentes etc., qui transmettaient des droits tous
voisins de la propriété absolue des terres ; mais cette
considération n'affaiblit pas l'utilité de ces exemples,
pour la confirmation du principe que je veux établir; elle
y ajoute au contraire, en prouvant que dans quelque
condition que se trouve placée l'agriculture, l'invariabilité
des droits du travail sur les produits, est favorable à
l'amélioration de l'état des personnes et de la culture des
terres.

(1) T. I, p 126.
(2) V. Sismondi, *Hist. des Franç.* — Guizot, *Hist. mod.*

Il ne faut pas croire, néanmoins, que la culture à portion de fruits fût alors abandonnée; l'inféodation enbras-
sait généralement les terres qui avoisinaient les châteaux,
les villages et les villes; mais les corps de domaine éloignés des centres de population, toutes les fois que les
désordres des temps permirent de les cultiver, furent nécessairement soumis à un mode de culture que la tradition puisée à la source romaine, présentait toujours comme le seul moyen possible d'exploitation; des colons s'é-
tablissaient et les propriétaires ne pouvaient exiger d'eux
qu'une partie de la récolte ; leur situation n'eût pas permis d'en exiger rien de plus. Ainsi se conservait tantôt
comme règle d'équité, tantôt comme nécessité de position, cette maxime née avec l'institution même de ce
louage partiaire, qu'il ne fallait demander aux colons
qu'une part des fruits de la terre.

Les rédacteurs de nos coutumes ne l'oublièrent pas.
Après avoir déterminé les droits du preneur et du bailleur d'un cheptel simple dans les profits dont il est
susceptible, la coutume du Nivernais professe énergiquement dans ses art. XV, l'esprit qui doit dominer tous
les contrats qui ont pour base le partage des fruits entre
le capital et l'industrie.

« Et s'il y a autres convenances que les dessus dites
« accordées ou observées entre les parties, par lesquel-
« les il y ait inégalité de profit et dommages, mêmement
« quand il y a *exactions* d'autres profits que les dessus
« déclarés, les dites convenances sont dès à présent et
« pour lors censées et réputées *illicites* et *usuraires* ; et
« les *bailleurs* qui *les accorderont*, ou en *useront*, seront
« punis comme usuriers. »

L'art. DLV de la coutume du Bourbonnais contient
une disposition analogue :

« Sont illicites et nuls tous contrats et convenance de
« cheptel de bêtes par lesquels les pertes et cas fortuits
« demeurent entièrement à la charge des preneurs; aus-
« si , ceux esquels, outre le cheptel et croit ,en est pro-
« mis par les preneurs aux bailleurs argent ou blé, que
« l'on appelle droit de moisson.

« Sur cet article , Auroux-des-Pommiers fait remar-
« quer, que ce qui fait réprouver cette convention, c'est
«· l'inégalité qu'elle produit, en ce que dans ces sortes de
« cheptel le bailleur est assuré d'un profit certain , dans
« dans les cas mêmes où le preneur s'oblige, (quelque
« cas qu'il arrive) de payer ce droit de moisson, quand
« même il ne resterait aucun profit ni croit , et qu'il n'y
« aurait que de la perte. Or, dans les sociétés , les pro-
« fits ne se doivent prendre par les associés , qu'autant
« qu'il y en a, de sorte que si la société n'en rend aucun,
« les associés n'en retirent point. »

Ces principes jugés si équitables alors, le seraient-ils
moins aujourd'hui.

Cependant, le soin même que prenaient les hommes
justes de protéger le cultivateur contre les exigences de
leurs successeurs , prouve que la cupidité des maîtres
tendait déjà, dans ces temps anciens, à imposer au colon
des charges progressives. Cet abus favorable au plus
fort devint de jour en jour plus fréquent , et s'établit
enfin comme une règle ordinaire du contrat. Il est vrai
que les colons ont acquis, dans l'ordre politique, l'affran-
chissement de leur personne, un droit de liberté dont ils
ne jouissaient pas ; mais , de bonne foi, quel avantage
réel leur en revient-il? ne restent-ils pas toujours fatale
ment attachés à la glèbe , par la nécessité de travailler
pour vivre, et par l'impossibilité de s'enrichir par le travail? Aussi, malgré le silence de la loi à l'égard de cette

4

coutume abusive, la justice et la raison ne cessèrent pas de protester contre elle. Les meilleurs économistes de notre temps , les jurisconsultes les plus distingués se sont réunis dans une même pensée.

« Les hommes ne sont point excités au travail quand « ils n'ont rien à espérer pour leur fortune; leur activité « est toujours proportionnée à leur succès, il faut que le « cultivateur ne soit pas inquiété par des contributions « arbitraires et indéterminées; les taxes arbitraires sont « trop effrayantes pour ne pas s'opposer toujours puis- « samment au rétablissement de l'agriculture (Ques- « nay (1).

Dans son Cours de droit civil, M. Duranton assigne pour cause à la redevance colonique que paient les métayers, le loyer de leur habitation et la portion à leur charge dans la contribution foncière du domaine qu'ils exploitent ; cette opinion que nous examinerons plus tard au point de vue de la législation actuelle, fixerait les limites de cette obligation à la valeur réelle du loyer et à la moitié de l'impôt foncier. M. Troplong , envisageant dans son Traité du louage le bail de colonage partiaire, non au point de vue de la pratique dont ce savant magistrat n'a point été témoin , mais à celui de la théorie pure, prise dans la nature même de ce contrat, propose cette maxime qui résume tout ce que nous avons dit, savoir : « que le métayer doit vivre avec sécurité sur « le champ qu'il féconde; *qu'à cet effet*, il doit être « dispensé de payer au maître de l'argent et d'acquitter « les impôts ; que le contrat à colonage partiaire est « organisé tout entier sur cette idée, que le paysan n'a

(1) Voyez aussi Turgot, t. 1er, p. 541. *Collection des Économistes*, édition Guillaumin.

« pas d'argent et qu'il ne faut pas lui en demander ;
« que le colon ne doit pas craindre surtout que le prix
« de son bail aggrave sa condition par de dures exi-
« gences, puisque le système du bail à métairie se
« résout en un résultat uniforme et invariable, le par-
« tage à mi-fruit. »

Si la loi réglait sur ces bases le contrat du bail à métairie, la transition du colonage partiaire au franc
fermage serait en peu de temps opérée; l'industrie agricole
serait promptement délivrée du fermage vicieux que [la
misère des colons lui impose, et qui trouve heureuse-
ment dans son impuissance même une cause de désorganisation.

Avant son morcellement, fruit de la Révolution et des
lois sur le partage des successions, la propriété foncière
se divisait généralement en grands domaines, ou plutôt
en terres considérables, composées d'un grand nombre
de métairies. Ce principe d'agglomération qui régissait
la propriété se retrouvait dans le mode de fermage, et
quelqu'étendue que fût une terre, il était rare qu'elle fût
confiée à plusieurs fermiers. Comme les fortunes secon-
daires étaient rares alors, et que le fermier de biens
aussi importants devait offrir une certaine garantie, les
concurrents n'étaient pas nombreux ; on voyait même
fréquemment dans la famille des fermiers le bail se
transmettre de génération en génération, sans que d'aucune part on eût songé à en renouveler le titre.

Les grands propriétaires se divisaient en deux classes:
les uns, attachés à la cour ou remplissant les hauts em-
plois de la magistrature et de l'armée, ignoraient la
valeur de leur terre ; les autres, ensevelis au fond d'une
province, s'abandonnaient aux loisirs de la vie de château; modérés dans leurs désirs, contents de l'abondance

qui régnait autour d'eux et dépassait leurs besoins,
exempts d'ambition parce que, dans le cercle dont ils
occupaient le centre, ils se sentaient au-dessus de tout,
ils n'étaient point incités à se montrer exigeants sur le
prix du fermage. Les fermiers prélevant leur bénéfice
sur des domaines plus vastes, sur le travail de colons
plus nombreux, obtenaient des profits considérables et
jouissaient en outre, sinon par le contrat, au moins par
le fait, des avantages attachés aux longs baux; enfin
l'absence de concurrents leur permettait toujours de
stipuler des conventions avantageuses. Des bénéfices
recueillis sans peine et toujours assurés étaient le résultat
de cette position. Aussi quand le fermier ne s'enivrait
pas trop de sa bonne fortune; quand l'ordre et l'économie se joignaient à une gestion un peu éclairée, il
arrivait infailliblement à la richesse, et il suffit dans
les contrées où ce système était en vigueur, de jeter
les yeux autour de soi, pour reconnaître que beaucoup
de grandes fortunes foncières n'ont pas d'autre origine.

Cette source est désormais tarie; le fractionnement
du sol a rendu accessible à un plus grand nombre le
bail à ferme; le succès des anciens fermiers a éveillé
l'ambition, suscité l'espoir de les imiter; la vanité même,
a plus qu'on ne le croit, peut-être, contribué à multiplier
les aspirants à une profession qui, donnant la possession du sol sans imposer de travail manuel, parodie assez
bien la manière d'être et le loisir du propriétaire foncier.
L'art de lire et d'écrire se propageant, sans être encore
un bienfait commun à tous, créant seulement des exceptions dans la classe inférieure des habitants, ceux que
le hasard en a dotés ont tendu à se déclasser; vaniteux
de cette supériorité, si mince qu'elle soit, ils ont rougi
de leur condition; sans atteindre au titre de bourgeois

ils ont renié la qualité de paysan, pour se placer entre
les deux dans une classe sans nom.

Ces causes réunies ont produit la concurrence, et
par suite, l'élévation du prix du fermage. En se dispu-
tant les occasions, les fermiers ont éclairé les propriétaires; les fortunes se divisant et s'amoindrissant pour
chacun sous l'influence des grands évènements politiques, chaque possesseur a été plus attentif à ne rien
perdre des fruits de son capital; le canon du bail s'est
élevé de plus en plus, et par suite, dans la spéculation
du fermier, les chances de profit sont devenues plus
rares, les chances de perte plus multipliées. La conséquence de cette impulsion est facile à prévoir.

Dans ce système de fermage, le propriétaire et le fermier sont en rivalité de spéculation; c'est à qui gagnera
contre l'autre; or, la concurrence met du côté du premier les meilleures chances. On voit bien encore quelques
fermiers plus habiles ou plus heureux se maintenir dans
un état à peu près satisfaisant; mais en somme, chaque
renouvellement de bail les décime et en renvoie quelques-
uns dépouillés du capital qu'ils avaient compromis dans
cette spéculation.

On a blâmé (1) l'exagération des reproches adressés
par M. Destutt de Tracy à l'exigence des propriétaires
d'une époque déjà loin de nous, envers leurs fermiers;
il les comparait assez durement à celle des *plus âpres
usuriers*. Les fortunes qu'ont alors fondées les fermiers
économes et sages, prouvent en effet que ces critiques
manquaient au moins de mesure; elles seraient aujour-
d'hui plus près de la vérité, seulement elles manqueraient
d'à-propos. L'exigence immodérée du propriétaire est

(1) M. Troplong.

injuste, odieuse, quand elle s'adresse au cultivateur, à celui qui laboure ses champs et les féconde de sa peine; elle est de bonne guerre à l'encontre d'un fermier qui spécule sur des chances sans travail, sur la bonne volonté du hasard ; le propriétaire ne doit point à celui-là de bienveillance ni de protection; il tient tout simplement sa partie. L'intérêt de l'agriculture, celui du travailleur des champs fait désirer au contraire que la veine soit au propriétaire, et que le fermier soit promptement décavé, car sa retraite renouerait les rapports si naturels, si légitimes, si désirables du propriétaire et du colon.

L'influence des causes qui ont ainsi modifié la condition des fermiers traitants, est descendue jusqu'aux colons, et tandis qu'elle chasse les uns du fermage, elle refoule les autres dans la classe des journaliers. Mais si l'on doit voir d'un œil satisfait la disparition des premiers, on doit s'affliger de la chute des seconds ; il serait sage de faire quelque chose pour les retenir dans leur état, ce serait servir à-la-fois la morale publique et le progrès de l'agriculture. (1)

A l'époque, en effet, où le fermage florissait à cause de la vileté du prix et de l'étendue des fermes, le colon plus ménagé par le fermier jouissait d'un sort meilleur; un bien-être suffisant retenait les enfants autour du père, et l'association pour le travail se maintenait dans la famille; nul de ses membres n'avait intérêt à en sortir, parce qu'il ne pouvait espérer de trouver ailleurs une condition plus favorable ; après la mort du chef, l'association se formait entre les frères et donnait lieu à ces sociétés de travail dont on ne voit plus aujourd'hui

---

(1) Ne surchargez pas les cultivateurs et ils vous nourriront; honorez-les et ils vous enrichiront (PERRECIOT).

que de très-rares exemples parmi les colons. Lorsque
ces sociétés se sont liquidées, c'était une chose remarquable que la plupart étaient tellement anciennes que
l'origine en était alors oubliée, et que par cette raison il
était difficile, souvent même impossible de reconnaître
les véritables droits de ceux qui se trouvaient ainsi
réunis par une sorte de contrat originel enraciné dans la
famille, et qui n'avait d'autre titre que la tradition. Il
fallait s'en rapporter presque toujours aux derniers faits
de possession (1). Ce genre d'association est aujourd'hui
complètement abandonné, et cet abandon a été le premier symptôme de l'appauvrissement et de la démoralisation du colonage ; car la société ne peut se former
qu'en vue d'un profit, et se maintenir que par la bonne
foi. Cet esprit d'association se raviverait le jour où le
colonage redeviendrait profitable; pour reproduire l'effet,
il suffirait de reproduire la cause, la bonne foi revien-
drait avec l'aisance (2).

(1) L'observateur aime à contempler quelquefois les derniers vesti-
ges des communautés tacites qui avaient lieu dans plusieurs coutumes.
Des familles, unies depuis plusieurs siècles, sous le titre de co-person-
niers, avaient honoré cette institution, qui portait dans les mœurs quelqu'usage de l'antiquité patriarchale; mais la maturité de notre civilisa-
tion ne permet plus de conserver l'idée de ces usages que comme d'in-
téressants souvenirs (M. Gilbert au tribunat).

(2) Le développement des travaux publics et de l'industrie contribue
souvent à la désorganisation du métayage ; aussitôt que l'Etat ou l'industrie viennent établir leurs ateliers au sein d'une ppopulation métayère, ils attirent ce que le recrutement a laissé à l'agriculture de
bras jeunes et valides. La vie licencieuse des ouvriers étrangers qui
viennent les premiers ouvrir les travaux, trouble d'abord la simplicité
des mœurs du jeune paysan; il en rougit, mais bientôt son oreille se
fait aux joies bruyantes du cabaret ; le désir d'y prendre part le pousse à

Quand, au contraire, le fermage s'est placé dans une autre condition ; quand, sollicité par la concurrence des fermiers et par ses propres besoins , le propriétaire a demandé aux traitants un canon exagéré , le traitant a pressuré le colon; quand cette oppression a été poussée à son dernier terme et n'a point suffi pour prévenir la ruine du traitant , celui-ci a trompé le colon, qui à son tour a opposé la supercherie à la ruse, jusqu'à ce que vaincu dans ce combat de fourberie, il quitte la partie et se réfugie dans les rangs des journaliers.

Ce relâchement de probité du colon a toutefois ses limites dans ses rapports avec le fermier; une quasi légitime défense lui sert presque d'excuse ; mais la démoralisation du paysan s'empire bien autrement quand il change sa qualité de colon pour celle de journalier. Le colon ne pouvant quitter la métairie avant l'époque de l'année qui est le terme ordinaire des baux , sans un préjudice notable pour son maître, celui-ci se trouve dans la nécessité de lui donner à vivre ; le journalier au contraire n'est indispensable à personne ; son travail n'est pas marqué d'avance, il doit le chercher et l'attendre ; que de jours perdus dans l'année! et la journée perdue, c'est une journée sans pain; dans cette classe comme dans toutes il y a bien la portion d'élite ; elle se compose des hommes à la fois les plus robustes et les plus laborieux; ceux-là manquent rarement de

accepter les offres d'un salaire plus élevé ; ce désir ardent fait taire les affections de profession et de famille , et il ne reste plus dans les métairies que les jeunes enfants , leurs pères et les vieillards. Dès ce moment, les domaines se trouvent trop étendus pour le nombre des bras qui continuent leur culture; le travail est insuffisant, et les récoltes sont diminuées.

travail ; mais, pour ceux dont la constitution physique est débile et languissante, quel dénûment, quelle misère ! Pénétrez dans l'asile humide, obscur de la famille, et voyez ce qui s'y trouve ! des instruments de travail pour la valeur de quelques francs, deux ou trois chaises de bois brut, quelques vases de terre, une table grossière, un autre meuble vermoulu presque vide, entre quelques planches non dégrossies un peu de paille, quelquefois l'ombre d'un lit de plume, et pardessus le tout une mauvaise couverture, sous laquelle s'endorment chaque nuit les douleurs et les souffrances de tous, sans distinction de sexe ni d'âge ; à cet inventaire ajoutez pourtant un berceau dans lequel vagit presque toujours un nouveau-né, fruit d'un hymen trop fécond, auquel succédera prématurément un enfant étranger qui, pour un mince salaire, prendra sa place au sein maternel.

Tel est donc le sort du colon déchu ; ce n'est plus seulement à l'astuce du traitant qu'il doit opposer sa ruse ; il lutte maintenant contre des besoins incessants; si l'absence du travail le contraint à chômer tout un jour, il veillera la nuit, demandant à l'ombre ce qu'il n'a pu gagner à la lumière du soleil ; le máraudage et la rapine fourniront au foyer le bois, à la table le pain. Le succès l'enhardit à ce travail nocturne et lui persuade qu'il est plus facile de dérober que d'obtenir ; ce qu'il y avait en lui de probité s'efface ; sa conscience s'égare pour s'alléger, il se révolte contre le droit de propriété, et finit par croire à l'existence d'un état de guerre entre celui qui n'a pas et celui qui possède. Le vol n'est plus un moyen de suppléer au défaut d'ouvrage, c'est le moyen de ne plus travailler ; bientôt ces existences dépravées se rencontrent, se concertent et

5

s'associent ; et comme il se formait autrefois des sociétés pour le travail, il s'en forme pour la déprédation.

Qu'on ne pense pas que je prenne plaisir à me faire
peintre de misère et de dégradation ; je me défends de
vouloir exciter des ressentiments et des haines. Bien
plutôt je jetterais au feu ces pages , si elles devaient
être lues par ceux dont j'expose les infortunes ; je sais
que ce n'est point aux malheureux qu'il faut raconter
leurs souffrances, qu'on les irrite sans les soulager; et
je mépriserais ces observations comme des déclama-
tions vaines, si elles s'adressaient à d'autres qu'à ceux
qui peuvent y remédier.

Ce qui précède met en évidence un fait des plus graves; c'est que dans les pays soumis au colonage, la civi-
lisation retourne en arrière, au lieu de suivre la loi du
progrès qui se manifeste par l'amélioration de l'homme
et de la chose; elle laisse déchoir le premier et retient
l'autre dans un état fatalement stationnaire. Est-il un
remède à cette situation, et cette décadence du colonage
peut-elle être arrêtée ? Il n'en faut pas douter; l'humanité
dans son développement fait comme l'eau dans le cours
des fleuves, les digues qu'elle ne peut rompre , elle les
surmonte ; et le temps doit venir assurément où la
classe des paysans de ces contrées, reprenant sa marche
dans l'avenir, se relèvera dans un colonage meilleur et
franchira à son tour la distance qui le sépare encore du
franc fermage.

Mais que cette époque est loin de nous encore , si rien
n'est fait pour en hâter la venue ! En attendant, la situation actuelle met en un péril évident l'intérêt de la propriété. Le fermage combiné avec le colonage partiaire ne
procurant aucun bénéfice, et ses conditions s'empirant
chaque jour par la difficulté de rencontrer des colons

assez forts par leur réunion pour exploiter les domaines de quelqu'étendue, un moment viendra où ce système de fermage sera abandonné, à moins que les propriétaires ne consentent à abaisser beaucoup et indéfiniment le taux de la rente de leurs terres ; s'ils ne s'accordent pas ils se trouveront en face de colons insuffisants par leur nombre et généralement insolvables ; et cependant il faudra les accepter pour fermiers, car la jouissance personnelle sera, pour le propriétaire, plus difficile encore qu'elle ne l'est aujourd'hui, et le capital foncier restera sans garantie par son exploitation.

Cette fâcheuse nécessité n'est pas nouvelle, et j'en trouve un exemple fort ancien dans une lettre de Pline-le-Jeune, dont j'emprunte la traduction à la bibliothèque latine publiée par Pancouke.

PLINE A PAULIN.

« Vous n'êtes pas homme à exiger de vos amis, et « contre leurs intérêts, les devoirs de convention, de « pure cérémonie, et je vous aime trop pour craindre « que vous ne jugiez mal de moi, si je manque à vous « féliciter sur votre consulat le jour même des calendes. « Je suis retenu ici par la nécessité de trouver des fer- « miers ; il s'agit de mettre des terres en valeur pour « longtemps et de changer tout le plan de leur régie. Car, « les cinq dernières années, mes fermiers sont demeurés « fort en reste, malgré les grandes remises que je leur « ai faites. De là vient que la plupart négligent de dimi- « nuer leur dette, désespérant de pouvoir l'acquitter en- « tièrement. Ils arrachent même et consument tout ce « qui est déjà sur terre, persuadés que ce ne serait pas « pour eux qu'ils épargneraient. Il faut donc aller au- « devant d'un désordre qui augmente tous les jours, et y

« remédier. Le seul moyen de le faire, c'est de ne point
« affermer en argent, mais *en nature*, *et partager dans*
« *la récolte* avec le fermièr, et de préposer quelques uns
« de nos gens pour avoir l'œil sur la culture des terres,
« pour exiger une part des fruits et pour les garder.
« D'ailleurs, il n'est pas de revenu plus juste et plus
« agréable que celui qui nous vient de la fertilité de la
« terre, de la température de l'air et de l'ordre des sai-
« sons ; mais il faut, pour se l'assurer, des yeux vigi-
« lants et des bras en grand nombre. Je veux pourtant,
« comme dans une maladie invétérée, essayer et tenter
« tous les secours que le changement des remèdes nous
« pourra donner. »

La raison et l'expérience prouvent donc qu'il importe
à l'intérêt général de l'agriculture, à l'intérêt privé de
la propriété comme à l'intérêt des colons cultivateurs,
que ces derniers soient préparés pour un nouveau rôle;
et le moyen d'y parvenir, c'est uniquement de leur faciliter l'acquisition du capital que cette nouvelle condition
exige.

J'arrive au point où beaucoup s'arrêtent ; j'ai fait la
critique de ce qui est, et indiqué ce qui pourrait être ;
j'ai même, je crois, prophétisé des temps meilleurs ; l'op-
timisme du futur est comme une manie de mode, et je
la subis peut-être. A croire tout ce qu'on écrit, il ne
faudrait à l'humanité qu'un peu de bon vouloir pour
jeter là toutes ses infirmités, se rajeunir et poser si bien
les bases de son avenir qu'une somme de bien-être qu'il
n'est donné aujourd'hui à personne d'obtenir, serait assurée à tous et à chacun. Il semble que les réformateurs
aient à cœur de compenser par des promesses excessives
leurs doléances exagérées ; malheureusement ceux qui se
donnent la peine de placer à côté de la critique un plan

de réforme, le font si vague, si bizarre ou si évidemment
impossible, que l'attention des hommes'sérieux ne peut
s'y arrêter longtemps.

Je voudrais, bien en sollicitant pour nos colons partiaires, une amélioration sociale, ne point m'égarer dans
le champ sans horizon des utopies. J'ai quelques raisons
de l'espérer; pour eux, je ne rêve point une existence
imaginaire, je souhaite seulement une condition que
leurs pareils ont obtenue, celle des fermiers de la Beauce
et de la Brie. Nous avons, ce nous semble, suffisamment
prouvé que les colons atteindraient promptement une
condition meilleure, si la suppression du mode de fermage qui les opprime permettait l'association immédiate
du droit de propriété et de l'industrie agricole, du propriétaire et du colon. (1) Mais il est aussi démontré que
la position sociale la plus ordinaire des propriétaires, les
éloigne de cette gestion personnelle qu'exige le bail à colonage, et qu'un intermédiaire entre eux et le colon est
le plus ordinairement une nécessité ; et tout ce que l'on
proposerait pour améliorer l'état des colons serait une
réclamation vaine si on négligeait de tenir compte tout
d'abord de cette nécessité. Admettons donc que le propriétaire ne peut en général communiquer avec le colon
que par un tiers. Mais parce que cette situation fâcheuse
est inévitable, ne nous laissons pas aller à dire qu'il n'y

---

(1) Si l'industrie manufacturière et commerciale se développe avec
une rapidité qui étonne, c'est que les capitalistes auxquels appartiennent les manufactures et les grands établissements de commerce, les
gèrent et ne les afferment pas ; ils lui confient leurs capitaux. L'industrie agricole n'a point à sa tête ceux que sa prospérité intéresse, et
dont l'intelligence et les capitaux devraient lui appartenir ; c'est une
armée dont les officiers sont absents.

a rien à faire, si ce n'est de supprimer la culture par
métayers ; cette culture est aussi une nécessité plus im-
périeuse encore, et pour tout esprit raisonnable, il est
bien évident que l'agriculture ne peut rompre d'un coup
avec une institution qui a pour garantie de son maintien l'étendue de terrain qu'elle régit (1), le nombre des
familles dont l'intérêt se rattache à son existence, sa
durée depuis des siècles, et de nombreux et incontestables
avantages. Pour ceux donc qui dénigrent le colonage
partiaire comme pour ceux qui le prônent, il y a utilité
réelle à rechercher par quels moyens on peut l'améliorer (2).

Les progrès de toute industrie profitent à la fois à la
fortune particulière de celui qui l'exploite, et à la richesse
publique qui s'en accroît ; des secours intéressés peuvent
donc venir de deux parts au colonage : de celle des propriétaires et de celle de l'Etat.

Le premier de ces deux appuis manque au colonage
lorsque le propriétaire cède la jouissance au fermier ;
mais il arrive quelquefois que le propriétaire communique avec le colon par un intermédiaire plus favorable à
celui-ci, par un régisseur. Le théatre a fait aux Inten-
dants une si fâcheuse renommée, que l'idée d'y recourir
ressemble à celle d'un danger à affronter. On peut cependant citer d'assez nombreux exemples, prouvant que de
bons résultats peuvent sortir de ce régime. L'honnêteté
jointe à une certaine intelligence, n'est point chose aussi

(1) Plus de la moitié de la France, (de Gasparin).

(2) Vouloir introduire le fermage à prix d'argent dans les pays
pauvres et sans capitaux, c'est s'exposer à n'être pas payé et à avoir
des terres d'autant plus mal cultivées qu'elles sont plus étendues ; la
nature des choses a force de loi. (de Gasparin).

rare que le veulent croire bien des esprits pessimistes ou timorés; les grandes industries commerciales n'agissent le plus souvent que par mandat, et certainement la pratique de la probité y rencontre plus d'écueils que dans l'industrie agricole. Sismondi affirme que, dans certaines parties de l'Italie, l'administration des métairies par régisseur, est d'un usage général, et que la culture et l'intérêt de la propriété s'en trouvent bien (1). Il serait fort utile que dans les pays de colonage, l'instruction primaire supérieure entreprît, comme une de ses branches principales, de former des hommes pour cette profession, non seulement en leur montrant les règles de l'art agricole, mais en leur enseignant aussi ce sentiment du devoir qui seul peut fonder l'avenir d'une profession qui ne peut exister que par la confiance qu'inspirent ceux qui l'exercent.

En se soumettant à la nécessité du fermage, les propriétaires pourraient encore ménager quelque adoucissement au sort des colons de leurs domaines ; et peut-être songeraient-ils à le faire s'ils comprenaient mieux leurs devoirs, d'accord en cela avec leur intérêt. Dans tous les baux à ferme, des clauses soigneusement étudiées interdisent aux fermiers de fatiguer la terre par le renouvellement successif, sur les mêmes champs, de récoltes épuisantes ; par la vente des pailles et fourrages, par la taille de la vigne, etc. Jamais des clauses semblables ne sont destinées à protéger le sort des colons. On défend aux fermiers d'épuiser la terre, on leur permet d'accabler les cultivateurs. Assurément il est sage d'imposer des limites aux profits que tireraient les fermiers d'une culture abusive, mais il ne le serait pas moins de

(1) Etudes sociales.

mettre des bornes à leurs exigences contre les métayers, et de leur dire : vous n'abuserez ni de l'homme ni de la chose. Serait-il plus difficile de fixer par le bail les redevances qu'ils pourraient imposer aux colons, que de limiter le nombre des récoltes qu'ils peuvent demander à la terre? La première de ces conditions serait d'une justice et d'une prévoyance plus élevée, et ne serait pas moins utile. Les colons attachés autrefois au domaine par la servitude seraient bientôt retenus par une affection naturelle pour la terre sur laquelle ils vivraient avec sécurité ; l'assurance de conserver les rendrait économes, et bientôt, enrichis par l'épargne, ils seraient en état d'affermer eux-mêmes la métairie fertilisée par leurs soins.

Le colonage, quoique entravé par le fermage, pourrait donc espérer de sortir de son état misérable, si les propriétaires voulaient le protéger ; mais comme pour atteindre le but, il faudrait que cette protection devînt d'un usage général , et que l'intérêt privé est trop ombrageux pour qu'il puisse être universellement et un peu promptement éclairé, il faut reconnaître que ce mobile est insuffisant pour pousser le colonage à sa destination, c'est à dire à la formation d'une classe de fermiers-cultivateurs (1). La loi seule a la puissance d'opérer rapidement de grandes transformations, parce que seule elle ne laisse rien en arrière, seule elle contraint tous les intérêts à entrer dans la voie. L'intérêt public agit plus résolument que l'intérêt privé, et ici il a le droit

(1) Mais comment faire goûter aux propriétaires cette maxime : voulez-vous avoir des fermiers solvables? Commencez par les enrichir. Comment surtout le faire entendre à la masse qu'il faudrait persuader ? (De Gasparin).

d'agir; car s'il importe de maintenir la fertilité des terres, parce qu'elle est le principal élément de la richesse publique, il importe encore plus de maintenir les cultivateurs dans une condition supérieure à la misère qui dégrade, pour conserver à l'Etat des citoyens utiles et laborieux, sans lesquels une nation ne peut prétendre à la force et à la puissance. Le meilleur, et peut-être le seul utile appui du colonage serait dans une bonne législation.

Sous ce rapport, en France tout est à faire : à peine le bail à métairie est-il nommé dans un article du code civil. Ce vide fut aperçu lorsqu'en Sardaigne le Code Napoléon fut révisé pour devenir une loi nationale, et un chapitre tout entier fut ajouté pour fixer les règles du bail à colonage partiaire. Le code de l'Autriche contient une disposition très-courte, il est vrai, mais très-féconde, en déclarant que le bail à colonage partiaire est un contrat de société.

Ainsi notre législation , acceptée par toute l'Europe comme la plus parfaite, est en ce point inférieure à celle de ces deux nations ; qu'on ne dise pas que cette législation est inutile, en se fondant sur ce que son absence ne paraît pas entraver la marche des affaires publiques ; je réponds qu'une nation ne s'arrête jamais faute d'une loi, même des plus importantes ; mais qu'elle souffre dans la partie de son administration à laquelle cette loi manque, et dans ceux de ses citoyens dont les intérêts ne sont point garantis ; ici ce sont des millions de citoyens et des millions d'hectares , que l'absence d'une loi sur le colonage affecte.

Sans doute , il est des principes généraux qui, dans l'appréciation des conventions que la loi n'a pas définies, servent de boussole aux juges ; mais si cela suffisait, il faudrait dire que toute législation spéciale est inutile. Le

6

recours aux principes généraux n'est qu'un expédient,
une extrémité fâcheuse , en ce qu'elle laisse prévaloir
l'opinion variable du magistrat, où la volonté uniforme
de la loi devrait commander. Aussi, quel spectacle présentent, sur ce point, les commentaires des jurisconsultes et les décisions des tribunaux ? Les premiers n'ont
pu s'entendre encore sur le caractère même du contrat
de bail à colonage partiaire; pour les uns c'est un
louage , pour les autres une société, pour d'autres , enfin , c'est un contrat innommé. La jurisprudence judiciaire est-elle mieux fixée! Tout au contraire ; sur la plupart des difficultés que fait naitre l'exécution des baux à
colonage partiaire , les décisions sont aussi variées que
les circonscriptions territoriales ; elles peuvent donner
une juste idée de ce qu'était l'application du droit sous
le régime des coutumes, et il ne peut en être autrement :
les intérêts qui se rattachent au contrat de bail à portion de fruit n'étant jamais considérables , les débats
qu'ils font naitre s'éteignent devant les tribunaux de première instance qui les jugent en dernier ressort; et
comme nos arrêtistes n'enregistrent dans leurs recueils ,
à quelques exceptions près, que les décisions des tribunaux supérieurs , il en résulte que les recueils de jurisprudence sont plus muets encore sur cette matière
que les ouvrages des jurisconsultes. Les arrêtistes établissent entre les hautes cours une sorte de communication quotidienne, qui permet aux opinions de s'harmo-
niser. Les questions douteuses, auxquelles de grands intérêts se rattachent , arrivent, en définitive , devant la
cour de cassation, dont les doctrines souveraines intro-
duisent, à la longue, l'uniformité de la jurisprudence. Il
n'en est pas de même pour les parties du droit qui ne
peuvent régir que des intérêts médiocres ; la cour régu-

latrice n'en est jamais saisie, et les tribunaux qui les jugent souverainement n'ont aucun moyen d'entrer en communication de jurisprudence.

Une législation spéciale est donc nécessaire pour garantir et pour fixer surtout les droits trop incertains des colons et des maîtres. Cette législation devrait introduire quelques dispositions favorables aux colons, pour garantir leur faiblesse contre les exigences des propriétaires et des fermiers, quelques autres pour protéger les intérêts du propriétaire et de l'agriculteur contre la négligence et le mauvais vouloir des colons; mais quand on devrait laisser aux stipulations la plus entière liberté, il ne faudrait pas croire que les règles du droit commun déterminées par la loi seraient sans influence, par cela seul qu'on pourrait y déroger par des conventions particulières. Quand la législation a marqué les limites d'un contrat, les conventions tendent à s'y renfermer; on sent qu'en s'écartant de la ligne qu'elle a tracée, on s'éloigne du *vrai droit*, qu'elle sert à distinguer de l'abus. En séparant ainsi le juste de l'injuste, elle avertit également l'oppresseur et l'opprimé; elle imprime à l'un la honte de l'iniquité, et inspire à l'autre le courage de la résistance, et tous deux s'accoutument à considérer comme prescrit ce qui n'était que conseillé.

Si, au contraire, un contrat est abandonné à l'anarchie des volontés individuelles, la raison la meilleure est toujours la raison du plus fort; nulle voix que celle de son intérêt ne se faisant entendre à son oreille, il ajoute le lendemain aux exigences de la veille; l'abus répété des plus illégitimes prend le titre d'usage, et l'usage fait loi (1).

(1) Ita quod a principio beneficium fuit, usu atque ætate fit debitum. (Chopin, *De Privil. rustic*, lib. 4, part. 2, cap. 1, pag. 15.)

Ajoutez à cela l'importance d'une législation positive
pour les conventions sans écrit , dont l'appréciation se
trouve, en son absence, abandonnée à l'arbitraire du
juge.

Enfin, parmi les conventions dont un contrat est susceptible , il en est de tellement iniques, de tellement
odieuses , qu'on ne doit pas laisser au plus fort le droit
de les imposer, au plus faible la nécessité de les accepter; de telles stipulations doivent être brisées d'avance,
pour qu'il ne vienne pas plus à la pensée de les proposer
que de les subir.

Après avoir montré que dans les départements où le
colonage partiaire est en usage, le progrès de l'agriculture
est considérablement ralenti, et l'amélioration du sort
des cultivateurs fatalement empêchée par l'impossibilité
pour ceux-ci d'épargner un capital de la conservation
duquel ils puissent être assurés ; qu'une législation pro-
tectrice de leurs intérêts est le seul remède à cette situation; après avoir indiqué en quelques mots les principes
généraux d'équité qui devraient servir de base à cette législation, il me resterait encore à indiquer les dispositions
positives qu'une loi spéciale devrait adopter. Ce travail
me paraît appartenir à cet ouvrage, bien plutôt comme
conclusion que comme introduction; l'étude des droits et
des obligations qui résultent de l'état actuel de la législation nous indiquera les lacunes à combler, les erreurs
à corriger, et les motifs d'une large réforme sortiront naturellement de cet examen. Il est donc à propos de renvoyer
aux dernières pages de ce volume, la proposition des articles nouveaux qui devraient être introduits dans le corps
du code civil.

Moulins, Typ. de P.-A. Desrosiers.

CHAPITRE PREMIER.

DE LA NATURE DU CONTRAT.

1. Le code civil, dans son article 1829, contient la disposition suivante :

« Ce cheptel (le cheptel donné au colon par-« tiaire) finit avec le bail à métairie. »

Sans la nécessité de fixer ce terme à l'existence légale de cette espèce de cheptel, le contrat le plus fréquemment usité dans la presque totalité des départements du Centre, de l'Ouest et du Midi (1) serait demeuré sans nom dans nos codes.

2. Ce n'était pas pourtant sans de bonnes raisons que la cour de Lyon proposait d'insérer

---

(1) D'après la statistique la plus estimée, celle de M. Lullin-de-château-Vieux , l'exploitation des terrains cultivables de la France se divisent ainsi :

Par fermiers à rente fixe.	8,470,000 hect.
Par les propriétaires.	20,000,000
Par métayers à 1/2 fruits.	14,530,000
Total.	43,000,000

1

dans les dispositions du code civil, un titre particulier destiné à formuler les règles de ce contrat.

« Le code civil, disait cette cour, omet abso-
« lument les règles d'un genre de contrat très-
« commun, et qui le deviendrait bien davantage,
« si certaines dispositions sur les baux à ferme
« étaient adoptées : C'est la société entre un
« propriétaire et un cultivateur qui se charge de
« la culture d'un domaine moyennant une part
« de fruits. » Quinze articles spéciaux étaient for-
mulés à la suite de cette observation, et leur
place marquée par la cour, à la suite et comme
complément des dispositions relatives au contrat
de *société* (1).

La cour de Lyon aurait dû, peut-être, comme
conséquence du principe qu'elle confirmait, éviter de donner au contrat la dénomination de bail,
qui a pris dans la jurisprudence une signification
particulière qui implique le plus souvent l'idée
du louage. Depuis longtemps celui qui cultive à
partage de fruits, est en possession du titre de
colon partiaire ; il eût été rationnel, en réglant
par des dispositions distinctes le contrat qui régit
ses droits et ses obligations, de les placer sous
une rubrique dans laquelle ce titre eût été rap-
pelé.

(1) Fenet, tom. IV, p. 319.

Quelque défectueuse cependant que paraisse cette dénomination, il faut l'accepter comme suffisante pour désigner le lien de droit qui unit le propriétaire d'héritages ruraux ou celui qui le représente (1), à celui qui les cultive, pour en partager les fruits. Le commentateur, en prenant la tâche de développer le sens des lois, peut bien en critiquer la forme, même l'esprit; mais il ne doit jamais, sous peine de porter le trouble dans la science, en changer le langage. Ce droit n'appartient qu'au législateur.

Il faut regretter que les rédacteurs du code n'aient pas cru devoir adopter la proposition d'une magistrature bien placée pour en apprécier l'utilité, et n'aient pas voulu au moins lever, par une déclaration franche et tranchée, les doutes qui subsistent encore sur la nature même d'un contrat si fréquemment usité. Cherchons avec soin à la découvrir, car cette notion en est le point de départ nécessaire, l'idée mère de toutes celles qui naîtront de l'examen approfondi du sujet.

3. Le contrat de bail à métairie, est plus facile

---

(1) *Ou celui qui le représente*. J'entends par là, l'usufruitier, le fermier ou toute autre personne ayant qualité pour donner à bail à portion de fruits. Je supprimerai dorénavant cette formule complétive, étant bien entendu, que par ces mots, propriétaire ou maître, c'est bien moins celui auquel appartient l'immeuble qui est désigné, que celui qui en a la jouissance ou même l'administration.

à distinguer par ses effets généraux que par ses éléments constitutifs.

En fait, c'est le résultat d'une convention au moyen de laquelle un propriétaire d'héritages ruraux, partage avec celui qui les cultive les fruits que ces héritages produisent. Selon le point de vue sous lequel on envisage ce contrat, le premier prend, dans l'usage, le nom de propriétaire, bailleur ou maître ; le second celui de métayer, preneur ou colon partiaire (1). Ce dernier reçoit encore d'autres dénominations, propres à chaque localité, comme celles de Bordier, Granger, etc. etc.

En droit, c'est pour les uns un contrat de louage, pour les autres un contrat innommé ; pour d'autres enfin, c'est un contrat de société. Avant d'accorder la préférence à l'une de ces opinions, il faut indiquer les motifs par lesquels elles se justifient, et les autorités qui les ont appuyées de leur crédit.

4. En conférant différents textes du droit romain et les opinions des jurisconsultes qui les ont interprétées, on reconnait qu'il existait sous cette législation une sorte d'incertitude sur la nature

_____

(1) Le mot *colonus*, dans la législation romaine, était la désignation commune de tous ceux qui cultivaient la terre d'autrui. Le mot colon, même employé seul, désigne plus spécialement dans nos usages le colon partiaire. C'est en ce sens que nous l'emploierons souvent dans cet ouvrage.

du bail à métairie ; on lit par exemple , que le colon partiaire est lié au propriétaire par un droit de QUASI SOCIÉTÉ. *Colonus partiarius, quasi societatis jure lucrum damnum cum domino fundi partitur;* et comme pour rendre le caractère du contrat plus incertain encore, c'est dans une loi qui a le louage pour objet, que se rencontre cette phrase. Au reste, je m'abstiens d'un étalage inutile de citations puisées dans les lois romaines ; les distinctions qui existaient dans l'état des personnes chez les Romains, et qui n'existent pas chez nous, produisaient, dans les rapports du maître et du colon des deux époques , des différences notables. C'est là pourtant que remonte l'origine du colonage partiaire, comme celle de la plupart de nos institutions. (1)

5. Quelqu'ancienne qu'elle soit , la question relative au caractère du bail à métairie n'est encore résolue ni par la législation, ni par la jurisprudence des arrêts , ni par la doctrine des auteurs. Le code civil a continué, par son silence, les incertitudes du droit romain. Si l'on a recours aux législations modernes étrangères, on rencontre les mêmes causes d'indécision. Le code autrichien (2) proclame le bail à métairie contrat

(1) V. Supr. introduction.

(2) Lorsque le propriétaire cède son bien sous la condition que le preneur en entreprendra la culture, et lui fournira une portion relative des produits, par exemple, un tiers ou la moitié des fruits, il ne se

de société ; le code sarde (1) n'est pas moins
affirmatif à le déclarer contrat de louage. La
jurisprudence des arrêts n'offre que peu de décisions, contraires entre elles.

Enfin, après les anciens commentateurs du
droit français, très-divisés sur ce point, comme
nous aurons occasion de le reconnaître, MM. Duvergier et Troplong, sont parmi les auteurs modernes, ceux qui ont agité le plus profondément la
question, et l'ont résolue dans des sens opposés.

6. Arrêtons-nous d'abord à l'opinion qui fait
du colonage partiaire un contrat de louage. Un
grand nombre d'auteurs tant anciens que modernes ne s'occupent du bail à métairie que pour
le confondre avec le fermage.

Ainsi on lit dans la collection de Denizard,
V° colon partiaire : « C'est ainsi qu'on appelle le
« métayer qui *afferme* des terres sous la con-
« dition qu'il en rendra au propriétaire la por-
« tion de fruits convenue entre le bailleur et

forme pas un contrat de bail, mais un contrat de société qui doit être
apprécié d'après les règles qui s'y rapportent. Code civil autrichien,
art. 1103. (Collection des lois civiles et criminelles des états modernes,
publiée sous la direction de M. Victor Fouché).

(1) Celui qui prend de bail un bien rural, sous l'obligation d'en partager les fruits avec le bailleur, s'appelle *colon partiaire;* et le contrat qui
renferme leurs conventions , est désigné sous le nom de bail à métairie. Ce contrat est soumis aux règles générales établies pour la location
des choses, et en particulier pour la location des héritages ruraux, sous
les modifications suivantes. — Code civil sarde, art. 1785. (*Ibid.*)

« lui. Le *colon partiaire*, dit M. Favard de Lan-
« glade, est celui qui *prend à ferme* un héritage
« à la charge d'en partager les fruits avec le
« propriétaire, d'après le mode et la quantité
« fixés par la convention. »

Mais de tous ceux qui ont professé cette opinion, M. Duvergier est le seul qui l'ait appuyée
sur une démonstration un peu développée.

7. Après avoir établi que le prix est de l'essence
du louage, comme de la vente, et que dans l'un
et l'autre contrat le prix doit consister en une
somme d'argent, cet auteur ajoute : «Cependant
« un usage dont l'ancienneté et la durée s'expli-
« quent par la position ordinaire de ceux qui se
« livrent aux travaux de l'agriculture, a modifié
« la rigueur des principes sur ce qui constitue le
« prix. C'est au sein des villes que le numéraire
« circule en abondance ; même aujourd'hui et
« malgré l'extension qu'ont acquise les transac-
« tions commerciales, il est rare dans les cam-
« pagnes. Les cultivateurs ont préféré donner
« pour prix des terres qui leur sont louées, une
« partie des fruits qu'elles produisent ; et les pro-
« priétaires ont dû se prêter facilement à une
« combinaison qui rend plus certain le paiement
« des fermages (1). Tantôt cette portion est fixe et

_____

(1) Ce n'est plus la difficulté de payer en argent le canon de la
ferme, qui maintient aujourd'hui le colonage ; les marchés et les foires
sont multipliés à l'excès, et les échanges s'y opèrent avec assez de rapidité

« déterminée (1); tantôt c'est une quote part,
« comme le tiers ou la moitié, qui est promise
« au bailleur. On donne à cette dernière es-
« pèce le nom de baux partiaires, et cette *dé-*
« *nomination indique parfaitement leur carac-*
« *tère spécial.* »

Puis repoussant l'opinion de ceux qui voient
dans le colonage partiaire une société. « Il est
« évident, dit le même auteur, que ce contrat
« contient un élément qui répugne à l'essence
« de la société. Le bailleur ne court aucune
« chance de perte, et il a droit à une portion des
« bénéfices lorsque le preneur sera en perte ; par
« exemple, s'il arrive que la portion de fruits
« qui reste à celui-ci soit d'une valeur inférieure
« au montant des frais de culture. Pour qu'il y
« eût société, il faudrait que le fonds du bailleur,
« considéré comme sa mise, dût contribuer aux
« pertes. »

8. On a fait avec raison à cette démonstration
le reproche de n'être pas concluante : il n'y a rien

pour que le cultivateur n'éprouve aucun embarras à convertir en monnaie les produits de son industrie. Le numéraire *courant*, qui fait face
aux achats, ne manque pas dans les campagnes ; l'ouverture de commu-
nications nouvelles en facilite la circulation ; le colonage partiaire continue de subsister, parce que les colons manquent absolument du capital fixe, qui fait face aux avances, permet d'attendre pour n'acheter et ne vendre qu'à propos, donne la propriété du cheptel, et
présente enfin au propriétaire des garanties suffisantes.

(1) Depuis longtemps ce mode de paiement ne se pratique que rarement,
et cette désuétude confirme l'observation faite dans la note précédente.

à conclure en effet du nom de bail partiaire donné au contrat; l'idée de société n'est pas moins impliquée dans l'expression adjective *partiaire,* que l'idée de louage dans le mot *bail.* Tout ce qu'on en pourrait induire, ce serait que le bail partiaire participe à la fois du louage et de la société, mais sans rien préjuger quant à la prédominence de l'un ou de l'autre. Le code lui-même fournit d'ailleurs une preuve de l'insuffisance de cette argumentation; dans l'art. 1818 il est dit que le cheptel à moitié est *une société,* et cet article se rencontre cependant dans une section du chapitre IV, titre VIII, livre III, placé sous cette rubrique générale, *du bail à cheptel.* Dans la langue du code il n'y a donc pas positivement antinomie entre les mots bail et société.

9. En second lieu, il n'est pas juste de dire que le propriétaire ne court aucune chance de perte, et peut avoir des bénéfices, encore que le colon soit en perte sur le montant des frais de culture. Le vice de ce raisonnement git principalement dans l'erreur de cette proposition qui lui sert de base, que pour qu'il y eût société, il faudrait *que le fonds du propriétaire, considéré comme sa mise, dût contribuer aux pertes.* Personne ne prétend que le bailleur confonde dans la société son immeuble même; pour constituer sa mise, il en apporte seulement la vertu productive, que

le colon fait valoir par son travail. La terre , même privée des soins de l'homme , n'est pas absolument inféconde; elle produit des paturages r des forêts, et l'on peut citer un grand nombre de contrées où le propriétaire pourrait obtenir plus de profits en se déchargeant des frais de culture, pour s'en tenir aux produits spontanés de son domaine (1). Au besoin, l'abandon de cet avantage suffirait pour constituer la mise du propriétaire, dans laquelle se trouverait encore comprise cette faculté de se fertiliser sous la main de l'homme qui est propre à la terre , et qui fait partie du domaine de propriété; mais surtout il faut remarquer, que lorsque le métayer est en perte sur son travail, le maître est en perte sur le revenu naturel de son fonds. La perte ne s'entend pas seulement d'une diminution du capital; elle consiste aussi dans l'absence de tout ou de partie du revenu que ce capital doit produire. Ainsi, le propriétaire d'une maison à louer, qui ne trouve pas de locataire, est en perte; tellement que s'il n'a pas d'autres revenus, il sera obligé, pour ses besoins, d'aliéner une partie de son capital ou d'emprunter, ce qui revient au même. C'est pour cela que les art. 1851 et 1867 admettent que la mise d'un associé peut ne comprendre que la jouissance du fonds dont il conserve la propriété.

(1) Ce système d'exploitation est suivi dans la campagne de Rome , dans certaines parties de l'Irlande, et dans les montagnes d'Auvergne.

10. L'incompatibilité signalée par M. Duvergier
entre le bail partiaire et la société, est donc tout
à fait imaginaire ; sa démonstration est purement négative, en ce qu'au lieu de faire ressortir
le caractère du louage des éléments qui constituent le bail partiaire, il procède uniquement par
exclusion, en s'attachant à montrer que le bail
partiaire manque de l'un des éléments de la société ; du moment que cette argumentation est
repoussée, rien ne reste plus démontré.

Si au contraire on procède par la méthode affirmative, en comparant les éléments du bail
partiaire aux éléments du louage, non seulement on est frappé de l'absence dans le premier
des éléments du second, mais on aperçoit bientôt des dissemblances choquantes.

11. Il y a deux sortes de louage, porte l'art.
1708 du code civil : celui des choses et celui
d'ouvrages. Le bail partiaire peut être envisagé
sous l'un et l'autre aspect ; en apparence au
moins, il s'y prête également.

12. Un élément essentiel de l'un et l'autre louage c'est le prix ; et dans la rigueur de la doctrine,
ce prix doit consister en une somme d'argent ;
je concède néanmoins que cette rigueur peut
être tempérée ; et je serais volontiers de l'avis
de Ferrières, qui laissait à ceux qui n'ont rien
à faire le soin de décider s'il y a louage dans l'a-
bandon de la jouissance, moyennant une certaine

quantité de grains ou d'huile. Mais au moins,
pour reconnaître un prix dans cette stipulation ,
il faut que la quantité de grains ou d'huile soit
certaine. Dans le louage, le but intentionnel du
locateur est sans contredit d'obtenir de sa chose
un revenu fixe et constant. Dans le bail partiaire
au contraire, le propriétaire consent à courir
toutes les chances que la jouissance peut subir.
Ainsi, outre l'absence d'un prix certain , élément
indispensable du louage , une dissemblance radicale existe dans le but qu'on s'y propose.

13. Non seulement, dans le louage , le prix
doit être certain, mais il doit être une prestation
du preneur envers le bailleur; avant d'entrer dans
les biens de celui-ci, il doit avoir fait partie des
biens de celui-là ; par exemple, le fermier proprement dit, qui paie au bailleur son terme de fermage, est propriétaire de la monnaie dont son
paiement se compose, jusqu'au moment où il
s'en dessaisit. On n'en peut dire autant de la portion des fruits qui revient au maître dans le bail
partiaire. Elle ne tombe jamais dans les biens du
colon , qui dans aucun moment n'en a la possession à titre de propriétaire, et qui n'est enfin ,
en aucune manière , chargé d'en garantir la
perception, à moins qu'elle ne manque par sa
faute personnelle.

« Cette raison parait décisive à M. Troplong :
« Dans le louage, dit cet auteur, il faut que le prix

« soit payé par le fermier, tandis que dans le bail
« partiaire le colon ne le doit pas; c'est le proprié-
« taire qui le prend sur sa chose , non à titre de
« loyer, mais à titre d'accessoire de la terre qui lui
« appartient , à titre de partie de la terre elle-mê-
« me, *Partibus rei*, comme dit si bien *Cujas*!! (1)»

14. C'est encore une des conditions essentielles du louage, que la chose louée soit remise au
preneur de manière qu'il en jouisse selon son
gré, pour en tirer le meilleur parti possible ,
pourvu qu'il en use en bon père de famille et
suivant sa destination. Ceci n'a point lieu dans le
bail partiaire où le maître , conservant la haute
main dans l'administration de la chose, jouit réellement et plus énergiquement que le métayer,
puisque dans l'œuvre de l'exploitation, c'est lui
qui commande et le colon qui obéit. Cela est si
vrai, que dans le langage vulgaire, pour distinguer
le propriétaire qui reçoit un fermage fixe, en argent ou en denrées , de celui qui perçoit une
quote part des fruits , on dit que l'un afferme et
que l'autre *jouit par lui-même*. « Par le bail à
« métairie perpétuelle dit Salviat (et, à plus forte
« raison, par le bail à métairie limitée), le bail-
« leur ne cesse pas de jouir par lui-même puis-
« qu'il partage les fruits (2) » Est-il rien qui ré-

(1) Louage , tom. II, n° 658.
(2) Salviat : Jurisprudence du parlement de Bordeaux , V° bail à
métairie perpétuelle.

sisté autant à la nature du louage, que la rétention
de la jouissance par le bailleur, et n'est-ce pas là
encore une dissemblance radicale entre les deux
contrats ?

15. Je préférerais admettre que le bail partiaire est un louage d'ouvrage; le propriétaire
restant en jouissance de la chose, le colon pourrait bien n'être en effet qu'un ouvrier, qu'un instrument par lui employé pour la mettre en valeur. Entre le propriétaire qui fait valoir sa terre
par des serviteurs gagés, et celui qui la fait valoir
par métayer, en commandant aux uns comme
aux autres, il n'y a guère de différence en fait, que
dans la forme du *gage* qu'il leur paie; les uns
recevant de lui de l'argent, les autres des denrées, c'est toujours un salaire; d'autant plus qu'il
n'est pas rare que l'on paie des serviteurs à gages,
partie en argent, partie en denrées; quelquefois
même en denrées pour le tout. « Les propriétai-
« res des domaines ou métairies, dit Auroux-
« des-Pommiers, les donnent à cultiver à moitié
« fruits à des laboureurs, que l'on nomme colons
« ou métayers; de manière que ces métayers
« ont la moitié de tout ce qui se récueille dans la
« métairie, pour le *salaire de leur culture*, et le
« propriétaire l'autre moitié (1). »

Toutefois si la différence est légère en fait, en

_____

(1) Auroux-des-Pommiers, *Commentaire de l'art.* DLIII *de la coutume du Bourbonnais*, nº 10.

droit elle est énorme ; d'un côté le salaire, même
en denrées, est fixe comme doit être le prix du
louage ; de l'autre il est éventuel, indéterminé
même aléatoire (1). — Une autre différence très-
marquée se rencontre dans la nature du droit que
le domestique à gages ou l'ouvrier salarié et le métayer acquièrent sur le produit de leur travail. Les
premiers obtiennent, sur ce produit et sur la totalité, un privilége ; et le métayer acquiert, mais
sur une portion seulement, le droit complet de
propriété. Les premiers sont soumis à l'obéissance passive de la domesticité ; les seconds au
contraire ont, comme nous le verrons plus tard,
sur les ordres qu'ils reçoivent du maître un droit
de contrôle qui peut même, dans certains cas,
aller légalement jusqu'à la résistance et au refus
d'obéir.

Comment admettre une identité de contrat,
lorsque les éléments et les effets sont si différents !

16. Prenons acte du moins de cette conclusion
de M. Duvergier : « le bail partiaire reste malgré
« *l'espèce d'affinité qu'il a avec la société,* sou-
« mis aux règles du louage, sauf quelques excep-
« tions. »

17. Cette demi concession nous conduit naturellement à l'examen de l'opinion des auteurs
qui ont considéré le bail partiaire comme un

(1) V. Troplong. *Louage* n° 3 , Championière , *tom.* 4 n° 3065.

contrat innommé, participant à la fois du louage et de la société ; mais entr'eux il existe une divergence de sentiment qu'il importe de signaler. Les uns veulent que notre bail soit principalement un louage, les autres qu'il soit principalement une société.

Le passage suivant du président Favre résume assez nettement l'avis des premiers : *negari enim non potest, quin contractus hic de colono partiaro, licet non sit locatio, magnam tamen habeat similitudinem et adfinitatem cum locatione, majoremque quam cum societate quæ per solam lucri et damni communionem inducitur.* Ainsi dans le bail partiaire le louage serait pour la plus forte part, la société pour la plus faible; et l'influence de ce dernier contrat serait limitée au partage des profits et des pertes. Le motif le plus spécieux que l'on puisse apporter à l'appui de cette opinion, c'est que la vue intentionnelle qui dirige le contrat de société, est l'espoir de partager le bénéfice que la chose commune pourra produire, tandis que dans le bail à portion de fruits, le premier objet est la facilité des exploitations agricoles (1).

---

(1) L'espoir de partager le bénéfice que la chose commune pourrait produire, est la vue intentionnelle qui dirige le contrat de société — c'est ce qui la distingue....... du bail à cheptel, des baux à portion de fruits, dont le premier objet est la facilité des exploitations agricoles.
Armand Dalloz, *Dictionnaire de jurisprudence. V*°, *Société, n*° 7

18. J'ai dit que c'était un motif spécieux ; il n'est rien de plus en effet. Assurément , pour le propriétaire des héritages , le bail partiaire n'est qu'un moyen d'en percevoir les produits ; mais comme ce moyen pourrait être un bail à ferme, de même il peut être une société.

En second lieu c'est ne considérer le contrat qu'au point de vue de l'utilité du propriétaire ; il règle également les intérêts du colon. Sous ce rapport, l'argumentation n'a plus de sens ; car si le premier ne voit dans le bail partiaire qu'un moyen d'exploitation de sa chose, le second se propose d'utiliser son travail ; de sorte qu'il y aurait, à vrai dire, deux contrats en un : un louage de chose et un louage d'ouvrage ; chacune des parties serait liée par un contrat différent. Ce résultat n'est point inacceptable comme analogie, mais il n'a point la solidité d'une règle essentielle.

19. Les auteurs de l'Encyclopédie du droit rangent aussi notre bail parmi les contrats innommés. Ils s'appuient sur l'autorité de Balde, du président Favre et de Coquille.

« Sans doute, disent ces auteurs, ce partage « des fruits , cette communauté des gains et des « pertes, (communauté qui est parfaite, puisque « s'il n'y a point de produits et que le colon perde « son travail, le propriétaire de son côté perd la « jouissance de son fonds), sans doute ce sont là

2

« des éléments qui appartiennent au contrat de
« société; mais d'une autre part *le prix est un élé-*
« *ment* du contrat de louage, et il est impossible
« de soutenir avec M. Troplong que dans le bail
« partiaire il n'y a point de prix, et que le colon ne
« doit rien au propriétaire, puisque dans l'ancien
« droit il était de principe qu'à défaut de pres-
« tation de la part de fruits due au propriétaire,
« cette part était exigible en argent d'après une
« estimation rigoureuse ; ce qui serait inexplica-
« ble, si le propriétaire et le colon étaient des
« associés ayant à l'égard de la chose à partager
« des droits et des obligations réciproques, mais
« ce qui se conçoit fort bien, s'ils sont entre eux
« dans des rapports de bailleur à fermier, de
« créancier à débiteur.

« Sont encore des éléments du contrat de loua-
« ge, le privilége et le droit de suite du proprié-
« taire, ainsi que toutes les obligations impo-
« sées au colon partiaire, comme à tout autre
« fermier, de faire les réparations locatives, de
« cultiver en bon père de famille, d'engranger
« dans les lieux à ce destinés, d'avertir le pro-
« priétaire des troubles et usurpations. etc, etc,
« etc. Enfin il est de principe que pour juger de
« la nature d'une convention, il faut s'attacher
« à la commune intention des parties; or com-
« me on ne saurait le contester, ce que le pro-
« priétaire et le colon ont voulu faire, c'est plu-
« tôt un bail qu'une association.

20. Pour que ces raisons soient suffisantes, il faut qu'il soit démontré préalablement : que le colon *doit* un prix de ferme au propriétaire ; que le co_lon est tenu de *toutes* les obligations qui résultent du contrat de louage ; que le propriétaire et le colon ont *voulu* faire un bail, plutôt qu'une société ; or, il s'en faut de beaucoup que ces propositions soient acceptées. D'autre part, affirmer *à priori* que le colon est tenu de toutes les obligations qui résultent du contrat de louage, c'est déduire arbitrairement les conséquences d'un principe encore incertain ; c'est, selon la formule usitée pour indiquer cette erreur de logique, résoudre la question par la question ; et déjà nous pourrions remarquer, que la plupart de ces obligations que l'on impose prématurément au colon, peuvent les unes se rencontrer dans les rapports d'associé à associé, les autres être contestées à bon droit : mais entrons dans le vif de la question.

21. C'est dans l'ancien droit et notamment dans les dispositions de la coutume du Bourbonnais, art. 128; de la coutume de Melun, art 330 (1); et de la coutume de Bretagne, art. 259,

(1) Toutes appréciations de blés, vins et autres pareilles choses doivent être faites sommairement sur le registre du rapport qui se fait au greffe de la prévôté, de la valeur et vente des dits grains, vins, bois et autres choses pareilles ; et ce, selon l'estimation commune que les dits grains, vins, bois et autres choses ont valu et ont été vendues, en l'année qu'elles étaient dues. Toutefois, les moissons,

que ces auteurs puisent l'idée du paiement d'un prix de ferme par le colon: « faute de prestation « à l'époque fixée de la part de fruits revenant « au propriétaire, le canon du bail était exigible « en argent et estimé au plus haut prix que les « grains avaient atteint dans l'année à partir du « jour que le paiement eût dû être fait »

Je crois pouvoir affirmer que l'application de ces règles coutumières n'est point exacte. Voici d'abord le texte de l'art. 128 de la coutume du Bourbonnais.

22. ART. CXXVIII. «Quant aucun doit *cens, tailles* « ou autre devoir annuel de blé, vin, huile et au- « tres choses qui gisent en poids, mesure et muta- « tion, et il est convenu pour aucuns arrérages, il « n'est tenu d'en payer sinon à la raison qu'elles « ont valu au plus haut prix des années des quel- « les ils doivent les dits arrérages. Aussi est tenu « de les payer au dit plus haut prix, sans qu'il soit besoin d'en faire aucune autre appréciation. »

23. Assurément il n'y a dans cette disposition rien qui implique l'idée d'un prix de bail payé par le métayer au propriétaire. Elle embrasse toutes les redevances en denrées ; mais en se servant de l'expression générale *quand aucun doit*, elle ne fait aucune application spéciale, et ne dé-

---

cens, rentes *foncières* en grains, dûes à *certains jour et lieu*, seront appréciées au plus haut prix qu'elles auront valu dedans l'an à compter du jour que le paiement a été fait. *(Melun 530).*

cide point qu'il faille ranger le métayer dans
la classe de ceux *qui doivent*. Il s'agit dans cet
article de la coutume, des cens, tailles et autres
droits annuels de blé, vin, huile, etc; etc.; mais
nullement de la part des fruits réservés dans le
métayage au propriétaire de fonds. Chacun sait
combien les *rentes en nature* étaient fréquentes
au temps des coutumes ; des prestations du même genre étaient perçues par les seigneurs sous
toutes les formes, *droit de cens, blairie et autres;*
enfin aujourd'hui même encore, sous le nom de
servines, bien des propriétaires reçoivent de leurs
fermiers une certaine quantité de blé, avoine,
ou autres denrées, indépendamment du prix du
bail en argent. Ce sont ces redevances que l'article de la coutume avait pour but de réglementer,
et rien de plus. Aussi Auroux-des-Pommiers,
dans son commentaire, n'en fait-il plus particulièrement l'application qu'aux redevances foncières en grains et autres espèces dûes à certains
jours et lieux. « Les redevances *foncières* en grains
« et autres espèces quoique dues à certains jours
« et lieux se paient par ceux à qui elles sont
« dûes, suivant le prix commun de chacune an-
« née, et celles de la dernière année en espèces,
« ainsi qu'il est porté par l'ordonnance de 1667,
« titre 3o, art. 1ᵉʳ.

L'art. 33o de la coutume de Melun, insiste sur
ce point et n'a bien évidemment trait qu'à une

rente fixe, payable à certain jour et à certain lieu.

24. Tout ceci est rendu plus évident encore par la disposition de l'art. 125 de la même coutume du bourbonnais qui règle les cas où les fruits de la métairie peuvent être arrêtés :

ART. CXXV. Les fruits d'une métairie pour *les « fermes ou rentes foncières* d'icelle peuvent « être empêchés et arrêtés par le seigneur de la « métairie, soit qu'elle soit de son héritage ou « d'héritage de sa femme, et tient tel arrêt et « empêchement jusqu'à plein payement desdites « *fermes ou rentes.* Et semblablement peuvent « être arrêtés et empêchés les fourrages et pail- « les pour le nourrissement du bétail de ladite « métairie, et aussi pour faire des fumiers, afin « de les convertir en l'amendement des terres « d'icelle métairie, posé que ledit seigneur n'eût « lettres obligatoires expressément quant à ce. « Et si lesdits fruits, pailles et fourrages étaient « enlevés ou emportés, ledit seigneur les peut « poursuivre et faire arrêter, et sera préféré à « tous autres. »

25. Du texte passons au commentaire d'Au- roux :

« Ce que nous venons de dire du privilége du « propriétaire d'une métairie, sur les fruits d'icel- « le, pour *les accences dúes par le fermier,* con- « formément à la disposition de notre coutume

« et de celles qui ont été citées, doit avoir son
« application par rapport au métayer, *pour les*
« *avances que le propriétaire lui a faites,* soit
« en blé prêté pour semer, sa nourriture, ou
« pour payer ses impositions ; le maître pour
« toutes ses avances, est préféré sur les fruits de
« la métairie, à tous créanciers : ce qui est fondé
« sur la nécessité à laquelle sont réduits les maî-
« tres des domaines de la campagne de s'épuiser
« pour les faire valoir, et de faire souvent des
« avances qui excèdent la valeur des métairies,
« lesquelles avances seraient perdues, si les maî-
« tres n'étaient préférés, sur les fruits, à l'occa-
« sion desquels ils sont contraints de supporter
« toutes ces dépenses. »

« C'est, ajoute Auroux, l'observation de
« M. Louis Semin sur le présent article, et de
« M. Gaspard de la Thaumassière, sur la coutu-
« me du Berry, titre 9, art. 46. *Quod privilegium,*
« dit M. Louis Semin, *conceditur domino prœdii,*
« *non solum pro solutione pensionis contra con-*
« *ductorem, sed etiam pro solutione hujus quod*
« *debet colonus partiarius, id est* métayer, *domino*
« *prœdii, sive ex instrumento societatis, id est* bail
« de métairie, *seu ex causâ seminis et procedit tale*
« *privilegium contra omnes creditores ; ita ut pro*
« *solutione eorum quæ ei debentur a colono par-*
« *tiario preferatur in distractione fructuum in suo*
« *fundo productorum, non solum omnibus an-*

« *terioribus, creditoribus sed et illi qui primus de-*
« *prehendit.* »

26. Ainsi la distinction est profondément tranchée, entre le fermier et le métayer, et l'on voit
que le privilége qui appartient au propriétaire contre l'un d'eux, a une toute autre origine que celui
qui lui appartient contre l'autre. Contre le fermier, *conductor, pro solutione pensionis,* c'est-à-
dire le canon, le prix de ferme. Contre le métayer,
*colonus partiarius, sive ex instrumento societatis,
seu ex causa seminis.* C'est donc interpréter fausse-
ment les dispositions des coutumes et de l'ordonnance de 1667, qui fixe le taux des prestations en
denrées, que de les appliquer à la part des fruits
du maître dans le métayage ; et c'est à tort aussi,
que l'on offre l'existence du privilége du maître
comme preuve de la présence du louage dans le
bail partiaire , puisqu'il est donné au contraire
à raison du contrat de société.

27. Remarquons enfin , sans attacher à cette
observation plus d'importance qu'elle n'en mérite , que dans le cas même où le bail à métairie
serait autant un louage qu'une société, il ne serait
pas exact pour cela de le classer parmi les contrats innommés; sous cette dénomination, la doctrine ne comprend « que les contrats qui n'ont
« pas de noms particuliers donnés ou confirmés
« par le droit civil, et qui de simples conventions
« imprévues par les législateurs, deviennent des

« contrats par l'accomplissement de la conven-
« tion de la part des parties, et que le droit ro-
« main considérait alors comme des man-
« dats (1). » Le bail à métairie n'est point dans
ce cas ; il a son nom dans le code (2) ; et dans
l'opinion même que je rejette, il faudrait dire
seulement que c'est un contrat *mixte*.

28. Quoi qu'il en soit, si l'on rapproche l'opinion de M. Duvergier de celles qui précèdent,
on voit qu'en somme elles reconnaissent toutes
la présence dans le bail partiaire du louage et
de la société, et que la différence n'est que du
plus au moins. Il se peut que ce résultat suffise à
la curiosité scientifique ; mais ce n'est point assez
pour l'utilité pratique. — J'admets, si l'on veut,

(1) Merlin. — Répert. V° Contrat.

Dans notre droit français, la perfection de la convention n'est
plus subordonnée à son accomplissement. Voici ce que dit à cet égard
Toulier, tom. VI. page 11.— « Quant aux contrats qui se formaient
« par l'accomplissement des faits promis par l'une des parties, on les
« appelait contrats innommés...... et page 16 : Cette division des
« contrats nommés et innommés n'existe plus aujourd'hui que toutes
« les conventions sont obligatoires, avant même que l'une des parties
« ait accompli sa promesse ; les actions n'ont point de dénominations
« particulières. »

Cette division existe encore cependant dans le fait, puisqu'il se
fait chaque jour, et en grand nombre, des stipulations qui ne sont point
dénommées dans la loi ni réglées par elle ; mais cette distinction n'a
pas d'influence sur la force obligatoire des conventions. C'est ce qui
résulte très positivement de l'art. 1107 du code civil ; « les contrats
« soit qu'ils aient une dénomination propre, soit qu'ils n'en aient pas,
« sont soumis à des règles générales qui sont l'objet du présent titre II. »

(2) Voy. art. 1829, et le titre qui prend les art. 1827 et suivants.

que dans le bail à colonage c'est le contrat de
louage ou le contrat de société qui prévaut ; mais
dans le détail des rapports qui s'établissent entre
le maître et le colon, à quel signe reconnaîtrai-je
l'espèce commune de l'espèce d'exception ? si
notre bail participe de deux contrats différents; si,
bien qu'il soit surtout une société, il faut recourir
fréquemment aux règles du louage, quelle sera
dans les cas particuliers la raison qui devra déterminer mon choix ? sans doute, dans les contrats innommés, la règle est de renvoyer pour
chaque espèce à la recherche de l'intention des parties ; mais on laisse ainsi beaucoup à l'arbitraire,
et les décisions les plus opposées se justifient à
l'aide de cette méthode élastique qu'il ne faut subir
qu'après avoir reconnu l'impossibilité de l'éviter.
Une convention ne doit donc être abandonnée
parmi les contrats innommés, qu'autant que sa
nature résiste absolument à son assimilation à
un contrat connu, de même qu'on ne peut refuser à un citoyen son état, qu'après avoir bien
constaté qu'il ne peut justifier sa filiation (1).

(1) J'ai vu par des notes soigneusement prises au cours de l'un de
MM. les professeurs de la faculté de droit de Paris, que ce jurisconsulte refusait au bail à portions de fruits le caractère d'une société,
parce qu'il ne peut être contracté entre plus de deux parties, ce qui
est vrai en fait. Mais la démonstration doit prendre son point d'appui
sur un principe qui ne me paraît pas admissible; c'est qu'il faudrait
considérer comme un élément *essentiel* du contrat de société, l'aptitude à embrasser un nombre illimité de parties contractantes. L'art.
1832 me semble repousser cette entrave ; puisque la société peut être

29. Les plus grands maîtres de la science ont été frappés de cette nécessité, ont résolument affirmé que notre bail, le bail à portion de fruits, appartenait à cette famille nombreuse que régissent les régles du contrat de société.

A leur tête se placent Barthole et Cujas; *socie-tas dicitur cum colono partiario, sed locatio cum colono qui nummis colit.* (Barthole sur la loi 2 5 au Dig. *locat. cond.)*

*Si qûis colono agrum colendum det, et partian-tur fructus, non contrahitur locatio, sed societas; nam locatio fit mercede, non partibus rei. (*Cujas, ad leg. 12 , de præscupt.)*

Après avoir cité l'opinion de Cujas, M. Duvergier ne trouve à lui opposer que l'argument refuté dans les observations précédentes, et tiré de l'absence de chances de pertes pour le propriétaire. Cette leçon de Cujas a été plus ou moins formellement acceptée par un grand nombre d'auteurs et des plus recommandables: parmi les

limitée entre deux personnes par la volonté des parties, pourquoi ne pourrait-elle être limitée au même nombre par la nature des choses qui sont l'objet du contrat ?

D'après les mêmes notes, la convention de partager les fruits ne serait qu'une condition accessoire du louage. A cela je réponds que le partage des fruits n'est pas une condition, mais le but même du contrat; que si c'en était une condition, ce serait évidemment la plus importante, la principale; je réponds enfin par tout ce que j'ai dit pour démontrer que les *éléments essentiels* de louage sont introuvables dans le bail à portion de fruits.

anciens, on cite Vimius, Brumeman , Fachin , le
nouveau Denizard, Ferrières , etc; parmi les
modernes , MM. Delvincourt, Duranton et Troplong.

3o. La Cour royale de Limoges a rendu le 21 février 1839 , un arrêt qui entre profondément
dans la question , et renferme un examen doctri-
nal qui peut faire autorité.

« Attendu que la question git uniquement dans
« le point de savoir si le bail à colonage cons-
« titue un contrat de louage , comme le prétend
« l'appelant, ou s'il constitue un contrat de so-
« ciété comme cela est soutenu par l'intimé.

« Attendu que suivant les principes du droit
« romain, le bail à colonage était considéré
« comme un contrat de société , ainsi qu'en font
« foi les textes suivants : *Partiarius colonus ,*
« *quasi societatis jure, et damnum et lucrum*
« *cum domino partitur,* (L. 25. § 6. *dig. locat.*
« *conduct.* Liv. 19 , Tit. 2.). *socios inter se do-*
« *lum et culpam prœstare opportet. Si in coeundâ*
« *societate artem operam ve pollicitus est alter,*
« *veluti cum pecus in commune pascendum ,*
« *aut agrum politori damus in commune quœrendis*
« *fructibus.* (L. 52. § 2, ff. *pro socio,* liv. 17.
« Tit. 2.

« Attendu que les docteurs interprètes de la
« loi romaine s'accordent tous pour reconnaître
« dans le bail à colonage les caractères du contrat

« de société, et pour le distinguer du contrat
« de louage.

« Attendu que cette doctrine du droit romain
« avait passé dans l'ancien droit français, comme
« l'enseignent Ferrière, Dict. du droit, V° amo-
« diateur et le nouveau Denizard V° bail par-
« tiaire.

« Qu'ainsi il faut reconnaître que, d'après
« les principes de l'ancien droit, le bail à colo-
« nage était une société ayant pour objet l'ex-
« ploitation d'un domaine dans laquelle le bail-
« leur fournissait *les fonds à cultiver* et le pre-
« neur son industrie et ses labours pour la
« culture.

« Attendu que le code civil ne contient aucune
« disposition qui ait dérogé à ces principes,
« qu'au contraire, suivant la judicieuse obser-
« vation des premiers juges, la définition du
« contrat de société, telle qu'elle est donnée par
« l'art. 1832, reçoit une application plus exacte
« au bail à colonage que la définition du contrat
« de louage, porté en l'art. 1709 du même code.

« Attendu que l'argumentation tirée par l'ap-
« pelant de ce que l'art. 1763 code civil, le seul
« dans le code qui fasse une mention spéciale
« du bail à colonage, se trouve placé au titre du
« contrat de louage, ne présente rien de solide,
« parce que la classification des contrats sous
« telle ou telle rubrique ne saurait être une

« raison suffisante pour en déterminer la nature,
« surtout quand il s'agit *de contrats qui, comme*
« *le bail à colonage, n'ont pas de caractère qui*
« *leur soit propre , et participent de deux natu-*
« *res de contrats différents ;* — que pour mon-
« trer combien cette argumentation a peu de
« force , il suffit de faire observer que la loi ro-
« maine qui assimile le bail à colonage au contrat
« de société, est placée au digeste précisément
« au titre *locati conducti*, et que, dans le code
« civil même, le contrat de cheptel, qui est une
« véritable société , et auquel la loi elle-même
« donne cette qualification (art. 1818) est placé
« aussi comme le bail à colonage , sous le titre
« du contrat de louage.

« Attendu que si pour apprécier la nature du
« bail à colonage, suivant l'esprit du code civil,
« au lieu de s'arrêter à une induction aussi peu
« concluante que celle de la position qu'occupe
« dans le code l'article 1763, on veut recher-
« cher l'intention de la loi dans l'exposé des mo-
« tifs de l'orateur du gouvernement, et dans le
« rapport fait au tribunat, il apparait clairement
« que les auteurs du code n'on voulu rien inno-
« ver en cette matière, et qu'il a été au contraire
« dans leur volonté de conserver au bail à colo-
« nage, les caractères d'un contrat de société. »

31. Quelle que soit la vigueur de cet arrêt , et
son énergie à déclarer le bail à colonage contrat de

société, on regrette néanmoins d'y rencontrer
une phrase échappée à ses rédacteurs, et qui
semblerait dictée par un sentiment de prévoyance
pour quelques cas réservés, dans lesquels le principe pourrait paraître trop absolu. Dire que le
bail à colonage *est un de ces contrats qui n'ont
pas de caractère qui leur soit propre et participent
de deux natures de contrats différents*, n'est-ce
pas le rejeter dans la classe des contrats mixtes,
dont tous les autres motifs de l'arrêt l'ont si bien
fait sortir ? Cette phrase unique ne peut d'ailleurs
prévaloir contre la masse des raisons décisives
que renferme l'arrêt, et de celles qu'on peut y
ajouter.

32. Si en effet on observe avec soin la constitution intime du bail partiaire, on y retrouve *tous les
éléments essentiels* du contrat de société, c'est-à-
dire, la convention par deux personnes, de mettre quelque chose en commun, dans la vue de
partager le bénéfice qui pourra en résulter. On
s'assure aisément que cette dilogie du louage et
de la société est purement idéale ; que ces deux
contrats ne se trouvent point à l'état de mélange
et de confusion, mais que la place et le rôle de
chacun sont très-distinctement marqués et pré-
vus dans la convention.

Dans notre bail, la société n'est point un contrat tronqué, une quasi-société comme quelques-
uns l'on dit ; mais un contrat complet, une

société régulière, parfaite, à laquelle il ne manque aucun de ses attributs , car encore une fois ,
il y a concours de deux ou plusieurs parties , qui
conviennent de mettre quelque chose en commun
dans la vue de partager le bénéfice qui pourra en
résulter.

CODE CIVIL. — Art. 1832. « La société est un contrat par lequel
  ‹ deux ou plusieurs personnes conviennent de mettre quelque
  ‹ chose en commun, dans la vue de partager le bénéfice qui pourra
  ‹ en résulter. »

33. Dans le répertoire du notariat , M. Rolland
de Villargues, au mot bail partiaire s'exprime ainsi :
« Ce contrat est *autant* une société qu'un fermage;
« *le propriétaire fournit les terres, le colon son tra-*
« *vail et son industrie , et les fruits se partagent*
« *dans les proportions convenues.* Néanmoins le
« code civil l'a placé au rang des baux à ferme ,
« dont il ne diffère qu'en ce que le colon partiaire
« donne au propriétaire la quotité déterminée
« des récoltes , tandis que le fermier donne une
« rente fixe en argent ou en grains.

La place que le contrat occupe si accidentellement dans le code, sous la rubrique du louage,
n'est pas une raison suffisante pour le dénaturer,
surtout après avoir si nettement découvert en lui
les éléments de la société et sa dissemblance avec
le louage. Mais en outre , c'est par inadvertance
sans doute que le judicieux auteur du répertoire
dit que le colon *donne* au propriétaire sa portion

des fruits, tandis que c'est le propriétaire qui la prend et la recueille de son chef. *V° Supra* 12 et 13.

34. Je considère donc la société comme la substance même du bail partiaire, et les principes qui lui sont propres comme devant régir tous les faits qui se rencontrent dans le cercle ordinaire d'action du contrat de société. Si, en dehors des conditions communes à toute espèce de société, la nature et la force des choses établissent entre le bail partiaire et d'autres contrats des rapports d'analogie et de similitude, dans ces cas il faudra recourir aux règles qui régissent ces contrats. Par exemple, il se peut que le propriétaire doive à la société la jouissance des héritages, comme le locateur la doit au conducteur; c'est une question que nous aurons à traiter plus loin; malgré cela, l'action du colon pour le contraindre *à faire jouir,* ne sera point l'action donnée au fermier contre le bailleur, mais celle donnée à l'associé contre son associé. La raison de cette différence, c'est qu'il doit la jouissance de ses héritages, non comme chose louée, mais comme apport promis à la société. Il faut bien se garder de confondre des contrats de natures différentes, pour cela seul qu'ils engendrent des obligations même identiques : pour une fois que cette confusion sera sans inconvénients, elle égarera vingt autres. Parce que le louage et la vente se touchent par plus d'un point, faut-il ne les point distinguer?

3

35. J'ai dit que le contrat de société, complet dans le bail partiaire, en était la substance même; je dirai à l'inverse, que le louage ne s'y trouve point à l'état de contrat, et n'entre pour rien dans sa constitution. Et cependant, j'avoue que pour régler les obligations que produit le bail à métairie, il faut plus d'une fois recourir aux règles du louage. Il faut encore éclaircir ces idées qui peuvent paraître contradictoires.

J'ai entendu soutenir que dans le colonage, les deux contrats se rencontraient, non confondus, mais distincts. Dans ce système, il existerait entre le propriétaire et le colon, une société parfaite pour l'exercice de l'industrie agricole ; mais cette société se trouverait liée par un contrat de louage non moins parfait envers le propriétaire, considéré non plus comme associé, mais comme bailleur des héritages. A ce point de vue, le propriétaire aurait deux titres distincts ; d'une part, il s'engagerait dans la société, de l'autre il lui affermerait son bien ; en elle il serait associé, hors d'elle il serait locateur. Cette formule pouvait séduire en ce qu'elle semblait concilier toutes les opinions. Le doute est néanmoins facile à dissiper. Vous convenez de l'existence d'une société, quel est l'apport ? c'est la jouissance des héritages. Vous admettez le louage, quel est le prix ? la part à prendre dans les bénéfices. — Continuons. — Quel est dans la société l'équiva-

lent de l'apport ? la part dans les bénéfices. Quel
est dans le louage l'équivalent du prix ? la jouissance. — Résumons maintenant : dans la société,
la jouissance, prise pour apport, donne droit au
propriétaire à une part de bénéfice , comme di-
vidende ; dans le louage , la jouissance , prise
pour chose louée., lui donne droit à une part au
bénéfice, comme prix. Le propriétaire procure-
t-il donc deux jouissances et perçoit-il deux parts
de bénéfices dans le bail partiaire ? non. Il n'y a
donc qu'un objet que vous soumettez à deux
contrats différents ; c'est une confusion.

36. Le rôle du louage dans le bail à métairie
est parfaitement défini dans ce passage extrait du
traité du louage par M. Troplong.

« Au surplus , dit le savant magistrat , je ne
« nie pas que quelques-unes des règles du bail à
« ferme ne servent à déterminer les rapports du
« propriétaire et du colon. L'*analogie* conduit à
« les employer fréquemment ; mais ce que j'ai
« voulu prouver, c'est que le bail partiaire est
« surtout une société, et je crois que ce caractère
« est maintenant frappant pour quiconque vou-
« dra peser avec impartialité les éléments de ce
« contrat. »

37. Ce n'est donc que par analogie qu'il est permis de recourir au louage, et s'il touche en cela de
plus près au bail partiaire que les autres contrats,
c'est parce que les occasions d'analogie sont plus

fréquentes. La société se produit sous mille formes diverses, et c'est seulement la nature de l'objet auquel elle s'applique, qui la rend plus voisine de tel ou tel contrat ; mais la proximité n'est
pas la confusion , et le bail partiaire, pour avoir
des traits de ressemblance avec le louage , n'en
est pas moins une société, et rien qu'une société.

38. Je conclus en disant : que le bail partiaire n'est
point un contrat innommé, soit que sous cette
dénomination on désigne un contrat imprévu
dans la loi, soit que l'on veuille faire entendre
qu'il manque pour le régler d'une législation positive ; qu'il n'est point un louage , parce qu'il
ne contient pas les éléments constitutifs de ce
contrat ; qu'il en contient au contraire qui lui
sont opposés ; qu'il est une société, parce qu'il
en a tous les attributs essentiels , sans en excepter un seul. Dans le bail partiaire enfin , le
contrat de louage peut être souvent consulté,
mais c'est toujours le contrat de société qui
commande.

CHAPITRE II.

DE LA FORMATION DU CONTRAT.

39. La conclusion du chapitre précédent étant acceptée, c'est sous l'influence des règles particulières à la formation de la société que se contracte le bail partiaire; les articles 1832, 1833 et 1834 lui sont par conséquent applicables.

Art. 1833. Toute société doit avoir un objet licite, et être contractée pour l'intérêt commun des parties.

Chaque associé doit y apporter ou de l'argent, ou d'autres biens, ou son industrie.

Art. 1834. Toutes sociétés doivent être rédigées par écrit, lorsque leur objet est d'une valeur de plus de cent cinquante francs.

La preuve testimoniale n'est point admise contre et outre le contenu en l'acte de société, ni sur ce qui serait allégué avoir été dit avant, lors et depuis cet acte, encore qu'il s'agisse d'une somme ou valeur moindre de cent cinquante francs.

40. Le bail à métairie est un contrat de droit naturel et commutatif, il est bilatéral dans le sens le plus littéral du mot; en effet, quoiqu'il puisse y avoir, de même que dans toute société,

plus de deux contractants, il est de l'essence de
ce contrat qu'il n'y ait que deux associés (1). Plu -
sieurs propriétaires indivis peuvent traiter avec
plusieurs cultivateurs associés entr'eux pour la
culture d'un immeuble ; chaque groupe néanmoins ne forme qu'un seul être collectif, ne représente qu'un même intérêt. Le groupe des
propriétaires constitue une *communauté* représentant collectivement l'associé qui dans le bail
partiaire prend le titre de maître. Le groupe des
cultivateurs forme une société secondaire, dont
les règles sont étrangères au bail partiaire, et
qui représente collectivement l'associé qui dans
ce dernier contrat prend le nom de colon. C'est
une situation à peu près analogue à celle prévue
par l'article 1861 du code civil, d'après lequel
l'intérêt d'un associé peut se diviser entre plusieurs. Il résulte de là que quel que soit le nombre
des propriétaires de l'héritage, ou des colons
associés, s'ils traitent par acte sous signatures
privées, il ne sera point nécessaire d'en faire autant de copies qu'il y aura de contractants ; il
suffira toujours que l'acte soit fait double.

41. Les règles générales des conventions relatives à la cause et à l'objet du contrat, au consentement et à la capacité des personnes, sont
communes au bail partiaire. Toutefois, dans

(1) V. Supr. n° 28 à la note.

leur application spéciale elles offrent quelques
singularités dont il faut tenir compte.

42. Les obligations que le bail partiaire impose
à chacune des parties contractantes ont pour
cause l'espoir d'une portion des bénéfices qui
doivent résulter de l'association. Si donc le bail
n'était contracté que dans l'intérêt de l'une des
parties, comme si l'une ou l'autre ne devait rien
retirer *ou presque rien* du bénéfice réalisé, son
obligation serait sans cause et nulle par conséquent. La disposition de l'article 1833 qui exige
que toute société soit contractée dans l'intérêt
commun des parties, vient à l'appui de cette
observation.

43. L'objet du bail partiaire est l'exploitation
et le plus utile emploi de la jouissance et du travail.
Dans les sociétés ordinaires, ces mises, appelées
aussi apports, ne sont pas toujours homogènes ;
dans le bail partiaire elles sont nécessairement
différentes par leur nature. Il importe de déterminer en quoi elles consistent pour chaque associé.

44. Si l'on prenait à la lettre les expressions
dont s'est servi la cour royale de Limoges dans
l'arrêt cité au chapitre précédent, pour caracté-
riser la mise du propriétaire des héritages à cultiver, on commettrait une grave erreur. On lit
dans cet arrêt que le bailleur *fournit les fonds à
cultiver*. On pourrait croire que la cour a voulu

faire entendre que le bailleur apporte dans la société les fonds qui lui appartiennent : on se trom-
perait ; les magistrats qui ont si habilement *précisé*
la nature du bail à colonage ne pouvaient se
méprendre à ce point sur l'une des conditions
les plus importantes de ce contrat. Pour déterminer exactement la nature de l'apport du maître,
il suffit de pénétrer dans ses intentions. Propriétaire d'héritages dont la production spontanée
est limitée, il s'associe au cultivateur pour mettre
en relief la faculté naturelle de sa terre de se fertiliser par le travail, et de multiplier ses produc-
tions. Il n'est pas nécessaire pour atteindre ce
but, qu'il mette en commun le fonds lui-même,
dont il aliénerait par là la propriété ; il suffit
qu'il confonde dans la communauté sa vertu productive. Cette vertu étant une qualité interne du
sol, qui se reproduit incessamment en lui, mais
ne peut en être séparée, *fournir son fonds*, c'est
de la part du maître le confier à l'association.

45. Le colon n'apporte rien de plus que la valeur
de son industrie ; son but est de trouver l'emploi
de son aptitude à la culture des terres. Comme
la fécondité du sol serait presque vaine sans le
travail, de même la force physique et le savoir
du cultivateur ne formeraient qu'un capital improductif, s'il ne les employait à la fertilisation
des héritages. Ces facultés de l'homme sont aussi
des qualités internes qu'on ne peut concevoir en

dehors et isolées de lui. On en peut dire autant
de l'utilité des instruments aratoires qui à défaut
de convention contraire doit se trouver dans sa
mise parce qu'elle n'est qu'un accessoire de son
aptitude au travail et un moyen de la mettre en
action. Ainsi, le propriétaire ne met pas plus ses
héritages dans la société, que le colon n'y met sa
personne et ses instruments aratoires. L'un apporte l'aptitude de ses héritages à produire, c'est-
à-dire leur jouissance ; l'autre l'aptitude de sa
personne à réaliser cette jouissance par le travail.
Telles sont les mises qui forment le fonds dont
l'exploitation est l'objet de la société, *alius ponit
terram et alius operas in quœrendis fructibus* (1).
Quant au bénéfice recherché pour être partagé,
on peut dire, en se servant d'une formule ari-
thmétique, qu'il est le produit de la fertilité naturelle des héritages, multipliée par le travail du
cultivateur.

46. Le développement des règles qui président à l'administration des affaires communes
du maître et du métayer, montrera que la société
qui s'établit entre eux dans le bail à portion de
fruits, emprunte beaucoup du caractère de la
participation ; cette nuance se manifeste principalement dans les rapports avec les tiers, vis-à-
vis desquels *il n'y a que celui qui agit qui est seul*

(1) Barthole, sur la loi si merces § vis major, D loc. cond.

obligé (1), nous aurons occasion de la faire ressortir ; mais dès à présent nous pouvons remarquer que le bail à portion de fruits appartient à cette classe de sociétés que définit l'article 1841 du code civil (2) . Il constitue une société particulière ; car il ne s'applique qu'aux fruits de certaines choses , c'est-à-dire de certains héritages déterminés , qui se perçoivent au moyen de la confusion de leur jouissance , avec le travail de *certaines personnes* dont une au moins est aussi déterminée. On peut enfin emprunter à l'article 1836 (3) la distinction qu'il établit entre les différentes sociétés universelles, et dire que le bail partiaire est une société particulière *de gains*. En effet, de ce que le propriétaire et le colon ne mettent en commun que la jouissance des héritages de l'un , et l'utilité du travail de l'autre , il résulte qu'à l'expiration du bail il ne se trouve pas de fonds social à partager, mais seulement des bénéfices.

47. Quoique comportant des actes qui ont de l'affinité avec les actes du commerce, le bail partiaire n'est point une société commerciale ; il est

_____

(1) Troplong. Soc. n° 481, d'après Savary.

(2). Art. 1841. La société particulière est celle qui ne s'applique qu'à certaines choses déterminées, ou à leur usage , ou aux fruits à en percevoir.

(3) Art. 1836. On distingue deux sortes de sociétés universelles , la société de tous biens présents , et la société universelle de gains.

au contraire une société essentiellement civile ; à
ce point que des faits qui en *dehors* de lui seraient
commerciaux, deviennent purement civils par
cela seul qu'ils se rattachent à son accomplissement. Ainsi, ceux qui font le commerce des
bestiaux, les achetant dans une foire pour les
revendre dans une autre, sont des commer-
çants : dans beaucoup de cas les associés par bail
partiaire font aussi cette spéculation, et *passent*
ainsi des bœufs, des vaches, des moutons. Quelque répétée que puisse être cette négociation, elle
ne constitue point de leur part un fait de commerce. La raison en est que cette opération n'est
toujours qu'un moyen entre mille de mettre en
œuvre le fonds social, d'utiliser les produits de
l'héritage auquel le bail s'applique. On pourrait
décider autrement, s'il était prouvé que les bestiaux achetés ou vendus, sont en nombre tellement disproportionné avec les ressources de la
métairie, que pour les nourrir et entretenir pendant leur *passage*, le maître et le colon sont dans
l'habitude d'acheter au dehors de grandes quantités de fourrages ; encore faudrait-il être très-
circonspect en pareil cas ; car l'emploi des fumiers à l'amendement des terres suffirait pour
rattacher la spéculation à l'accomplissement d'un
bail partiaire véritable, et le faire rentrer dans
les moyens directs, et quelquefois des plus effi-
caces, d'une bonne exploitation. Les opérations

de ce genre ne pourront donc que bien rarement être déclarées commerciales, et seulement dans le cas où il apparaîtrait clairement que le bail partiaire n'aurait été que l'accessoire du négoce, et contracté seulement pour masquer des opérations vraiment commerciales et tromper les tiers (1).

48. L'objet du bail partiaire étant invariablement l'exploitation de la jouissance d'héritages par le travail, on conçoit difficilement qu'il puisse être jamais considéré comme illicite; et la prohibition de la loi ne pourrait se trouver enfreinte que dans les clauses particulières et accessoires. Dans ce cas la clause infectée du vice serait nulle, et le contrat continuerait de produire son effet pour le surplus, à moins qu'il ne s'agît d'une condition à l'accomplissement de laquelle on aurait subordonné la convention. L'article 1172 deviendrait alors applicable, et la nullité s'étendrait sur le tout.

Art. 1172. Toute condition d'une chose impossible, ou contraire aux bonnes mœurs, ou prohibée par la loi, est nulle, et rend nulle la convention qui en dépend.

49. De ce que l'objet du bail partiaire est la jouissance des héritages, mise en valeur par le travail du colon, il résulte que ce contrat ne peut s'appliquer aux héritages dont la jouissance

(1) Voyez Troplong, soc. n° 323, 324.

se perçoit sans travail, comme les maisons de ville, et en général tous ceux qu'on comprend ordinairement sous la désignation d'héritages urbains. Mais il convient aux héritages ruraux, quelle que soit leur étendue: au moindre champ, comme au plus vaste domaine. On peut jouir ainsi d'un jardin, d'un pré, même d'un bois; mais seulement dans ce dernier cas, pour le pacage et la glandée; la garde des bestiaux est un travail dans lequel peut se trouver l'apport de celui qui en serait chargé.

5o. Les étangs, les lacs ne sont pas plus que les héritages urbains, susceptibles de l'application du bail partiaire. La convention pourrait bien accorder au colon une part dans le produit des étangs qui dépendent de la métairie; mais ce serait seulement une condition accessoire, ajoutée au bail, qui n'aurait point en lui son origine. « Il est « des conventions qui sont propres à la société, « sans lesquelles il n'existe point d'association, « qui en opèrent la formation et constituent les « éléments du contrat. Les autres sont accessoi- « res à la convention, et quoique faites en vue de « la société, n'en font pas partie et n'en sont pas « constitutives. Les secondes ne dérivent pas né- « cessairement de la stipulation principale (1) »

Il faut donc décider : 1° qu'à défaut de réserve expresse, la jouissance des terres arables, des

(1) Championière et Rigaud, n° 2942.

vignes, des prés, des patures de toute espèce
boisées ou non boisées qui dépendent de la métairie, donnée à bail sans désignation spéciale ,
sont comprises de plein droit dans ses stipulations;
2°qu'il en est autrement des lacs et étangs, à moins
d'une clause expresse pour les y faire entrer;
3° que la concession de la moitié des produits d'é-
tang ne serait point un bail à colonage partiaire.

51. La concession à moitié produit de l'exploitation d'une carrière ou d'une mine , doit-elle être
rangée dans la classe des baux à colonage partiaire? non sans doute : dans le bail partiaire
le fonds doit se conserver intact , parce qu'il ne
fait point partie de la chose mise en commun.
Dans l'exploitation d'une carrière ou d'une mine,
c'est le fonds même qui est aliéné en tout ou partie; et cela est tellemeut vrai que si la mine est
pauvre ou la concession de très longue durée ,
à l'expiration il peut ne plus rien subsister du
fonds. D'un autre côté le mot colonage implique
essentiellement l'idée d'une culture , et l'on ne
peut qualifier ainsi l'exploitation d'une mine.

52. Le consentement des parties contractantes
est nécessaire pour la validité de toute espèce de
contrat, et le consentement n'est point valable s'il
n'a été donné que par erreur, s'il a été extorqué
par violence ou surpris par dol et par fraude (1).

(1) Art. 1109 Il n'y a point de consentement valable, si le consentement n'a été donné que par erreur, ou s'il a été extorqué par violence
ou surpris par dol.

L'erreur tombe ou sur la substance de la chose, et dans ce cas elle est toujours une cause de nullité de la convention ; ou sur la personne avec laquelle on contracte, et dans ce cas elle n'est une cause de nullité, qu'autant que la considération de la personne a été la principale cause de la convention (1).

Dans le bail partiaire il ne peut guère y avoir d'erreur sur la substance de la chose, qu'autant que le propriétaire entendrait apporter la jouissance d'un héritage autre que celui que le colon aurait entendu s'obliger à cultiver : si par exemple l'un avait en vue une vigne, l'autre une terre arable. Mais il ne suffirait pas qu'il y eut une erreur sur l'étendue, la qualité ou le nombre des héritages. Dans ce cas il n'y aurait erreur que sur un attribut de la substance, ce qui ne serait pas suffisant pour faire annuller le contrat.

Lorsque le bail partiaire a pour objet l'exploitation d'un corps de biens, on se contente habituellement de l'indiquer par son nom collectif sans entrer dans le dénombrement des héritages dont il se compose ; il faut dans ce cas appliquer la première règle indiquée *supra* n° 5o. Mais il

(1)Art. 1110. L'erreur n'est une cause de nullité de la convention que lorsqu'elle tombe sur la substance même de la chose qui en est l'objet. Elle n'est point une cause de nullité, lorsqu'elle ne tombe que sur la personne avec laquelle on a intention de contracter, à moins que la considération de cette personne ne soit la cause principale de la convention.

peut arriver qu'avant la convention, le propriétaire ait détaché un ou plusieurs héritages, qu'il
a vendus ou mis en réserve, pour en jouir particulièrement. Le colon qui n'a point été expressément averti de cette distraction peut-il exiger
l'apport de la jouissance de l'héritage distrait ?
Cette question est quelquefois délicate à décider,
comme toutes celles où le juge est obligé de pénétrer dans la pensée des plaideurs, pour apprécier si leur réclamation est inspirée par le sentiment d'un droit légitime, ou par l'espoir de tirer
un profit inique d'une chicane de mauvaise foi ;
à cet égard, une grande liberté d'appréciation
doit être laissée au juge (1). Mais dans le doute
il appliquerait justement au propriétaire par voie
d'analogie, la règle de l'article 1602 du code
civil, aux termes duquel le vendeur *est tenu
d'expliquer clairement ce à quoi il s'oblige ; tout
pacte obscur ou ambigu s'interprétant contre lui.*

La différence qui existe entre le maître et le
colon quant à la nature de leurs apports, exige
que l'on fasse entre eux une distinction en ce
qui concerne l'erreur sur la personne. Le colon
se détermine à contracter bien plus en considération des qualités des héritages que de celles du
propriétaire. Celui-ci, au contraire, ne traite qu'en

(1) Art. 1156. Code civil. On doit dans les conventions rechercher
quelle a été la commune intention des parties contractantes, plutôt que
de s'arrêter au sens littéral des termes.

considération de la personne du colon. Il faut
conclure de là, que l'erreur du colon sur la personne du propriétaire ne serait pas une cause de
nullité, tandis qu'au contraire le contrat serait
annulable, s'il y avait erreur de la part du propriétaire sur la personne du colon.

53. Le bail partiaire ne présente rien de particulier quant à la nullité résultant de la violence
physique ou morale, du dol et de la fraude ; il
suffit de rappeler les dispositions des articles 1111
et suivants, 1304, 1311 dont l'application est
commune à tous les contrats (1); il faut observer

(1) Art. 1111. La violence exercée contre celui qui a contracté l'obligation, est une cause de nullité, encore qu'elle ait été exercée par un
tiers autre que celui au profit duquel la convention a été faite.

Art. 1112. Il y a violence lorsqu'elle est de nature à faire impression
sur une personne raisonnable, et qu'elle peut lui inspirer la crainte
d'exposer sa personne ou sa fortune à un mal considérable et présent.—
On a égard, en cette matière, à l'âge, au sexe et à la condition des
personnes.

Art. 1113. La violence est une cause de nullité du contrat, non-
seulement lorsqu'elle a été exercée sur la partie contractante, mais
encore lorsqu'elle l'a été sur son époux ou sur son épouse, sur ses des-
cendants ou ses ascendants.

Art. 1114. La seule crainte révérentielle envers le père, la mère, ou
autre ascendant, sans qu'il y ait eu de violence exercée, ne suffit point
pour annuler le contrat.

Art. 1115. Un contrat ne peut plus être attaqué pour cause de violence,
si, depuis que la violence a cessé, ce contrat a été approuvé, soit expressément, soit tacitement, soit en laissant passer le temps de la restitution
fixé par la loi.

Art. 1116. Le dol est une cause de nullité de la convention, lorsque
les manœuvres pratiquées par l'une des parties sont telles, qu'il est

4

encore, qu'aux termes de l'article 1338, la confirmation, ratification ou exécution volontaire dans les formes et à l'époque déterminées par la loi, emporte la renonciation aux moyens et exceptions que l'on pouvait proposer contre l'acte (1).

évident que, sans ces manœuvres, l'autre partie n'aurait pas contracté. — Il ne se présume pas et doit être prouvé.

Art. 1137. La convention contractée par violence, erreur ou dol, n'est point nulle de plein droit; elle donne seulement lieu à une action en nullité ou en rescision, dans le cas et de la manière expliqués à la section VII du chapitre V du présent titre.

Art. 1304. Dans tous les cas où l'action en nullité ou en rescision d'une convention n'est pas limitée à un moindre temps par une loi particulière, cette action dure dix ans. — Ce temps ne court, dans le cas de violence, que du jour où elle a cessé; dans le cas d'erreur ou de dol, du jour où ils ont été découverts; et pour les femmes mariées non autorisées, du jour de la dissolution du mariage. — Le temps ne court, à l'égard des actes faits par les interdits, que du jour où l'interdiction est levée; et à l'égard de ceux faits par les mineurs, que du jour de la majorité.

Art. 1311. Le mineur n'est plus recevable à revenir contre l'engagement qu'il avait souscrit en minorité, lorsqu'il l'a ratifié en majorité, soit que cet engagement fût nul en sa forme, soit qu'il fût seulement sujet à restitution.

(1) Art. 1338. L'acte de confirmation ou ratification d'une obligation contre laquelle la loi admet l'action en nullité ou en rescision, n'est valable que lorsqu'on y trouve substance de cette obligation, la mention du motif de l'action en rescision et l'intention de réparer le vice sur lequel cette action est fondée. — A défaut d'acte de confirmation ou ratification, il suffit que l'obligation soit exécutée volontairement après l'époque à laquelle l'obligation pouvait être valablement confirmée ou ratifiée. — La confirmation, ratification ou exécution volontaire dans les formes et à l'époque déterminées par la loi, emporte la renonciation aux moyens et exceptions que l'on pouvait opposer contre cet acte, sans préjudice *néanmoins* du droit des tiers.

54. Quoique le même contrat réunisse les consentements du maître et du colon, leur capacité pour contracter ne peut être envisagée sous un même point de vue. Cette distinction tient encore à la nature différente de leurs apports.

55. Pour le propriétaire, la société de culture n'est qu'un moyen d'exciter la production de ses héritages, et d'en percevoir les fruits. Il n'engage le fonds que pour la jouissance, et ne compromet que ses revenus; pour lui le bail partiaire n'est donc qu'un acte de pure administration (1). C'est pour cela qu'il peut être consenti par les tuteurs pour leurs pupilles, par les maris pour leurs femmes, par les usufruitiers, les mineurs émancipés, les prodigues pourvus d'un conseil judiciaire, par tous ceux enfin qui ont capacité suffisante pour administrer les biens soumis au bail. Néanmoins leur capacité n'est pas illimitée quant à la durée du bail qu'ils ne peuvent consentir pour plus de neuf années. Une parité évidente de motifs doit faire appliquer la règle des articles 1718 et 1429.

1718. Les articles du titre *du Contrat de mariage et des Droits respectifs des Épo.ix*, relatifs aux baux des biens des femmes mariées, sont applicables aux baux des biens des mineurs.

1429. Les baux que le mari seul a fait des biens de sa femme pour un temps qui excède neuf ans, ne sont, en cas de dissolution de la

(1) Arg. de l'art. 481 C. Civ. — Le mineur émancipé passera les baux dont la durée n'excèdera point neuf ans ;.... Il fera tous les actes qui ne sont que de pure administration...

communauté, obligatoires vis à vis de la femme ou de ses héritiers que pour le temps qui reste à courir soit de la première période de neuf ans, si les parties s'y trouvent encore, soit de la seconde, et ainsi de suite, de manière que le fermier n'ait que le droit d'achever la jouis sance de la période de neuf ans où il se trouve.

56. La cour de cassation a jugé le 19 novembre 1838, que le bail à ferme consenti par un propriétaire apparent, et accepté de bonne foi par le preneur, devait être maintenu contre le véritable propriétaire. La même décision devrait être admise pour le bail à métairie, non parce que le contrat serait de même nature, mais parce qu'en ce point il y a identité de raison. « L'on sait « en effet, dit M. Troplong (1), que si un pro- « priétaire apparent n'a pas le droit de vendre « la chose qui ne lui appartient réellement « pas, toutefois l'équité et la bonne foi des « tiers qui ont contracté avec lui, ont tou- « jours fait maintenir les *simples actes d'admi-* « *nistration*, alors même que le propriétaire « putatif n'aurait été qu'un possesseur de mau- « vaise foi. » D'ailleurs il n'y a ni inconvénient ni contradiction à accepter en cette partie, et par analogie, les règles du contrat de louage.

57. Le copropriétaire par indivis n'a point capacité pour engager seul la chose commune; si cependant on prouvait qu'il n'a pu consulter ses copropriétaires avant le bail, qu'il

(1) Louage, N° 98.

était urgent et de l'intérêt de tous de le consentir, qu'enfin en contractant pour eux, il a agi au
mieux des intérêts communs, le bail devrait être
maintenu. Agissant à la fois pour sa part personnellement, et pour la part de ses communs comme
negotiorum gestor, le copropriétaire présent au
bail transmet au colon des droits garantis dans
ses mains par l'article 1375 (1).

Il est bien entendu, toutefois, que dans les
deux hypothèses qui précèdent, la bonne foi du
colon doit être à l'abri de tout soupçon.

58. Du côté du colon, la situation est toute
différente ; l'obligation qu'il contracte en s'associant, est une obligation de faire, qui le soumet
en cas d'inexécution à des dommages-intérêts. En
s'y soumettant il excède certainement les bornes
d'une simple administration. Le tuteur n'aurait
donc pas qualité pour engager le mineur. Celui-ci
pourrait-il être autorisé à contracter par une
délibération du conseil de famille, homologuée
par le tribunal ? On ne saurait en douter. Les
articles 457, 487 du code civil (2), et 2 du
code de commerce, autorisent des actes d'une

(1) Art. 1375. Le maître dont l'affaire a été bien administrée, doit
remplir les engagements que le gérant a contractés en son nom, l'indemniser de tous les engagements personnels qu'il a pris, et lui rembourser toutes les dépenses utiles ou nécessaires qu'il a faites.

(2) Art. 457. Le tuteur, même le père ou la mère, ne peut emprunter pour le mineur, ni aliéner ou hypothéquer ses biens immeubles,
sans y être autorisé par un conseil de famille.

plus grave portée. Souvent une famille de cultivateurs, à la mort de son chef, trouvera son
salut dans le dévouement d'un fils aîné de dix-
huit ou vingt ans, qui préviendra par un contrat,
son démembrement et sa ruine. Quant au mineur émancipé, il trouve dans l'article 484
du code civil une autorisation suffisante, mais
soumise aux restrictions qui y sont réservées (1).

59. Comme tous les contrats consensuels, le bail
à métairie est parfait par le seul consentement

Cette autorisation ne devra être accordée que pour cause d'une nécessité absolue, ou d'un avantage évident.

Dans le premier cas, le conseil de famille n'accordera son autorisation qu'après qu'il aura été constaté, par un compte sommaire présenté
par le tuteur, que les deniers, effets mobiliers et revenus du mineur
sont insuffisants.

Le conseil de famille indiquera, dans tous les cas, les immeubles qui
devront être vendus de préférence, et toutes les conditions qu'il jugera
utiles.

Art. 487. Le mineur émancipé qui fait un commerce, est réputé
majeur pour les faits relatifs à ce commerce.

Art. 2. Tout mineur émancipé de l'un et de l'autre sexe, âgé
de dix-huit ans accomplis, qui voudra profiter de la faculté que lui accorde l'article 487 du code civil, de faire le commerce, ne pourra en
commencer les opérations, ni être réputé majeur, quant aux engagements
par lui contractés pour faits de commerce, — 1° s'il n'a été préalablement autorisé par son père, ou par sa mère, en cas de décès, interdiction ou absence du père, ou, à défaut du père et de la mère, par une
délibération du conseil de famille, homologuée par le tribunal civil;
2° si, en outre, l'acte d'autorisation n'a été enregistré et affiché au tribunal de commerce du lieu où le mineur veut établir son domicile.

(1) Art. 484. Il ne pourra non plus vendre ni aliéner ses immeubles, ni faire aucun acte autre que ceux de pure administration, sans
observer les formes prescrites au mineur non émancipé

des parties, et sa rédaction par écrit n'est utile
que pour la preuve. Elle n'est exigée que pour
le cas où l'objet est d'une valeur de plus de
cent cinquante francs ; encore ne faut–il pas
entendre par là que dans ce cas même elle soit
indispensable. L'article 1834 n'est point exclusif du droit commun fixé par les articles 1341 et
suivants du code civil, et il peut être suppléé au
défaut de preuve littérale, par l'interrogatoire
sur faits et articles, l'aveu judiciaire, le serment,
et le commencement de preuve par écrit appuyé
de témoignages ou de présomptions graves, précises et concordantes.

60. Si la valeur de l'objet est inférieure à cent
cinquante francs, la convention peut être établie
par tous les moyens de preuves, notamment par
la preuve testimoniale et la réunion des présomptions graves, précises et concordantes que l'article 1353 permet aux juges d'admettre (1). Mais
quelle que soit la valeur de l'objet, si le bail a
été constaté par écrit, la preuve testimoniale ni
les présomptions ne peuvent être admises contre
et outre le contenu en l'acte, ni sur ce qui serait
allégué avoir été dit avant, lors ou depuis cet

---

(1) Art 1353. Les présomptions qui ne sont point établies par la loi,
sont abandonnées aux lumières et à la prudence du magistrat, qui ne
doit admettre que des présomptions graves, précises et concordantes, et
dans les cas seulement où la loi admet les preuves testimoniales, à
moins que l'acte ne soit attaqué pour cause de fraude ou de dol.

acte. Ces principes posés dans l'article 1834 , ne
sont que la consécration du droit commun , sous
l'empire duquel le code a entendu placer le contrat de société.

61. Ici déjà se manifeste une différence tranchée
entre notre contrat et le louage. Aux termes de
l'article 1715 les baux de maisons et d'héritages
ruraux ne peuvent être prouvés par témoins ,
quelque modique qu'en soit le prix, qu'autant
que le bail a commencé d'être exécuté. On ne
peut accepter cette règle pour le bail partiaire
après avoir prouvé qu'il appartient au contrat
de société. En vain se prévaudrait-on pour le
faire d'une analogie apparente ; il ne faut pas
oublier que notre contrat a ses règles dans le
contrat de société et qu'il n'est permis de
recourir à des contrats analogues, qu'en cas d'insuffisance des dispositions qui régissent ce contrat ; or l'article 1834 est précis , exprès ,
impératif, et sous aucun prétexte on ne peut s'é-
carter de ses prescriptions. Si quelques difficultés
se présentent dans l'application , ce n'est point
un motif suffisant pour s'en éloigner, parceque
ces difficultés ne proviennent pas de la nature
du bail partiaire, mais sont communes aux sociétés
tés de toute espèce. Au reste il est facile de les
résoudre.

62. C'est la valeur de l'objet du bail qui doit
servir de guide pour distinguer le cas où la preuve

testimoniale doit être admise ou rejetée. Sur ce
point la doctrine présente deux opinions. Selon
M. Duranton, il ne faudrait considérer en matière
de société, que le montant de la mise du demandeur, c'est-à-dire de celui qui se prévaudrait de l'e-
xistence de la société ou ce qu'il prétend dans les
« bénéfices. Pour le demandeur, dit le savant pro-
« fesseur, l'objet de la société, c'est réellement la
« part qu'il y prend. Il serait absurde par exemple
« que si vingt personnes avaient mis en commun
« chacune dix fr. pour une certaine destination,
« et livré ces sommes à l'une d'elles, aucune ne
« pût prouver par témoins la convention de so-
« ciété et la réalisation de sa mise, sous pré-
« texte que l'objet de la société, le fonds social,
« le total des mises était dans l'origine de plus
« de cent cinquante francs (1). »

63. Pour apprécier cette imputation d'absurdité,
il faut s'entendre sur le fait qui peut la motiver.
Elle sera légitime sans doute, si la personne qui
a versé dix francs pour sa mise dans les mains
d'une autre en réclame la restitution sans se prévaloir de l'existence de la société, ou parce que
la société n'existe pas, et si l'on refuse de l'admettre à faire la preuve du versement sous le prétexte que le montant total des mises s'élève à
plus de cent cinquante francs. Comme il ne se
prévaut pas de l'existence de la société, ou du

(1) Duranton, T. 17, n° 343.

fonds social, il n'a point à le prouver ; il lui suffit
d'établir qu'il a versé les dix francs sans cause.
Mais si pour ne point lui rembourser la mise de
dix francs celui qui les a reçus prétend les retenir
à titre de dépositaire du fonds social, pour justifier son exception, il devra faire preuve de l'existence de la société et du fonds social ; et dès lors il
ne pourra y être reçu s'il prétend que ce fonds
social s'élève au-delà de cent cinquante francs.
Cette fin de non-recevoir n'aura rien d'absurde ;
bien plutôt elle sera conforme au droit commun
qui veut que l'on prenne pour mesure de l'admissibilité de la preuve, l'importance de l'inconnu
que cette preuve doit dégager.

64. La question se présente sous une autre
forme, lorsque la demande est dirigée contre un associé pour le contraindre au versement
de sa mise. S'il reconnaît l'existence de la société,
mais prétend avoir déjà effectué son versement,
on comprend qu'il ne s'agit plus de prouver
la société, ou le montant du fonds social ; mais
la preuve aura pour objet seulement la mise de
l'associé, et l'on devra décider en raison de la
mise.

65. « Si l'on devait s'attacher à la somme ou
« valeur des mises, ou du fonds social, poursuit
« M. Duranton (1), il résulterait de là que
« dans le cas d'une société entre vous et moi,

(1) Loc. cit.

« je pourrais vous demander cinq cents francs
« en prétendant que nos mises n'ont été que de
« soixante francs seulement chacun, mais qu'il
« y a eu des bénéfices qui ont élevé le fonds so-
« cial jusqu'à la valeur de mille francs et que
« vous avez en mains ces bénéfices. Or, le but
« de la loi sur la preuve par témoins ne serait-il
« pas évidemment méconnu? au lieu qu'il sera
« parfaitement atteint si la demande appuyée
« sur la preuve testimoniale, n'a pas pour
« objet une valeur excédant cent cinquante
« francs tout compris, mises et bénéfices allé-
« gués ; en un mot, la part du demandeur dans
« les choses prétendues communes et détenues
« par le défendeur. »

66. Ainsi posée, la question est complexe ; pour
la résoudre selon les principes du droit, il faut la
décomposer. Le demandeur soutient à la fois
deux choses qu'il ne faut pas confondre : la première c'est qu'il y a une société dont le fonds social est cent vingt francs; la seconde, c'est que
l'exploitation a produit des bénéfices qui ont
élevé ce fonds social à mille francs ou, ce qui revient au même, que la société a obtenu un bénéfice de huit cent quatre-vingts francs. Rien n'em-
pêchant de faire un acte écrit pour constater la
formation de la société et le versement des mises,
le demandeur n'est admis à faire la preuve de
ces faits, qu'à raison de ce que la valeur des ver-

sements n'excède pas cent cinquante francs. Quant aux bénéfices réalisés, ils rentrent dans la classe des choses dont on n'a pu avoir un acte écrit, car dans l'hypothèse il faut supposer que le défendeur était l'administrateur de la société, ou son caissier. En un mot, dans la première partie de l'hypothèse, il s'agit de prouver l'existence de la société, dans la seconde de procéder à sa liquidation ; dans l'une le demandeur agit par l'action *pro socio*, dans la seconde par l'action *communi dividendo*. C'est donc à tort que dans la dernière partie de son argumentation M. Duranton cumule la valeur des mises et celle des bénéfices, pour composer un chiffre qui repousse la preuve testimoniale (1).

67. Un motif autre que ceux proposés par M. Duranton, et qui se rapporte plus spécialement à notre contrat, conduit au même résultat : c'est la disposition trop générale jusqu'ici, à courber

(1) «Je dirai franchement que je ne comprends pas que M. Duranton, scindant l'avoir social en autant de parts qu'il y a d'associés, veuille que l'objet de la société se réduise pour chacun d'eux à la portion qu'il y prétend. M. Duranton ne s'aperçoit donc pas qu'il détruit le lien social, et fait de la société non une collection d'intérêts mais une simple juxta position d'individus distincts! Et savez-vous ce qui résultera de là ? que dans le cas d'inégalité des mises, sans bénéfices, la preuve sera accessible pour celui dont la mise ne sera que de cent quarante neuf francs ; tandis que l'autre associé qui aura versé cent cinquante deux francs sera non recevable à le proposer! En présence d'un tel résultat, je crois qu'on peut conclure avec certitude que la valeur dont la loi veut qu'on tienne compte, c'est la valeur de toutes les mises réunies. (Troplong, soc, 202). »

le bail partiaire sous le régime du louage. Dans cette opinion, au lieu d'appliquer les règles de la société on applique celles de l'art. 1715; mais outre les différences déjà signalées entre les deux contrats il en est une qui se produit plus particulièrement dans l'examen de la question qui nous occupe en ce moment. Dans le bail à loyer ou dans le bail à ferme, le bailleur et le preneur contractent bien comme dans notre espèce des obligations réciproques; mais ils n'en confondent pas les objets : le locateur s'oblige à faire jouir le conducteur, et celui-ci s'oblige à payer au premier le canon de la ferme, mais la jouissance et le canon ne se mélangent pas ; chacun des contractants a droit à la totalité de l'une des deux choses, et n'a rien à prétendre dans l'autre ou sur l'autre. Aussi, l'un deux venant à faire valoir l'obligation souscrite à son profit, ne réclame que la chose qui lui a été promise et qui est toujours restée distincte de celle qu'il a donnée, comme le créancier reste isolé du débiteur.

Dans le bail partiaire au contraire, le propriétaire ne fait pas plus au colon l'abandon entier de la jouissance, que celui-ci ne lui fait l'abandon entier de l'emploi de ses forces et de son travail ; à proprement parler, ils ne s'obligent point à se faire jouir réciproquement des choses qu'ils promettent de livrer ; ils s'engagent à les confondre, à n'en former qu'une seule et même

chose. Leur but n'est pas de produire deux choses distinctes pour les échanger comme dans le
louage; mais d'en faire un tout indivis. Il y a
deux contractants comme dans le louage; mais
entr'eux, dans ce dernier contrat, il y a antago-
nisme; dans l'autre il y a concours. Enfin les
mises s'absorbent en un seul objet, le fonds social,
et les contractants en une seule personne, la société.

68. Sera-t-il bien difficile d'évaluer la valeur du
fonds social, parce qu'il se compose de deux
valeurs indéterminées, la jouissance de l'héritage
et le travail du cultivateur? point du tout : s'il
s'agissait d'un bail à ferme dont l'exécution serait commencée, ne faudrait-il pas évaluer la
jouissance pour décider si la preuve par témoins
est admissible? Quant au travail, il suffit d'apprécier le nombre des journées nécessaires pour
la culture du champ. Car remarquez bien que la
difficulté ne se présentera jamais que pour le cultivateur d'un héritage de très-étroite étendue ; et
il n'est pas de tribunal qui, l'étendue par are étant
donnée, ne puisse sans hésitation fixer la valeur de
la jouissance et du travail. La valeur de la jouissance, c'est tout juste le montant du canon qu'un
fermier consentirait à payer; la valeur du travail,
c'est le prix du louage d'ouvrage que l'on con-
tracterait avec un ouvrier pour la culture de l'héritage. Dans le bail partiaire, l'évaluation du

fonds social se réduit donc à l'appréciation de
deux prix de louages, dont la somme est exactement représentée par le produit brut. La valeur
du fonds social n'est donc en définitive autre
chose que la valeur du produit brut.

69. Ainsi la preuve par témoins ne sera
proposable que dans le cas où l'effet du bail est
restreint à des héritages peu considérables, et
si la durée ne comprend qu'un espace de temps
assez court. Bien que pour les baux de cette espèce, l'effet se produise assez ordinairement dans
le cours d'une année, si celui qui se prévaut de
son existence lui assigne une durée plus étendue,
chacune des parties s'obligeant à apporter pendant cette durée tout entière, l'un la jouissance
des héritages, l'autre son travail, le fonds social
comprend la valeur de l'un et de l'autre pendant
le même espace de temps. Il faudra donc pour
apprécier la valeur des mises, multiplier la valeur
annuelle de la jouissance et du travail par le
nombre des années.

70. La disposition de l'art. 1834 souffre un
tempérament, lorsque le bail à portion de fruits
a commencé d'être exécuté ; il faut appliquer
à cette hypothèse ce que nous aurons à dire sur
l'art. 1866.

71. Quoique l'écriture ne soit point nécessaire
pour la perfection du contrat, elle le devient cependant lorsque telle est la volonté des parties.

C'est une garantie que chacune d'elles peut exiger
et à laquelle elle peut subordonner son consentement. Dans ce cas la convention reste à l'état
de simple projet , jusqu'au moment de sa rédaction par écrit.

72. J'ai vu presque constamment admettre que
le coût de l'acte, lorsque la convention est rédigée par écrit , doit être supporté par le colon.
C'est une erreur qui vient naturellement à la suite
de celle plus radicale qui fait du bail partiaire un
louage ; rien n'autorise à la respecter. Le contrat
étant une société , l'acte qui en détermine les
conditions est un fait social, dont les parties doivent supporter la charge en commun. Serait-ce
donc parce que le colon est toujours le plus pauvre, qu'il doit supporter seul une dépense faite
dans l'intérêt commun ?.... Mais c'est un usage
constant, m'objectera-t-on ? Je sais tout l'empire
qu'a ce mot sur certains esprits ; mais il n'est
point légitime , et ne doit point empêcher les esprits judicieux de passer outre.

L'usage sans doute peut venir en aide à la loi,
pour interpréter ses dispositions obscures ou
suppléer à son silence. Mais quand l'usage est en
contradiction avec la loi, avec l'équité , la raison, il prend un autre nom, c'est l'abus, et c'est
bien faire de le rejeter. Ici , que dit la loi ? que
l'acte de société est à la charge des associés. Que
veut l'équité ? que le plus malheureux ne soit pas

grevé seul de la charge commune. Que prescrit la raison ? que les frais dont profitent les deux parties soient payés par l'une et par l'autre. « Il faut re-« marquer, dit très-bien M. Toulier, que les usages « abusifs, qui sans blesser les mœurs, la décence, « la sûreté publique, sont *déraisonnables* et ab-« surdes, ne peuvent en aucun temps l'emporter « sur la loi. Le pouvoir de l'usage ne s'étend « qu'aux choses indifférentes à l'ordre public, et « contre lesquelles la *raison* ne réclame pas. »

73. Il me reste, pour compléter ce chapitre, à parler des droits d'enregistrement auxquels donnera lieu le bail partiaire. La raison voudrait qu'il fût soumis seulement au droit fixe de cinq francs imposé par l'art. 68 § 3, n° 4 de la loi du 22 frimaire an VII, et l'art. 45 de la loi du 28 avril 1816, aux actes de formation de société qui ne portent ni obligation, ni libération, ni transmission de biens meubles ou immeubles entre les associés ou autres personnes. Il n'en est point ainsi : l'art. 15 de la loi de frimaire an VII, contient une disposition expresse qui doit être suivie, elle est ainsi conçue :

Art. 15. La valeur de la propriété, de l'usufruit et de la jouissance des immeubles, est déterminée, pour la liquidation et le paiement du droit proportionnel, ainsi qu'il suit, savoir :

1° Pour les baux à ferme ou à loyer, les sous-baux, cessions et subrogations de baux, par le prix annuel exprimé, en y ajoutant les charges imposées au preneur. — Si le bail est stipulé payable en nature, il en sera fait une évaluation d'après les dernières mercuriales du canton de la situation des biens, à la date de l'acte, à l'appui duquel il sera rap-

5

porté un extrait certifié des mercuriales — *Il en sera de même des baux à portion de fruits, pour la part revenant au bailleur, dont la quotité sera préalablement déclarée, et sur la valeur de laquelle le droit d'enregistrement sera perçu.* — S'il s'agit d'objets dont la valeur ne puisse être constatée par les mercuriales, les parties en feront une déclaration estimative.

2º Pour les baux à rentes perpétuelles et ceux dont la durée est illimitée, par un capital formé de vingt fois la rente ou le prix annuel, et les charges aussi annuelles, en y ajoutant également les autres charges en capital, et les deniers d'entrée, s'il en est stipulé. — Les objets en nature s'évaluent comme ci-dessus.

3º Pour les baux à vie, sans distinction de ceux faits sur une ou plusieurs têtes, par un capital formé de dix fois le prix et les charges annuels, en y ajoutant de même le montant des deniers d'entrée, et des autres charges, s'il s'en trouve d'exprimées. Les objets en nature s'évaluent pareillement comme il est prescrit ci-dessus.

74. On voit que la loi fiscale a pris pour base du droit à percevoir, l'assimilation vicieuse du bail partiaire au bail stipulé payable en nature, c'est-à-dire, au bail dont le prix consiste en une quantité *fixe* et *certaine* de telle ou telle denrée. Nous savons maintenant combien au contraire la nature de l'un est différente de la nature de l'autre; quoi qu'il en soit, en matière fiscale surtout, il n'y a rien à objecter à une disposition positive de la loi, et il faut suivre la taxation prescrite pour les baux à ferme.

75. Les droits à percevoir sur cette espèce d'acte, ont été successivement abaissés. Portés par la loi du 22 frimaire an VII à un franc par cent francs, sur le prix des deux premières années, et à 25 centimes pour cent francs, sur le prix cumulé de toutes les autres; ils ont été réduits

d'abord à soixante-quinze centimes par cent
francs sur les deux premières années ; et à 20
centimes par cent francs , sur le montant de toutes les autres, par la loi du 27 ventôse an IX ;
puis enfin fixés au taux uniforme de vingt centimes par cent francs sur le prix cumulé de toutes
les années, par la loi du 16 juin 1824, dont l'article premier s'exprime ainsi :

Art. 1er Les baux à ferme ou à loyer des biens meubles ou immeubles,
les baux de pâturage et nourriture d'animaux , les baux à cheptel ou
reconnaissances des bestiaux , et les baux ou conventions pour nourriture de personnes , lorsque la durée sera limitée , ne seront désormais soumis qu'au droit de vingt centimes par cent francs, sur le prix
cumulé de toutes les années.

Le droit de cautionnement de ces baux sera de moitié de celui fixé par
le présent article. ; ;;: ;l. . .

76. Aux termes de l'article 69 § 3, no 2 de la
loi du 22 frimaire an VII , les baux de trois, six
ou neuf années, sont, pour la liquidation et le
paiement du droit, assimilés aux baux de neuf
années ; il faut noter cependant, que dans le cas
où le bail porte qu'à son expiration il sera prorogé d'un certain nombre d'années si les parties le désirent., la régie n'est pas autorisée à percevoir actuellement un droit sur cette prorogation. Les parties en effet ne sont pas liées dès à
présent sur ce point ; jusqu'au moment où elles
manifesteront leur volonté, cette clause n'est qu'é-
nonciative d'une faculté, mais ne crée encore
entre les parties, aucune obligation , aucun lien

de droit. Ainsi décidé par une délibération du 20 mars 1827.

Il en serait autrement, si la faculté de proroger le bail était réservée aux colons seulement ; car la jouissance serait engagée par le propriétaire, dès à présent, pour tout le temps que la prorogation aurait à courir. Le bail fait pour 20 ans avec faculté pour le preneur de proroger pendant 20 autres années, serait donc considéré pour la perception du droit, comme un bail de 40 ans. Ainsi jugé par arrêt de cassation du 3 juillet 1844 (1).

77. Il résulte de ce qui précède, et notamment de la disposition spéciale de l'article 15 de la loi de frimaire an VII, que le droit à percevoir est proportionnel à la part en nature en revenant au bailleur, et dont la quotité doit être préalablement déclarée. Une solution du 11 avril 1832, explicative de cette disposition, décide que ce droit doit porter non sur le revenu, mais sur le produit à déclarer en nature. Le receveur fait l'application des mercuriales du canton aux produits qui s'y trouvent cotés ; quant aux produits non cotés dans ces mercuriales, l'évaluation en est faite sur l'estimation déclarée par les parties.

78. La voie de l'expertise, pour prouver la fraude de la déclaration estimative, n'est point

_____

(1) Devill. 44 , 1 , 682. Instruction générale de l'administration, nos 1732, 513.

ouverte à la régie, qui ne peut s'armer d'aucun
texte des lois qui régissent la matière pour contre-
dire cette déclaration. La faculté qui lui est accordée de prouver qu'un bail est frauduleux, en
tant qu'il a été fait pour éluder les droits de mu-
tation par succession ou donation, ne peut s'appliquer aux baux à colonage partiaire, qui ne
peuvent servir à l'évaluation de ces droits pour
laquelle les moyens de vérification résultant des
baux à ferme ou à loyer sont seuls admis.

79. L'art. 15 de la loi du 22 frimaire an VII,
se borne à prescrire que la portion de fruits revenant au bailleur soit évaluée, d'après les dernières mercuriales du canton; le décret du 26
avril 1808 donne la mesure du temps nécessaire
pour constater le produit moyen du domaine
soumis au bail partiaire, il est de trois années :

Les décisions de notre ministre des finances du 10 messidor an X et 3
vendémiaire an XIII, portant que pour les rentes perpétuelles ou via-
geres, et pour baux à loyer ou à ferme, lorsque ces baux ou rentes
sont stipulés payables en nature, ainsi que pour les transmissions par
décès des biens dont les baux sont également stipulés payables en nature, l'évaluation soit du montant des rentes, soit du prix des baux,
sera faite d'après le taux commun, résultant des mercuriales des trois
dernières années, sont approuvées et maintenues.

80. L'art. 75 de la loi du 9 mai 1818 qui veut
que pour les baux payables en quantité fixe de
grains ou denrées dont la valeur est déterminée
par les mercuriales, l'année commune soit déterminée d'après les quatorze dernières années an-

térieures à celle de l'ouverture du droit, n'est point applicable à notre espèce. Un arrêt de la cour de cassation du 9 mai 1826 l'a ainsi jugé avec raison.

Les auteurs du dictionnaire des droits d'enregistrement opposent à cet arrêt l'observation suivante (v°. mercuriales n° 4) : « Cependant, puisque la loi de 1818 et le décret de 1808 n'ont pas modifié la législation antérieure, « en ce qui concerne l'évaluation des denrées « dans les baux à portion de fruits, il s'en suit « que l'on doit prendre pour base de l'estima- « tion, dans ce cas, l'article 15 de la loi du 22 fri- « maire qui prescrit de s'arrêter aux dernières « mercuriales du canton de la situation des « biens et non à celle des trois dernières années.»

Cette objection est spécieuse, mais perd son importance, si on la met en regard des termes exprès des dispositions législatives sur lesquelles s'appuie la cour de cassation. La loi de frimaire an VII, contrairement aux vrais principes, il est vrai, range nettement et positivement le bail à portions de fruits, dans la classe des baux payables en nature. Il était rationnel de soumettre au régime de ce décret tous les baux que la loi de frimaire avait rangés sous la dénomination de baux payables *en nature.* La loi de 1818 s'exprime au contraire en termes nouveaux et singulièrement restrictifs, en limitant ses prescriptions.

aux baux stipulés payables en *quantité fixe* de grains et denrées, etc., etc..... Cette innovation a semblé être faite avec raison, pour opérer la distinction qui existe si profondément entre cette espèce de bail et le bail partiaire. Sans doute il eût été à désirer, que suivant la conséquence de cette distinction et complétant la réforme, la loi de 1818 eût rendu au bail partiaire son caractère, en l'assimilant pour la perception des droits au contrat de société ; mais précisément parce que la loi a failli en ce point, les choses sont demeurées dans l'état où les plaçait le décret de 1808.

81. Si dans le bail partiaire, le propriétaire remet au colon un cheptel de bestiaux, les produits de ce cheptel doivent être compris dans la déclaration du revenu pour la part revenant au maître. Il n'est pas dû de droit spécial à raison de ce cheptel, par exemple, sur le montant de l'estimation des bestiaux (1), parce que ce cheptel est censé faire partie de l'immeuble, et concédé au même titre. Il en serait de même si l'acte constatant le bail partiaire, contenait seulement la promesse de fournir un cheptel ; l'état estimatif qui en serait ensuite rédigé séparément, ne donnerait lieu qu'au droit fixe d'un franc comme étant l'exécution d'une clause du bail (2). Si le

(1) Solution du 10 mai 1830. Championière et Rigaud, n° 3197.— Instruction générale du 3 fructidor, an XIII, n° 290.

(2) Loi du 22 frimaire an VII, art. 68, 6°. . sont sujets au droit fixe

bail n'avait point été rédigé par écrit ou n'avait point été enregistré, le droit de vingt centimes par cent francs serait dû sur le montant de la déclaration du revenu pour la part du bailleur.

82 On demande si dans ce cas la reconnaissance ne devrait point être tarifée comme obligation. Il faut répondre négativement, toutes les fois qu'il est constaté par l'acte que le preneur ne reçoit le cheptel qu'à titre de *colon partiaire*. Ce dernier en effet ne contracte point l'obligation de rendre le cheptel en son entier, il se soumet seulement à supporter sa part dans la perte, sa position à cet égard est toute différente de celle du fermier qui reçoit un cheptel de fer.

83. Le droit est dû sur le montant du revenu déclaré, multiplié par le nombre des années fixées pour la durée du bail; mais il peut arriver que cette durée ne soit pas fixée ou qu'elle soit subordonnée à un évènement futur et incertain. Dans ce cas, le droit de quatre francs par cent est dû sur un capital formé de vingt fois le produit déclaré (1). Si le bail avait pour limite le décès de l'une des parties ou le décès d'un tiers, le même droit serait dû sur un capital formé du même produit répété dix fois. C'est dans la première de l'une de ces deux classes que l'on de-

---

d'un franc, les actes qui ne contiennent que l'exécution, le complément et la consommation d'actes antérieurs enregistrés.

(1) Art. 15, 2°, 3° et 69, § VII, 2° loi du 22 frimaire, an VII.

vrait ranger la stipulation du bail à métairie perpétuelle (1).

84. Le bail à portion de fruits peut être comme le bail à ferme l'objet d'un cautionnement ;
aux termes de l'art. 69 § 2 nº 8, le cautionnement des sommes et objets mobiliers , les garanties mobilières et les indemnités de même nature,
donnent lieu à la perception d'un droit de 50 centimes par franc ; la loi du 16 juin 1824, après
avoir réduit à 20 centimes le droit à percevoir
sur les baux à *durée limitée*, ajoute : le droit de
cautionnement de ces baux sera de moitié de
celui fixé par le présent article. — D'après les
termes de cette disposition l'abaissement du droit
ne peut être appliqué qu'au cautionnement de
baux à durée limitée, et le droit de 50 centimes
est maintenu pour les autres baux. —Le droit du
cautionnement se percevra, comme le droit principal , sur le montant de la déclaration.

85. Mais ici comment ne pas comprendre combien est fausse l'assimilation du bail à colonage
partiaire et du louage. La caution d'un fermier s'o-
blige à payer à sa place au propriétaire le prix du
bail, et la perception porte sur une obligation certaine. Mais la caution du colon ne s'engage pas
plus que le colon lui-même à fournir au propriétaire la quantité des grains et autres denrées
déclarées dans le bail ; le métayer contracte une

(1) V. infr., chap. VI.

obligation de faire, qui le soumet à des dommages-intérêts s'il ne l'accomplit pas ; la caution
prend seulement l'obligation de payer les dommages s'il y a lieu. Ces deux obligations devraient
donc être considérées comme indéterminées. Il
est vrai que, dans un cas comme dans l'autre,
on arrive à percevoir sur une déclaration estimative ; mais cette espèce de régularité est due au
hazard, alors qu'elle devrait avoir pour cause
une raison logique. En adoptant pour les baux
à colonage la perception du droit fixe , applicable aux contrats de société, on accepterait une
base vraie, et l'on épargnerait à la perception
les embarras que suscite la supputation des mercuriales.

CHAPITRE III.

DES ENGAGEMENTS RÉCIPROQUES DU MAITRE ET DU COLON.

---

86. Il est de l'essence du contrat de société que chaque associé fasse l'apport de sa mise ; nous avons retenu que celle du maître consiste dans la jouissance des héritages dont il a la propriété, celle du colon dans le travail nécessaire pour réaliser cette jouissance en produits partageables.

87. Le contrat existe du moment que la convention est arrêtée entre les parties intéressées ; mais sa mise en action par l'exploitation des héritages, est le plus souvent renvoyée à une époque postérieure, fixée par le contrat ou par l'usage des lieux. Cette époque varie selon les localités, et dans les mêmes localités suivant la nature des

héritages compris au bail. Un jardin, une pièce
de terre livrée à la petite culture, sont à cet égard
dans des conditions différentes de celles d'une
métairie (1).

88. L'époque à laquelle commence l'exécution
du bail des corps de biens, vignobles ou métairies, et que l'on nomme vulgairement *l'entrée*,
est assez ordinairement choisie dans l'intervalle
qui s'écoule du 29 septembre (Saint-Michel) au
25 décembre (Noël); mais le jour de la fête de
saint Martin, le 11 novembre, est, au moins pour
les départements du centre, celui qui paraît le
plus fréquemment choisi. Cette préférence n'est
pas de pure fantaisie; elle est le résultat assez
naturel de l'état de la culture à cette époque de
l'année. Les fruits, même les plus tardifs, sont
alors récoltés ; les semailles d'automne peuvent
et doivent être achevées : Malleville dans son
analyse du code civil exprime cependant une
opinion contraire : « L'usage, dit-il, n'est pas
« uniforme ; dans certains pays, le colon quitte
« après la levée de la récolte ; dans d'autres
« après les semailles seulement. Le premier
« usage me semble meilleur, parce que le colon
« en sortant n'est communément pas à portée
« de venir ensuite faire la récolte , et que le pro-

(1) Sur la diversité des usages locaux, on peut consulter l'ouvrage de
M Caussade (Des usages locaux dans le département du Tarn, et celui
de M. Neveu Derotrie (Commentaire sur les lois rurales).

« priétaire et lui en souffrent tous les deux. »
L'inconvénient qui inquiète Malleville, est à
peine senti Le métayer qui revient, pour le temps
de la moisson seulement, s'établir sur les terres
du domaine qu'il a quitté quelques mois auparavant, n'y peut causer aucun dommage, et n'en
souffre que peu d'embarras. Si au contraire le
bail commence avant la semaille qui sera faite
par le métayer nouveau sur les labours exécutés
par son prédécesseur, les difficultés se multi-
plient et font naître des contestations sans nombre. Comment espérer en effet que le métayer
qui va sortir donnera aux façons, c'est-à-dire
aux labours successifs des champs qu'il ne doit
point ensemencer, les soins qu'une bonne culture
exige ? Cependant l'obligation doit lui en être imposée et il importe beaucoup au maître qu'il l'accomplisse. Que de procès alors, que de vérifica-
tions par experts, et quels débats entre le métayer entrant à qui le travail ne paraîtra jamais
assez bien exécuté et le métayer sortant qui croira
toujours avoir dépassé les limites de son obligation pour un travail dont il ne doit point profiter !!

Art. 1845. Chaque associé est débiteur envers la société de tout ce qu'il
a promis d'y apporter.

89. Le premier fait d'exécution du bail est l'acquittement de cette dette par chacune des parties ;
mais les mises n'étant point semblables, la diffé-

rence qui existe entre les objets qui les composent doit se reproduire dans la manière dont il convient que cette obligation soit réciproquement accomplie. C'est à la société que cette obligation est dûe ; on comprend néanmoins que le droit de contraindre celui qui néglige de l'accomplir appartient à celui des deux qui n'est point en retard, et doit être nécessairement exercé, selon l'occasion, par le colon contre le maître ou par le maître contre le colon.

90. Le maître doit à la société la jouissance seulement de sa chose. Qu'en résulte-il quant à la manière dont cette dette doit être acquittée et quant à la nature du droit qu'elle confère à la société ? Lorsque le droit n'atteint que la jouissance de la chose, le code civil présente deux sources où puiser les règles à suivre dans son développement : l'usufruit et le louage.

91. Dire que c'est avec l'usufruit, à l'exclusion du louage, que s'établissent les rapports d'analogie du bail à métairie, ce serait aller trop loin contre cette erreur accréditée qui attribue à ce dernier contrat le caractère du louage. Voici pourtant comment on pourrait s'y croire autorisé.

« Lorsque les choses sont mises dans la société
« seulement pour la jouissance, dit M. Duvergier,
« la société n'a sur les objets composant les mi-
« ses, que les droits d'un usufruitier, et de son

« côté, l'associé est dans la position d'un nu-
« propriétaire (1). »

M. Duranton dit bien au contraire : « Si dans
« une société particulière, c'est simplement la
« jouissance de la chose évincée que l'associé a
« mis dans la société, la garantie que l'associé doit
« à la société est en général la même que celle
« qu'un bailleur doit dans le même cas à un fer-
« mier ou à un locataire. »

Mais on lui oppose ses propres paroles, lorsque plus loin il s'exprime ainsi : « La société
« quant aux choses dont la jouissance seulement
« lui a été apportée, doit être assimilée à un
« usufruitier en ce qui concerne le paiement des
« impôts et les réparations d'entretien. Ces dé-
« penses sont nécessairement des charges de la
« jouissance. »

92. Il serait dangereux de s'engager sans réserves dans l'un ou l'autre système ; une doctrine
absolue et *à priori* conduirait inévitablement au
paradoxe. Il était utile, indispensable d'assigner
au contrat sa nature et sa base fondamentale ;
mais cela fait, et lorsqu'il ne s'agit plus que de
résoudre les difficultés partielles et de détail qu'il
peut présenter dans son application en recourant
par voie d'analogie à des règles empruntées à des
contrats étrangers, il faut conserver la liberté de
décider suivant les cas, et ne refuser par avance

(1) Soc. n° 168.

aucun secours. Selon les circonstances, le bail
à métairie peut dans ses développements divers
affecter tantôt la forme d'un certain contrat, tantôt
celle d'un autre. Aussi, loin que M. Duranton
me paraisse mériter le reproche d'être tombé en
contradiction dans les passages que je viens de
rapporter, il faut l'approuver au contraire d'avoir
indiqué par là, que dans l'appréciation des événements variés que peut produire le mouvement
d'une société, les seules règles dont il n'est pas
permis de s'écarter sont celles qui sont de l'essence de ce contrat, celles dont on ne peut s'é-
carter sans altérer quelques-uns de ses éléments
essentiels, dont il ne peut souffrir le retranche-
ment sans changer d'espèce ; que hors de là, le
bon sens, la raison, l'équité, conservent pour le
choix à faire entre les motifs à décider que présente le surplus de la législation, la liberté d'opinion la plus entière. « Le code, dit M. Troplong,
« repousse les idées absolues, les comparaisons
« inflexibles ; et se renferme dans un judicieux
« éclectisme pour maintenir le contrat de so-
« ciété à la hauteur de la plus pure équité (1). »

93. C'est donc libre de tout parti pris, que
nous examinerons cette question : comment le
propriétaire doit-il l'apport de la jouissance de
ses héritages ? est-il tenu des obligations du locateur ou de celles imposées à celui qui a constitué

(1) Sociétés, n° 538.

un usufruit ? n'oublions pas que ni l'une ni l'autre de ces qualités ne lui convient , mais que
nous devons mettre à sa charge celles des obligations qu'elles imposent qui seront le plus en
rapport avec sa position dans le bail à colonage,
et le but qu'il s'est proposé en contractant.

94. Entre le locateur et le nu-propriétaire, la
différence consiste en ce que le premier est obligé
de faire jouir le preneur, *prœstare uti frui* ; tandis que le nu-propriétaire est tenu seulement de
laisser jouir l'usufruitier , *pati frui*. D'un autre côté, nous avons vu que c'était à titre d'apport, de mise sociale, que dans le bail à colonage
partiaire, le propriétaire de l'héritage est débiteur de la jouissance ; or, faire l'apport, n'est pas
un fait inerte, purement passif, comme *pati frui* :
mettre en commun qui est le devoir de l'associé,
répond parfaitement à l'obligation *prœstare uti
frui*. Ce n'est donc point à l'instar du nu-propriétaire, mais à l'exemple du bailleur que le
maître doit fournir à la société la jouissance de
son héritage (1), et les dispositions de l'art. 1719
lui deviennent applicables.

Art. 1719. Le bailleur (*le maître*) est obligé par la nature du contrat
et sans qu'il soit besoin d'aucune disposition particulière :

1o De délivrer au preneur (au colon) la chose louée ;

2o D'entretenir cette chose en état de servir à l'usage pour lequel elle a
été louée ;

3o D'en faire jouir paisiblement le preneur pendant la durée du bail.

(1) Duvergier, louage , tom. I, no 28.

6

95. De ce que le bail à métairie est un contrat de société, il résulte que si le propriétaire ne délivre pas la jouissance de ses héritages, le colon pourra l'y contraindre par l'action accordée à l'associé contre l'associé. Mais cette action n'est point essentiellement réelle ou personnelle ; elle emprunte ce caractère du droit dans lequel elle prend sa source. Si, par exemple, l'apport promis consiste dans une obligation de faire, elle est purement personnelle ; si au contraire l'associé en retard a promis d'apporter une chose, un immeuble en toute propriété, l'action est réelle, parce qu'elle tend à l'exercice d'un droit acquis sur la chose même. Que faut-il décider lorsque l'associé a, comme dans notre espèce, promis la simple jouissance d'un immeuble.

96. L'action, avons-nous dit, emprunte son caractère du droit dont elle procède ; nous sommes conduits par cela même à rechercher quelle est la nature du droit que l'obligation du propriétaire confère à la société et que le colon est admis à faire valoir contre lui ; et comme on sait déjà que cette obligation peut être assimilée à celle du locateur, on en conclut immédiatement que l'action du colon doit être analogue à celle du preneur. Mais on aurait tort de croire que cette observation tranche la difficulté.

97. Bien longtemps on a considéré universellement, le droit du conducteur comme un droit

purement personnel ; l'engagement du locateur constituant, selon la doctrine, une simple obligation de faire. Dans l'ancien droit il ne pouvait y avoir de difficulté parce que les successeurs à titre particulier comme l'acquéreur, le donataire, le légataire, etc. n'étaient pas tenus de respecter les baux consentis par leur auteur, et le preneur n'avait alors qu'une action en dommages-intérêts contre le bailleur (1).

98. Le code civil a, sinon radicalement, au moins gravement modifié cet état du droit par la disposition de l'article 1743.

Art. 1743 du C. Civ. Si le bailleur vend la chose louée, l'acquéreur ne peut expulser le fermier qui a un bail authentique, ou dont la date est certaine, à moins qu'il ne se soit réservé ce droit par le contrat de bail.

99. Le bail a donc acquis une consistance nouvelle, et s'est accru du droit de suite au moyen duquel il affecte l'immeuble jusque dans les mains du tiers détenteur. Néanmoins les anciens principes ont continué de prévaloir, et on a été généralement d'accord de considérer toujours le droit résultant du bail et l'action qui en est la suite comme purement personnels. Quant à l'innovation de l'article 1743, l'effet en a été limité à un simple droit de rétention accordé au fermier déjà mis en possession. En effet, peut-on dire un peu naïvement, pour être expulsé, pour

(1) Ferrière, Dict. du dr., V°. amodiateur.

être mis *dehors* il faut être *dedans*, et l'article
serait sans effet à l'égard du fermier qui bien
qu'ayant un titre authentique ou de date certaine, ne serait point entré en possession (1).

100. Cependant Toulier avait dit déjà : « Au-
« jourd'hui le fermier comme l'usufruitier peut
« exercer son droit contre tout possesseur de
« l'héritage, quel qu'il soit. C'est un caractère
« du droit réel, *jus in re* ; » il ajoutait, il est vrai :
« néanmoins le droit du fermier n'est point un
« droit réel, et en cela il diffère essentiellement
« du droit de l'usufruitier (2). »

101. Ce germe d'une théorie nouvelle que Toulier avait déposé dans son ouvrage, mais qu'il
avait comme étouffé pour l'empêcher d'éclore,
s'est développé et a considérablement grandi
sous la logique puissante de M. Troplong.
Combattu par des jurisconsultes éminents,
MM. Duvergier et Bellot des Minières, cet auteur
a persisté et n'a laissé échapper aucune occasion
de proclamer son opinion avec une vigueur nouvelle et une chaleur de conviction toujours crois-
sante.

Je ne puis donner qu'une faible et bien pâle
analyse des dissertations à la fois profondes et
brillantes du savant magistrat ; c'est dans son
livre même qu'il faut les étudier ; je vais cepen-

(1) Duvergier, Du louage, tom. I, n° 28 et n° 279, Proudhon, t·
Des droits d'usufruit, n° 102.
(2) Tom. III, n° 388.

dant m'efforcer d'en reproduire la substance
parce qu'elle est un lien nécessaire entre les différentes parties de ce travail qui sans cela serait
incomplet et décousu.

102. La disposition de l'article 1743, constitue
au profit du preneur un droit plus complet que
celui de rétention ; et c'est en vain que, pour
l'affaiblir, on abuse, par une interprétation
étroite et judaïque, du sens littéral et limité du
mot *expulser*. La vérité est qu'il profite au preneur qui n'est point encore en possession , comme à celui qui s'y trouve au moment de la vente.
L'esprit de l'article 1743 se révèle dans l'histoire de sa rédaction. Les rédacteurs du code
civil trouvaient écrit partout dans l'ancien droit,
que le *preneur pouvait être expulsé par l'acquéreur :* telle était la formule consacrée. Ils crurent
qu'il n'y avait pas de moyen plus efficace pour
effacer radicalement tout vestige de l'ancien
système , que de prendre le contre-pied de la
proposition, et ils dirent , en en renversant les
termes: *l'acquéreur ne pourra expulser le preneur.*
Ce serait donc pour s'être voulu mettre plus com-
plétement en opposition avec les anciens princi -
pes, qu'ils auraient manqué peut-être d'exactitude dans l'expression, et laissé croire qu'ils en
avaient retenu quelque chose ; mais en observant
la marche de la réforme , on en saisit nettement
la pensée.

Déjà le code rural de 1791 avait attaqué le système de l'ancienne jurisprudence, en disant qu'en cas d'aliénation de la chose affermée, *la résolution n'aurait lieu que de gré à gré.* Si cette formule eût été employée dans l'article 1743, l'argument tiré de l'expression *expulser* n'existerait pas ; or, les rédacteurs du code civil ont-ils entendu reculer vers l'ancien droit ? Nullement ; on reconnaît unanimement qu'ils ont voulu marcher en avant et *compléter la réforme,* suivant l'expression de M. Jaubert. Il faut donc tenir le droit du preneur sous le régime du code civil, pour aussi étendu, sinon plus, qu'il l'était sous l'empire de la loi de 1791 ; c'est-à-dire qu'il est absolu.

Bien plus! dans quel principe l'article 1743 a-t-il sa racine ? M. Mouricault l'a dit, dans cette maxime : que nul ne peut transmettre à autrui plus de droit qu'il n'en a lui-même ; or le vendeur qui a aliéné pour un temps la jouissance de son héritage, peut-il la transmettre à son successeur (1) ?

Cette opinion n'a pas d'ailleurs pour seul appui la parole de M. Troplong; la cour de Dijon l'a confirmée par son arrêt du 21 avril 1827; et M. Zachariæ l'approuve.

---

(1) Le propriétaire d'un héritage affermé peut transférer de suite le droit de propriété qui lui appartient ; mais il ne peut transférer le droit de jouissance qu'il avait aliéné pour un certain nombre d'années. Toulier, tom. III, n° 388.

103. Le droit du preneur serait donc, en résumé, plus qu'un droit de rétention ; s'il n'est point en jouissance, il peut s'y faire mettre, et contraindre le représentant du bailleur, que son titre soit universel ou particulier, à lui en faire la délivrance ; quel est donc son droit, sinon un droit réel, caractérisé par le droit de suite qui l'accompagne.

104. Peut-on dire cependant que, sur ce point, la jurisprudence soit devenue certaine ? non, sans doute ; car si l'autorité de M. Troplong, de la cour de Dijon, de M. Zachariæ, est faite pour ébranler l'ancien système, il reste debout cependant, énergiquement soutenu par de puissants auxiliaires et par une pratique presque constante (1).

105. Quoi qu'il en soit, tout le monde est d'ac⁻

(1) C'est de ce côté que se range la majorité des auteurs. — Proudhon, Delvincourt, Duvergier, Duranton, Marcadé et autres.

Une note placée sous l'arrêt de Dijon dans l'édition nouvelle du *recueil général des lois et arrêts*, par MM. Devilleneuve et Carette, contient, outre un résumé général des opinions des divers auteurs, l'opinion personnelle de ces arrêtistes dans laquelle la question est envisagée sous un nouveau point de vue. «La différence caractéristique, disent-ils, en-« tre le droit réel et le droit personnel, différence dont M. Troplong « nous semble avoir fait entièrement abstraction, consiste en ce que « le droit personnel repose uniquement sur l'obligation particulière à « une personne, tandis que le droit réel existe absolument, sans aucune « relation avec telle ou telle personne, et s'exerce sans aucun secours « étranger, sans nul intermédiaire. Or, entre ces deux droits, quel est « celui du preneur ? évidemment c'est le premier, *car jamais le preneur* « *n'est en rapport immédiat avec la chose* ; il n'exerce son droit sur

cord en ce point , que , sur la demande dirigée
directement par le preneur contre le bailleur, les
tribunaux doivent accorder non des dommages-
intérêts, mais le droit de se mettre en jouissance ;
c'est qu'en effet la jouissance promise est une
chose certaine , définie, invariable, qui a une
existence propre, et peut être appropriée sans
altérer le fond. Celui qui la promet s'oblige bien
plutôt à donner qu'à faire. « Cette obligation ,
« selon M. Duvergier, consiste non en un fait
« purement personnel, *merum factum;* mais en
« un fait , *quod ad dationem magis accedit*, et
« auquel le débiteur peut être précisément con-
« traint. Ce fait n'est pas un de ceux auxquels

« elle que par l'intermédiaire du bailleur et par suite de l'obligation
« particulière de celui-ci. » . . . . . Cette opinion très-habilement développée dans la note arrive logiquement à une conclusion complètement
opposée à celle de M Troplong, dont les déductions ne sont pas moins
logiques. Cela prouve que c'est à leur point de départ qu'il faut comparer ces opinions contraires. Or, voici quelle est à ce point la différence
entr'elles : les auteurs de la note et ceux qu'ils citent à l'appui,
s'attachent à maintenir dans sa forme la plus sevèrement exacte une
théorie fort ancienne, mais qui est bien un peu subtile quand elle conduit à dire : que *jamais le preneur n'est en rapport immédiat et direct
avec la chose* ; dans quel rapport est-il donc avec le champ affermé
quand il le tient, le laboure, l'ensemence, et en récolte les fruits ? N'y a-
t-il pas là ce qu'on appelle une pétition de principe ? — M. Troplong
au contraire se préoccupe bien moins de cette théorie convenue que de la
volonté du législateur qui , après tout , n'est point obligé de respecter
les théories lorsque l'intérêt pratique des choses exige qu'il s'en écarte ;
or, M. Troplong découvre qu'il a voulu s'en écarter ; qu'importent alors
les plus vieux axiômes?

« s'applique la maxime : *nemo potest cogi ad fac-*
« *tum* (1). »

Cette concession, qui n'est contestée par personne, n'est-elle pas un argument en faveur du
droit réel? Si le bailleur ne peut se refuser à délivrer la chose même qu'il a promise, n'est-ce
point parce qu'elle a été cédée par lui dans sa
matérialité, dans sa substance? et cette concession n'a-t-elle pas pour résultat de faire passer la
chose de ses biens dans ceux du cessionnaire?
et le retard convenu pour la délivrance produit-
il sur l'obligation un effet plus étendu que celui
prévu par l'article 1185 du code civil, suivant
lequel le terme diffère de la condition, en ce qu'il
ne suspend point l'engagement, dont il retarde
seulement l'exécution?

106. Dans quel intérêt serait-on contraint de
rompre un engagement valablement formé? On a
invoqué la faveur de la propriété, mais c'est l'affaiblir que d'attacher cette fragilité à l'acte du
propriétaire; l'énergie du droit de propriété
git au contraire dans la faculté de disposer librement et solidement, *uti et abuti*. Si l'on veut
enfin consulter un peu moins la subtilité de la
doctrine, un peu plus l'équité et l'utilité pratique,
on est porté tout d'abord à se prononcer pour
le maintien des conventions que la capacité réciproque des parties avait sanctionnées. Il n'est

(1) Duvergier, tom. I, louage, n°s 47, 82, 286.

point équitable que l'une des parties puisse, par
un nouvel acte de sa volonté, rompre un pacte
dont la durée est une condition souvent déter-
minante, toujours importante dans la pensée des
contractants, tandis que l'autre partie est irrévocablement liée par la convention. Ce serait une
atteinte grave portée à la loi d'égalité qui doit
présider à l'exécution des contrats (1). On invo-
querait en vain l'intérêt de l'acquéreur, son droit
est un droit nouveau, qui ne doit point l'emporter sur un droit antérieur, valablement acquis.
Nulle industrie n'exige autant que l'industrie
agricole la stabilité dans ses établissements, et
tout ce qui tend à en assurer la durée est d'une
utilité certaine (2).

107. Tous ces motifs nous portent, malgré la gravité de l'opinion contraire, à considérer comme
constituant un droit réel, l'apport de jouissance
dont le propriétaire est, pour parler comme l'article 1845, débiteur envers la société; et par une
conséquence forcée, nous accorderons le même

(1) V°. Duvergier, tom. III, n° 307.

(2) Pourquoi, disait M. Jaubert au tribunat, l'intérêt des tiers serait-il lésé par une vente qui leur est étrangère? Pourquoi un titre
nouveau détruirait-il un titre préexistant?

Qu'est-ce qui importe le plus à l'état, disait le même auteur? Sont-
ce les mutations parmi les propriétaires? Non sans doute. La bonne
culture, les grandes entreprises, l'entretien des canaux, le perfectionnement des défrichements, la création des prairies artificielles, l'augmentation des troupeaux, voilà, voilà les objets qui peuvent faire fleu-
rir nos campagnes!

titre à l'action que le colon peut exercer contre
le maître. Déduisons maintenant les conséquences.

108. La première est que l'acquéreur de l'immeuble est tenu de respecter le bail à métairie
consenti par le vendeur, encore qu'il n'ait point
commencé d'être exécuté ; on peut même ajouter que s'agissant ici d'un contrat de société, non
plus d'un contrat de louage, cette décision acquiert un nouveau degré de certitude. On peut
en effet considérer la clause tacite de résolution
que l'ancien droit attachait au bail à ferme pour
le cas de vente, comme propre à ce contrat,
comme une exception au droit commun qui ne
peut être introduite, quelle que puisse être l'analogie, parmi les règles d'un autre contrat.

109. Rien ne s'oppose d'ailleurs à ce qu'on
insère dans le bail à métairie la réserve de l'article 1744 :

Art. 1744. S'il a été convenu, lors du bail, qu'en cas de vente l'acquéreur pourrait expulser le fermier ou locataire, et qu'il n'ait été fait
aucune stipulation sur les dommages et intérêts, le bailleur est tenu
d'indemniser le fermier ou le locataire de la manière déterminée par
les articles 1745, 1746, 1747.

Cette convention fort licite n'a rien qui répugne à la nature du contrat; mais s'il n'a point
été convenu que cette réserve s'exercerait sans
indemnité, le propriétaire en sera-t-il tenu envers le colon? et pour en régler la quotité, devra-

t-on faire usage de la disposition de l'article 1746 (1) ?

110. Sur cette seconde proposition, il faut, sans aucun doute, décider négativement, car le colon ne paie pas un prix de ferme (2), et d'ailleurs la portion de fruits qui lui revient chaque année est infiniment variable, et l'on manquerait de base pour fixer les dommages-intérêts accordés en principe par l'article 1744. La disposition de cet article est une spécialité du contrat de louage qui ajoute, ou supplée au moins, à l'intention manifestée par les parties ; et comme en définitive, le bail à métairie n'est point un contrat de louage, une exception créée seulement pour cette espèce de contrat ne peut lui convenir; il faut donc revenir au droit commun. Or, des dommages-intérêts ne sont dûs que dans le cas d'un tort imprévu et causé contre la volonté de celui qui le souffre ; mais ils ne peuvent résulter d'un fait autorisé par celui auquel il porte préjudice. *Volenti non fit injuria.* Si donc il avait été dit qu'en cas de vente par le propriétaire, le bail cesserait d'être exécuté, il ne faudrait voir dans cette convention rien de plus qu'une condition résolutoire qui, dans le silence de la convention, ne donne lieu à aucune indemnité.

(1) Art. 1746. S'il s'agit de biens ruraux, l'indemnité que le bailleur doit payer au fermier est du tiers du prix du bail pour tout le temps qui reste à courir.

(2) Voy. Supra n° 12.

1 1 1. A moins toutes fois d'une stipulation expresse, cette condition ne produirait son effet
qu'à l'époque de l'année déterminée par l'usage,
ou les termes du contrat ; l'analogie et la parité
de raison autoriseraient d'autant mieux l'application de l'article 1748, que s'il en était autrement la résolution aurait lieu à contre temps,
contrairement au vœu de l'article 1869, dont la
disposition appartient au contrat de société :

Art. 1748. L'acquéreur qui veut user de la faculté réservée par le bail,
d'expulser le fermier ou le locataire, en cas de vente, est, en outre,
tenu d'avertir le locataire au temps d'avance usité pour les congés; il
doit aussi avertir le fermier des biens ruraux au moins un an à
l'avance.

1 1 2. Cependant, comme il s'agit bien plus de
ne pas rompre la société à contre-temps, que
de faire une application exacte de l'article 1748,
il ne faut pas considérer le délai d'un an comme
impérieusement obligatoire en matière de bail
à colonage ; la disposition de l'article 1869 sera
suffisamment respectée toutes les fois qu'on se
conformera à l'usage établi pour les cas ordinaires, où la durée du bail n'étant point fixée par
le contrat, le colon ou le maître veut le faire
cesser.

1 1 3. Une autre conséquence de ce principe que
le droit conféré par le propriétaire est un droit
réel, c'est que le tribunal compétent pour statuer
sur la demande du colon qui conclut à être mis
en jouissance, est le tribunal de la situation de

l'immeuble. L'article 59 du code de procédure contient à cet égard une double disposition.

Art. 59. Code de Procédure. § 3. En matière réelle, le défendeur sera assigné devant le tribunal de la situation de l'objet litigieux.

§. 5. En matière de société tant qu'elle existe, devant le juge du lieu où elle est établie.

Ces deux dispositions conduisent au même résultat, cependant il importe de remarquer qu'elles ne s'appliquent pas simultanément, mais chacune en son lieu; on va comprendre l'utilité de cette distinction.

114. Lorsque le colon est entré en possession, et que la société fonctionne, les débats qui peuvent s'élever entre le maître et le métayer tombent sans distinction pour la compétence, sous le régime du § 5 de l'article 59. Mais lorsque le colon se fondant sur l'existence d'une société qui n'est pas reconnue par le défendeur, demande à être mis en possession d'un immeuble, ce n'est plus parce qu'il plaide en matière de société, que le tribunal de la situation est compétent, mais parce qu'il exerce une action réelle. On ne peut dire, en effet, qu'une société qui n'est qu'alléguée par le demandeur, qui est ou sera niée par le défendeur, existe, et soit établie.

115. Un doute sérieux, et dont la solution était délicate, s'était élevée sur cette disposition du cinquième paragraphe de l'article 59. La maxime

que le juge de l'action est aussi juge de l'exception , portait à conclure que toutes les fois que la
demande a pour objet , à tort ou à raison , une
société, le tribunal du lieu où le demandeur
allégue qu'elle est établie devient compétent, sauf au défendeur à nier l'existence de la
société et à faire statuer sur cette exception par
le juge saisi de l'action. D'un autre côté, si le
juge décidait qu'il n'y avait pas de société, il
déciderait par là même qu'il avait été conduit
par une surprise du demandeur à statuer sur
une contestation qui n'était pas de sa compétence ; cette difficulté a été tranchée par un arrêt
de la cour de cassation du 10 juillet 1837, que la
jurisprudence a accepté comme règle.

Selon cet arrêt , (1) , « la règle que le
« juge de l'action est juge de l'exception (en
« supposant que l'on puisse l'appliquer à un
« juge qui n'est lui-même qu'exceptionnel)
« suppose qu'il existe entre l'action et l'ex-
« ception des différences telles que le juge-
« ment de l'une sera tout-à-fait distinct et indé-
« pendant du jugement de l'autre ; on ne peut
« donc, sous peine de perturbation complète
« dans l'ordre des juridictions, appliquer cet
« adage, que lorsque l'exception , si elle tend
« à dessaisir le tribunal devant lequel l'action a

(1) Voy. au recueil de jurisprudence de Devilleneuve, l'arrêt et les ré-
flexions de ce jurisconsulte, 37, 1, 732.

« été portée , étant vidée dans un sens , soit
« affirmatif, soit négatif, il restera encore quel-
« que chose à juger ; mais on ne saurait l'appli-
« quer, si le jugement de l'exception devait par
« la nature de la demande, être nécessairement
« le jugement de l'action elle-même.

« Attendu, ajoute encore la cour de cassation,
« que le paragraphe premier de l'article 59 du
« code de procédure civile trace une règle fon-
« damentale puisée dans ce principe de toutes
« les législations, que le juge du domicile du
« défendeur est le juge nécessaire du procès
« qu'il plaît au demandeur de lui intenter, tandis
« que le § 5 du même article, qui statue qu'en
« matière de société , *tant qu'elle existe*, l'action
« sera portée devant le juge du lieu où elle est
« établie , n'est lui-même qu'une exception au
« principe général ; que dans ce conflit entre
« la règle et l'exception , et dans une espèce où
« le domicile du défendeur est déjà constant,
« tandis que l'existence de la société alléguée est
« problématique, et ne cessera de l'être que par
« le jugement de l'action elle-même , l'arrêt at-
« taqué en donnant la prééminence à la règle
« sur l'exception n'a violé ni pu violer aucune
« loi. »

116. L'action exercée par le colon contre le
maître pour l'apport par celui-ci de la jouissance,
est bien évidemment liée étroitement à l'excep-

tion dont le sort entraine celui de la demande.
Ce n'est donc point comme action sociale , mais
comme action réelle que cette demande doit
être portée devant le tribunal de la situation ; à
ce point, que si l'on refuse le caractère de réalité
à l'action et qu'on la retienne pour personnelle,
le tribunal du domicile du maître serait seul
compétent ; il peut néanmoins se présenter plusieurs hypothèses :

117.Nous pouvons en premier lieu faire l'application du même principe à la demande du maître contre le colon, lorsque c'est ce dernier qui
refuse de procurer à la société le concours de
son travail pour l'exploitation du fonds. L'action
contre lui étant purement personnelle, comme le
droit résultant de son apport, c'est devant le juge
de son domicile que le maître devra le traduire
pour le contraindre , ou obtenir des dommages-
intérêts (1).

118. Ce qu'on vient de lire s'applique au cas
où le maître ou le colon demandeur n'invoque
à l'appui de sa demande qu'une convention
verbale ; mais s'il peut se prévaloir d'un titre
écrit , authentique ou sous-seings privés, la condition est différente.

119. Supposons d'abord un titre authentique.
Il fait foi de son contenu jusqu'à inscription de

_____

(1) Voy. Supra. n° 58.

7

faux, et jusque là aussi l'existence du bail doit être considérée comme certaine, l'action comme purement sociale, et la compétence déterminée suivant le § 5 de l'article 59. Le faux incident que peut soulever le défendeur, n'est point à proprement parler une exception du fonds ; il tend directement seulement à l'anéantissement d'un moyen de preuve à l'appui de la demande, et n'attaque pas immédiatement le fonds ; entre l'action et l'exception, il existe une différence suffisante pour que le jugement de l'une puisse être distinct et indépendant du jugement de l'autre. Il faut en dire autant pour le cas où un acte sous-seings privés est rapporté à l'appui de la demande, soit du maître, soit du colon ; le défendeur peut, il est vrai, dénier sa signature, et donner lieu à une vérification d'écriture, mais cette exception n'est pas plus liée à l'action principale que le faux incident, et il y a même raison de décider.

Il faut donc, en résumé, admettre que l'action du colon contre le maître peut toujours être portée devant le tribunal de la situation de l'immeuble, que l'action du maître contre le colon doit être portée devant le même tribunal, s'il y a bail écrit ; que le tribunal du domicile du colon au contraire est seul compétent, si la convention est purement verbale.

Au reste, cette solution, en ce qui concerne

l'action du colon contre le maître, est dans la pratique d'une utilité parfaite. Obliger le métayer à demander justice contre le maître devant des tribunaux éloignés, ce serait la lui refuser indirectement; il n'a ni le temps ni l'argent nécessaire pour voyager; assez souvent, par crainte ou par impuissance, il est obligé de renoncer à l'exercice de ses droits légitimes; il est heureux que la force des principes vienne ici en aide à l'équité.

120. Le choix du tribunal compétent peut encore présenter une difficulté, même pendant l'existence d'un bail non contesté; les héritages qu'il comprend peuvent être situés dans des arrondissements différents. Il est raisonnable dans ce cas de suivre la règle tracée par l'article 2210 du code civil qui dispose en matière de vente forcée des biens immeubles.

Art. 2210. Code civil. La vente forcée des biens situés dans différents arrondissements, est suivie devant le tribunal dans le ressort duquel se trouve le *chef-lieu de l'exploitation*, ou à défaut de chef lieu, la partie de biens qui présente le plus *grand revenu*, d'après la matrice du rôle.

121. L'obligation du propriétaire ne se borne pas à mettre la société, dans la personne du colon, en jouissance des héritages; son apport est pour ainsi dire un fait continu, il doit le maintenir jusqu'à l'expiration du contrat, l'article 1845 du code civil le veut ainsi.

Art 1845. 2º Lorsque l'apport consiste en un corps certain, et que la société en est évincée, l'associé en est garant envers la société, de la même manière qu'un vendeur l'est envers son acheteur.

Seulement, par les motifs déjà exprimés, à ces mots *de la même manière qu'un vendeur l'est envers son acheteur*, il faut substituer ceux-ci : de la même manière qu'un *bailleur* l'est envers le *preneur*; ce qui nous reporte à cette disposition de l'article 1719 (1).

Art. 1719. Le bailleur est obligé, par la nature du contrat, et sans qu'il soit besoin d'aucune disposition particulière.
3° De faire jouir paisiblement le preneur pendant la durée de son bail.

Si donc la jouissance est troublée, soit par le fait du maître, soit par le fait d'un tiers, le colon aura contre le premier, pour le contraindre à faire cesser le trouble, la même action qui lui est accordée pour le contraindre à faire l'apport de la jouissance. A cet égard il y a plusieurs distinctions à faire.

122. Il ne faut pas confondre avec le trouble à la jouissance dont la société doit être garantie par le propriétaire, le simple trouble de fait, c'est-à-dire les délits ou quasi délits qui de la part des tiers causeraient un dommage au colon dans la perception des fruits, sans lui contester le droit de jouir du fonds. L'action dans ce cas serait contre les auteurs du dommage, purement personnelle et mobilière; et la demande pren-

(1) Duranton, tom. XVII, n° 393.

drait son appui sur les dispositions des articles
r382 et 1383 (1). La disposition de l'article 1725,
défendrait le propriétaire contre le recours.

Art. 1725. Le bailleur n'est pas tenu de garantir le preneur du trouble que des tiers apportent par des voies de fait à sa jouissance,
sans prétendre d'ailleurs aucun droit sur la chose louée ; sauf au
preneur à les poursuivre en son nom personnel.

Ainsi le colon partiaire , en justifiant de cette
qualité, pourrait, de son chef, poursuivre contre le tiers la réparation du dommage ; toutefois
il ne pourrait le faire que pour la part qui lui
appartient ; à la différence du maître , qui pourrait agir pour le tout, sauf à faire compte au
métayer. Cela tient à ce que dans les actes relatifs à l'exploitation du domaine, le maître est
administrateur de la société, et parconséquent
mandataire légal du colon , qualité qui n'est pas
réciproque. Ce principe dont nous aurons à déduire plus d'une conséquence, nous paraît être
de l'essence même du contrat de bail à métairie,
nous en donnerons plus loin les motifs.

123. Par trouble à la jouissance, il faut entendre tout acte de la part du maître ou d'un tiers ,
qui tend à s'approprier, à l'exclusion du colon ,
la jouissance de tout ou partie des objets sur

(1) Art. 1382. Tout fait quelconque de l'homme, qui cause à autru¡
un dommage, oblige celui par la faute duquel il est arrivé à le réparer.
Art. 1383. Chacun est responsable du dommage qu'il a causé non-
seulement par son fait, mais encore par sa négligence ou par son im-
prudence.

lesquels s'exerce le colonage. Si ce trouble est du fait du maître, l'action du colon contre lui est simple, directe, immédiate. Si le trouble est le fait d'un tiers, l'action du colon est subordonnée à la nature et à l'origine du droit que le tiers prétend avoir à la jouissance de la chose. Il pourra l'exercer personnellement, si le tiers ne prétend jouir qu'à titre précaire, comme fermier, par exemple, et en vertu d'une convention intervenue entre lui et le propriétaire qui a consenti le bail à colonage. Il ne pourra agir ou défendre personnellement au contraire, soit que le tiers prétende avoir droit à la jouissance à titre de propriétaire, usufruitier, ou créancier d'une servitude, soit qu'il prétende tenir son droit de fermier, locataire ou colon, d'un propriétaire autre que celui qui a consenti le bail à colonage. Voici la raison de cette différence.

Dans le premier cas le colon n'est en lutte qu'avec un représentant du propriétaire avec lequel il a traité, et son action est de même nature que celle qu'il aurait exercée contre le maître lui-même ; il peut agir *pro socio*. Supposez, par exemple, que le propriétaire de deux terrains contigus ait compris un même héritage dans les baux à colonage de l'un et l'autre domaine ; je dis que les colons pourront s'opposer réciproquement leurs baux pour entrer ou rester en jouissance de l'héritage doublement concédé ; et ce mode d'action est même nécessaire, car le maître ne pourrait agir contre l'un des colons pour le contraindre de laisser l'héritage au profit de l'autre ; l'action lui serait déniée par le motif qu'il est tenu de la garantie ; lorsque les prétentions à la jouissance ont une origine commune, il reste à statuer seulement sur une question de préférence que les prétendants peuvent débattre entre eux ; placés dans une situation parfaitement égale ils ne peuvent s'opposer un défaut de qualité, dont le reproche pourrait leur être renvoyé.

Dans le second cas au contraire, la contestation sur la jouissance oblige de remonter à l'existence du droit même de propriété, et le colon ne pourrait pas même agir ou défendre au possessoire, parce que les actions de cette nature n'appartiennent qu'à celui qui a la possession à titre de propriétaire. Il sera forcé de recourir contre le propriétaire, et pourra le faire de deux manières ; si l'action a été introduite contre lui, alors qu'il est en possession, il pourra se retirer du procès en déclarant qu'il ne possède pas pour lui-même, qu'il n'exerce qu'un simple droit de jouissance, qu'il n'est que colon, et le tiers sera renvoyé à se pourvoir contre le maître. Le colon devra faire cette déclaration dès l'entrée en cause, car s'il donnait lieu à des frais inutiles par son silence, il pourrait être condamné sans recours.

contre le tiers ni contre le maître. Après l'instance jugée, et en cas d'éviction, il obtiendrait contre ce dernier des dommages-intérêts. Il peut néanmoins, s'il le préfère, rester en cause pour la surveillance de ses droits et prévenir toute collusion frauduleuse entre le tiers et le maître (1).

124. Ces règles se rencontrent à peu de chose près, dans les dispositions des articles 1726 et 1727 du code civil, qui, on vient de le voir, n'ont rien de contraire aux principes du contrat de société.

Art. 1726. Si, au contraire, le locataire ou le fermier ont été troublés dans leur jouissance par suite d'une action concernant la propriété du fonds, ils ont droit à une diminution proportionnée sur le prix du bail à loyer ou à ferme, pourvu que le trouble et l'empêchement aient été dénoncés au propriétaire.

Art. 1727. Si ceux qui ont commis les voies de fait prétendent avoir quelque droit sur la chose louée, ou si le preneur est lui-même cité en justice pour se voir condamner au délaissement de la totalité ou partie de cette chose, ou à souffrir l'exercice de quelque servitude, il doit appeler le bailleur en garantie, et doit être mis hors d'instance, s'il l'exige, en nommant le bailleur pour lequel il possède.

De ce qu'il est dit que le preneur doit appeler le bailleur en garantie, il ne faut pas conclure qu'il soit contraint de le faire pour être mis hors de cause ; le droit de se retirer lui est accordé sur la déclaration de sa qualité et du nom du bailleur; c'est au tiers demandeur à appeler ce dernier (2).

(1) Troplong, louage, n° 267.
(2) Troplong, louage, 268. — Delvincourt, tom. III, p. 190.

125. Nous avons supposé qu'un même héritage avait pu être compris dans deux baux à colonage, passés par un même maître avec des colons différents, et nous avons décidé que ces colons pourraient agir directement l'un contre l'autre pour en obtenir ou en conserver la jouissance; il reste à découvrir les raisons de décider entre eux. Sur ce point plusieurs hypothèses peuvent se présenter et se combiner entre elles. Ainsi les deux contrats peuvent avoir la même date ou des dates différentes; être rédigés par écrit, ou l'un d'eux seulement; les actes peuvent être authentiques ou sous-seings privés; avoir ou n'avoir pas de dates certaines; l'héritage peut avoir été compris dans l'un des baux nominativement, et dans l'autre par relation seulement à la composition antérieure d'un corps de biens. Enfin l'un des colons peut avoir été plus diligent, et s'être mis en possession.

126. Entre deux colons partiaires justifiant d'actes authentiques ou sous-seings privés ayant acquis dates certaines par l'un des moyens indiqués dans l'article 1328 du code civil (1), l'antériorité de date sera un motif suffisant de préférence, parce que le propriétaire n'a pu transmet-

(1) Art. 1528. Les actes sous seing privé n'ont de date contre les tiers que du jour où ils ont été enregistrés, du jour de la mort de celui ou de l'un de ceux qui les ont souscrits, ou du jour où leur substance est constatée dans des actes dressés par des officiers publics, tels que procès-verbaux de scellé ou d'inventaire.

tre au second ce dont il s'est dessaisi au profit du premier. Si les actes ont une même date certaine, celui qui se sera mis le premier en possession devra être maintenu ; car pour déposséder celui contre lequel on exerce la revendication, il faut avoir un titre légalement préférable au sien ; *in pari causa, potior est causa possidentis*.

127. Si l'un des actes était sous signatures privées sans dates certaines, l'avantage serait du côté de celui dont la date serait certaine, quoique postérieure. Pour repousser cette décision, on rappellerait en vain les controverses qu'a suscitées l'interprétation de l'article 1322 du code civil (1). Dans l'espèce, et dans toutes celles où les contractants prétendent à l'exclusion l'un de l'autre à un droit qu'ils soutiennent tenir d'un même auteur, ils ne peuvent s'opposer réciproquement la qualité d'ayant cau e ; l'accorder à son adversaire ce serait reconnaître son droit, car elle n'appartient qu'à celui à qui le droit a été légitimement transmis. Or, c'est précisément là la question à décider, et à moins de s'enfermer volontairement dans un cercle vicieux, il faut prendre en dehors de cette théorie des ayant cause, âpre écueil de la doctrine, comme l'appelle M. de Villeneu-

---

(1) Art. 1322. L'acte sous seing privé, reconnu par celui auquel on l'oppose, ou légalement tenu pour reconnu, a, entre ceux qui l'ont souscrit et entre leurs héritiers et ayant cause, la même foi que l'acte authentique.

ve (1), la raison à décider. Elle se présente alors
naturellement à l'esprit. La qualité que réclament
les deux parties ne peut appartenir qu'à l'une
d'elles ; n'est-il pas sage de l'accorder à celle qui a
pris le plus de soins pour assurer ses preuves et qui
a réussi ? *Vigilantibus jura prosunt.* Aussi la jurisprudence a-t-elle toujours décidé en faveur de la
date certaine entre deux acquéreurs d'une même
chose, entre les créanciers d'un même débiteur, entre le donataire et l'acquéreur d'un
même immeuble (2).

128. Souvent une métairie est donnée à colonage partiaire, telle qu'elle se compose au moment
du contrat, sans autre désignation des héritages.
Que faudrait-il décider dans le cas où le propriétaire, par un acte différent, mais dans des
conditions égales d'ailleurs, aurait donné à un
second colon l'un des champs qui jusque-là en
avait fait partie, en le désignant nominativement. Toutes choses égales, il conviendrait sans
doute d'accorder la préférence au second acte,
dont la précision rend plus certaine la volonté
des parties ; cet avantage de rédaction ne devrait
toutefois point prévaloir contre une prise de

(1) Recueil gérér., t. 46, 1, 679, note.
(2) Toulouse, 7 juillet 1831.—IV mines, II févr. 1822.—Grenoble,
9 mai 1833. Bastia, 24 juin 1833. —Bordeaux, 21 mai 1846. Devill.,
32, 2, 647 — 33, 2, 306. — 33, 2, 604. — 33, 2, 506 — 40,
2, 495. — 46, 2, 546.

possession ; car le bail par indication collective
serait suffisant pour la justifier et pour la sou—
tenir.

129. Si contre notre opinion , on admettait
que le droit du colon est purement personnel ,
l'antériorité de possession serait toujours le m eil-
leur argument, et la priorité de date ne serait une
raison de préférence que dans le cas où la question s'agiterait avant la possession.

130. Au reste il faut bien comprendre que ces
décisions, dans quelqu'hypothèse qu'on se place,
ne font point obstacle au recours et à l'action en
dommages-intérêts du colon évincé contre le
propriétaire.

131. Comme le bailleur, le maître est tenu de
comprendre dans son apport tous les moyens de
jouissance qui viennent du fonds , et y sont attachés; ainsi les pailles et les fourrages de la récolte précédente, si le métayer entre après la
semaille, doivent, à moins d'usage ou de conventions contraires , être livrés intacts. Si un
cheptel de bestiaux est attaché à l'exploitation ,
on doit tenir pour constant , que même en
l'absence d'une promesse spéciale, il doit être
délivré avec les héritages dont il est un accessoire
nécessaire. Ce n'est pas néanmoins , comme je
l'ai entendu dire quelquefois , parce qu'ils sont
immeubles par destination que ces objets doivent
être remis au colon, mais parce qu'ils sont néces-

saires à la culture et qu'ils se rattachent par là à
la jouissance. Les immeubles par destination
énumérés dans l'article 524 du code civil suivent
le fonds, mais ne suivent pas tous nécessairement
la simple jouissance. Ainsi les lapins de garennes, les poissons des étangs, sont sans rapport
avec la culture partiaire ; les ustensiles aratoires
même, sont dans beaucoup de contrées fournis
par le colon, et dès lors, le propriétaire pourrait
retirer ceux qu'il a placés dans le domaine avant
de le soumettre au colonage partiaire (1). Ceci
néanmoins ne doit pas s'entendre des pressoirs
et des cuves, qui à raison de leur volume, de
leur destination et de leur valeur, ne peuvent
faire partie du bagage du métayer.

(1) Art. 524. Les objets que le propriétaire d'un fonds y a placés
pour le service et l'exploitation de ce fonds, sont immeubles par destination.

Ainsi, sont immeubles par destination, quand ils ont été placés par
le propriétaire pour le service et l'exploitation du fonds ;

Les animaux attachés à la culture ;

Les ustensiles aratoires ;

Les semences données aux fermiers ou colons partiaires ;

Les pigeons des colombiers ;

Les lapins de garennes ;

Les ruches à miel ;

Les poissons des étangs ;

Les pressoirs, chaudières, alambics, cuves et tonnes ;

Les pailles et engrais.

Sont aussi immeubles par destination, tous effets mobiliers que le
propriétaire a attachés au fonds à perpétuelle demeure.

132. J'ai vu se reproduire souvent un abus
que je crois utile de signaler. Le métayer qui sort
du domaine au onze novembre, par exemple,
doit laisser engrangés les foins et pailles de la
récolte précédente. Un double intérêt le porte
souvent à transgresser cette obligation. Si la récolte de l'année précédente a été peu abondante
en paille, il est difficile qu'elle suffise aux besoins
de l'année qui la suit ; dans les derniers mois, la
litière manque aux bestiaux et de là naît une
diminution dans les fumiers bien sensible à l'époque des semences. Quel métayer résiste à la tentation de battre quelques gerbes et de consommer en litière la paille qui en provient ? A la
sortie, les bestiaux qui composent son cheptel
seront estimés ; et l'estimation sera d'autant plus
élevée que les bestiaux seront en meilleur état : or,
à cette époque, les pâturages sont devenus maigres ; depuis plusieurs mois, ils pourvoient seuls
à la nourriture du bétail. Cependant la semaille
exige un travail extraordinaire et faute d'une
nourriture substantielle, les bœufs dépérissent ;
l'estimation en souffrira : quelques brassées de
foin jetés le soir dans la crèche, à la dérobée, sont
alors d'un utile secours. La tentation est d'autant plus vive qu'un bouvier adroit sait plus d'un
moyen pour dissimuler le larcin. Quelque branches d'arbres habilement disposées, bien couver-
tes par le fourrage, masquent une cavité pratiquée

133. Cependant ces habiletés ne sont point ignorées de tous; quelquefois la fraude se décéle, et le coupable pour éviter un procès se soumet à payer la somme que le maître exige; la correction n'est pas toujours paternelle et la réparation dépasse le dommage, quelquefois outre mesure; abus contre abus. Quoi qu'il en soit, le maître touche la somme. En bonne justice, cet argent devrait être employé à combler le vide, par un achat de pailles et de fourrages en quantités égales à ceux employés. Le plus souvent il n'en est rien : le maître surtout si c'est un fermier, garde pour lui l'indemnité, et le métayer nouveau souffre seul du déficit.

134. Il est clair cependant, que si ce dernier s'adressait aux tribunaux, le maitre serait contraint de remplacer les pailles et fourrages détournés, soit de son consentement, soit à son insu; car cette paille et ces fourrages étaient compris dans sa promesse d'apport; il faut même remarquer que le métayer entrant n'a pas d'action contre le métayer sortant pour la réparation de ce dommage, le détournement ayant eu lieu avant qu'il eût un droit acquis avant l'époque fixée pour la mise à exécution du nouveau bail. La soustraction des fourrages est comme une dégradation de la chose que le maître doit délivrer intacte. Le métayer a donc le droit d'exiger

directement du propriétaire le remplacement des quantités qui ont été détournées même malgré lui, des pailles et fourrages de la récolte précédente.

135. Les bâtiments qui servent à l'exploitation d'un domaine ou d'une métairie sont compris de droit dans le bail à métairie ; ils sont de deux sortes ; les uns sont destinés à l'habitation du colon, de sa famille et de ses serviteurs ; les autres comprennent les étableries, les magasins à fourrages, récoltes, etc. Ils sont les uns et les autres compris dans le bail, non comme matière directement exploitable, mais comme moyen d'exploitation des fonds productifs. La maison d'habitation, parce que la présence du colon sur les lieux est indispensable à la surveillance des bestiaux et des récoltes ; les écuries et magasins pour l'exploitation du cheptel et la conservation des produits jusqu'à l'emploi ou le partage.

136. Il est inutile de dire que le droit de chasse et de pêche, quoique faisant partie, comme produit utile ou comme produit agréable, de la jouissance du fonds, ne sont point compris dans l'apport du maître. Cette question si vivement agitée, à propos du bail à ferme, n'a point ici sa place, par la raison déjà exprimée plus haut (1), que le colon n'a droit au partage des fruits qu'autant que son travail ou ses soins sont pour quel-

(1) N° 49.

que chose dans leur production. En ce qui concerne donc la chasse et la pêche, le métayer,
sur les dépendances du domaine qu'il cultive,
est sur le terrain d'autrui. Il est juste cependant
et conforme à la nature des choses, de lui accorder le droit de tuer et de détruire les animaux malfaisants, fléaux des troupeaux et des
récoltes. (1)

137. Les cuves et le pressoir doivent être
mis, aux frais du maître, et au moment de la
vendange, en état de servir à leur destination;
il est vrai que dans certaines localités, et dans
de petits vignobles, le vin se fabrique sans cuve
et sans pressoir, dans des tonneaux où le raisin
se foule; mais si, précédemment au bail, la fa-
brication avait lieu à l'aide du pressoir et dans
la cuve, ces objets devraient rester pour l'usage
du métayer qui a dû compter sur cet avantage,
s'il n'a pas été prévenu qu'on avait l'intention
de l'en priver.

(1) Loi du 4 mai 1844.

Les préfets des départements, sur l'avis des conseils généraux,
prendront des arrêtés pour déterminer 1° etc., 2° etc. 3° les espèces
d'animaux malfaisants ou nuisibles que le propriétaire, possesseur ou
fermier, pourra, en tout temps, détruire sur ses terres, et les conditions de l'exercice de ce droit, sans préjudice du droit appartenant au
propriétaire ou au fermier de repousser ou de détruire même avec des
armes à feu, les bêtes fauves qui porteraient dommage à ses propriétés.

138. Le deuxième § de l'article 1719 oblige le bailleur à entretenir la chose *en état de servir à l'usage pour lequel elle a été louée.* Il faut en dire autant du maître dans le bail à colonage, en donnant même à cette prescription plus d'extension qu'elle n'en reçoit dans le contrat de louage.

139. La charge des réparations se divise pendant la durée du bail à ferme, entre le bailleur et le preneur ; celles dites locatives sont à la charge de celui-ci. Selon Salviat (1), dans le bail à métairie perpétuelle (*à fortiori* dans le bail à métairie limitée), les réparations sont, sans distinction, à la charge du maître.

Cette règle de Salviat doit être suivie ; elle souffre cependant quelques exceptions : ainsi, par des motifs qui seront expliqués au n° 168, je crois qu'il faut distinguer entre les bâtiments qui servent à l'exploitation et ceux qui servent à l'habitation. Dans les premiers, les réparations de toute nature sont à la charge du maître ; si des crèches sont dégradées, des rateliers fracturés ou descellés, non seulement le colon n'en serait pas tenu, mais il aurait le droit d'exiger que le maître fît la réparation; il pourrait même être autorisé à la faire faire à son défaut, et dans

(1) V. Bail à métairie perpétuelle.

ce cas , il serait remboursé des frais sur la
quittance des ouvriers qu'il aurait employés (1).
Dans les bâtiments servant à l'habitation, il faut
au contraire , appliquer en entier la règle de
l'art. 1754. Ajoutons enfin que les réparations
de toute nature , dans les bâtiments d'exploitation et d'habitation, peuvent tomber à la charge
du métayer, lorsqu'il est évident qu'elles sont
caus ées par sa faute.

140. La distinction que nous venons de faire
conduit à une autre conséquence. Aux termes
de l'art. 1720 , le bailleur à ferme est tenu de
délivrer la chose en bon état de réparation de
toute espèce , ce qui comprend même les locatives , et celles de menu entretien. Le fermier
peut en entrant, exiger que cette obligation soit
accomplie dans son application la plus large ,
car il est obligé d'entretenir les réparations locatives pendant sa jouissance , et de les rendre
en bon état à sa sortie. Dans le bail à métairie , le
droit du colon ne peut être aussi étendu, quant
aux bâtiments d'exploitation ; car n'étant pas
chargé d'entretenir les réparations locatives, il
n'est pas tenu de les laisser en bon état ; il les
laisse à sa sortie dans l'état où elles se trouvent,
il doit les accepter de même , et tout ce qu'il

(1) C. civ., art. 1114.

peut exiger, c'est que les lieux *soient en état de servir à leur destination.*

141. Il nous reste à examiner ce que l'on doit entendre par ces expressions : *En état de servir à l'usage auquel la chose est destinée* , et à spécialiser la signification relative à chacune des choses dont la jouissance est apportée par le maître dans la société.

142. Dans un corps de biens ou domaine, on peut les diviser en trois parts : les bâtiments d'habitation , ceux d'exploitation , les héritages ruraux ; pour les premiers, l'obligation du maître est la même que celle du bailleur dans le bail à ferme. Pour les bâtiments d'exploitation, en outre de la couverture et de la fermeture des portes (1) , il faut dire que le maître est tenu de délivrer et entretenir dans un état suffisant de solidité et de réparations , les crèches et auges et les rateliers, les planchers des écuries , ceux destinés à soutenir les fourrages , et l'aire de la

---

(1) Tenir clos et couvert : ce qui emporte l'obligation de faire aux couvertures les réparations nécessaires, pour qu'il ne pleuve pas dans les bâtiments ; de maintenir les portes et fenêtres en un état tel que le locataire et ses effets, le fermier et ses bestiaux ; ses grains et fourrages trouvent dans les lieux loués, abri contre l'intempérie des saisons, et sûreté de toute agression étrangère. M. Duvergier , Louage , t. 1. n° 295. — Pothier, Louage, n° 106.

grange ; c'est encore à lui de maintenir en bon
état les digues ou chaussées des abreuvoirs pour
les bestiaux. Très-souvent, lorsque les bâtiments
sont couverts en chaume, il est convenu dans
le bail qu'une certaine quantité de paille sera
prélevée sur celle de la récolte de l'année, pour
l'entretien des couvertures ; on ajoute même
que le métayer nourrira les couvreurs dont le
maître paiera le salaire ; mais quoique très-
usitée, cette clause ne peut être suppléée dans
le silence du bail, parce qu'elle ne dérive pas
de la nature du contrat, qu'elle s'en éloigne
au contraire, et que dans l'usage même elle
n'est admise que comme résultat d'une convention expresse et spéciale. Il en est de même des
charrois employés pour les réparations ; malgré
que dans presque tous les baux il soit écrit que
ces charrois seront faits avec les bestiaux du
domaine par le métayer, ce n'est point une
clause que la force de l'usage doive faire adopter,
lorsque cette réserve n'a point été faite dans la
convention. Alors même qu'elle est écrite, elle
donne lieu à de fréquentes difficultés, les termes
du contrat doivent expliquer clairement si elle
s'applique aux *réparations*, *reconstructions* et
constructions nouvelles; cette condition étant onéreuse au colon et toute profitable au propriétaire,

toute ambiguité doit s'interpréter favorablement au premier (1).

143. Ainsi , lorsque sans autre explication, la clause comprend les trois hypothèses, même alors, il ne faut l'appliquer quant aux constructions nouvelles, qu'à celles dont le colon pourra profiter, et qui se rattachent à l'exploitation du domaine. Le propriétaire n'aurait pas le droit de faire valoir cette clause pour la construction d'une maison de plaisance, ou des bâtiments de réserve. Je tiens même pour certain , que les tribunaux peuvent tempérer, en fixant la quantité des charrois que le métayer sera tenu de faire par semaine ou par mois, la rigueur d'une clause trop générale ; il n'est point supposable que le métayer ait entendu se mettre à ce point à la discrétion du maître, qu'il pourrait être contraint d'abandonner pour ainsi dire la culture , objet principal du contrat, et de faire servir toutes les forces de la société au seul intérêt du propriétaire.

La stipulation en termes généraux, a donc besoin d'être limitée. C'est aux tribunaux qu'il appartient de le faire ; et dans cette appréciation, ils devront ne point oublier, d'une part,

---

(1) V. Pothier, Louage n° 205.
Troplong , n°s 677, 678.

que la clause accessoire d'un contrat, ne doit
jamais aboutir à la destruction de ce contrat, ni
même détourner trop sensiblement du but principal qu'on s'y propose; d'autre part, qu'un
malheureux colon qui doit s'assurer du travail à
tout prix, n'accepte que comme contraint, des
conditions onéreuses à l'excès, dont il ne connait pas toujours la portée.

144. En ce qui concerne les héritages ruraux,
les règles relatives aux réparations ne peuvent
guère s'appliquer qu'aux haies et aux fossés : les
haies sont de deux sortes; celles qui sont enra-
cinées dans le sol et qu'on nomme haies vives,
et les haies sèches ou mortes, faites de brancha-
ges, et renouvelées périodiquement. L'entretien
des premières consiste à les retailler, dans les
saisons et à des périodes déterminées par l'usage.
La retaille est employée sur la haie même, à défendre les jeunes pousses de la dent des bestiaux;
ce qui reste après cet emploi est abandonné au
métayer qui peut l'utiliser pour son chauffage. (1) Dans les pays où le bois est rare, les
colons font souvent abus de ce droit; pour faire

---

(1) Le métayer ne peut couper aucun arbre, il a seulement le droit
de se servir du bois mort et mort bois pour son chauffage, et d'employer à la clôture des héritages, les branches d'arbres qu'on a coutume
de couper pour cet objet, c'est-à dire la retaille. —Salviat. loc. cit.

meilleure leur part, ils épargnent sur celle de la haie retaillée qu'ils garnissent mal. Aussi, voit-on peu à peu les haies se dégrader, dépérir et disparaître. A moins que cette dégradation n'ait une autre cause apparente et reconnue, comme la vétusté, l'appauvrissement du sol, ou autre, elle doit être présumée provenir de la faute du colon. Il est donc important de constater par procès-verbal à son entrée, l'état des clôtures des champs, de manière à le rendre responsable de leur perte totale ou partielle. Il faut remarquer toutefois, que cette responsabilité incombe au métayer, non comme charge d'entretien, mais comme réparation de faute, et n'en pas conclure que le propriétaire est tenu à l'entrée de délivrer ces haies en bon état; le métayer les prend dans l'état où elles se trouvent; mais il n'est point tenu de les rendre meilleures; et comme il est tenu les accepter sans égard aux dégradations, à sa sortie il n'est point, comme le fermier, réputé les avoir reçues en bon état; sa dette en cela ne peut résulter que d'un état de lieux.

145. Les haies sèches qu'on est dans l'habitude d'entretenir autour de certains champs pour la conservation des récoltes qui s'y trouvent implantées, sont faites par le métayer; mais le

bois est fourni par le propriétaire. On consacre
ordinairement à cet emploi l'ébranchage périodique de certains arbres que l'on nomme en
quelques pays *étranches* ou *écornés*. Ce qui sur-
abonde après la confection des haies, comme le
vieux bois de celles qui sont inutiles ou hors de
service, appartient au métayer pour son chauffage.

146. Les fossés sont aussi de deux sortes :
L'entretien des uns peut être considéré comme
travail de culture, parce qu'il profite immédiatement à la récolte que le métayer ensemence et
qu'il doit cueillir. Tels sont les fossés pratiqués
autour des champs pour recevoir l'eau des sillons (1), les rigoles et saignées destinées à diviser l'eau dans les prés, ou à recueillir pour leur
irrigation les égouts des terres : leur entretien
est à la charge du colon, parce que leur utilité
profite directement et immédiatement aux récoltes qu'il perçoit. Mais pour ceux dont l'utilité
est perpétuelle, dont l'établissement a pour objet l'amélioration foncière et permanente du sol,
on doit les considérer comme une partie inté-

_____

(1) Sed et fossas, agrorum siccandorum causâ factas, Mucius ait
fundi colendi causâ fieri.—L. I § 7, ff de aquâ et aquæ pluv. arcendæ.

9

grante de la chose soumise au colonage ; ils servent à l'exploitation du domaine au même titre que les bâtiments, les rateliers, les vaisseaux vinaires ; leur entretien est donc en entier à la charge du maître. Dans cette classe, il faut ranger les grands fossés ou canaux d'assainissement, les lits des ruisseaux ou rivières qui traversent les héritages ; le bief principal de dérivation qui conduit les eaux d'une rivière dans une prairie, à partir du lit de la rivière , jusqu'au point où les eaux sont divisées pour l'arrosement et autres semblables. Lorsque leur curage devient nécessaire , le colon peut exiger du maître qu'il en fasse la dépense. (1)

147. De ce que le maître doit la jouissance de son fond de la même manière que la doit un bailleur , il résulte que l'article 1721 est applicable au bail à métairie ; mais il est difficile de prévoir les cas où cette application pourra avoir

---

(1) « La loi n'ayant pas désigné les réparations de *menu entretien*
« à la charge du preneur, notamment quand il s'agit de canaux, a
« laissé aux tribunaux le pouvoir de les déterminer , d'après leur na-
« ture , l'usage ou les stipulations du bail. La décision des juges à cet
« égard ne peut donner ouverture à cassation. (Code civil 1720 et
« 1754). » Sommaire d'un arrêt rendu par la chambre des requêtes, le
« 24 novembre 1832. — Devill. 33. 2. 723.

lieu, si ce n'est à l'occasion du cheptel ; et les courtes observations qu'exige cet article, seront mieux placées, lorsque nous nous occuperons de cette partie du bail. (1)

Art. 1723. « Le bailleur ne peut, pendant la durée du bail , chan-
« ger la forme de la chose louée.

Le bail à métairie n'exclut point cette règle ; cependant il ne l'adopte non plus qu'avec certains tempéraments. Dans le bail à ferme , nous l'avons déjà fait remarquer , le propriétaire abdique en entier le gouvernement de sa chose ; dans le bail à métairie il garde en main les rênes. Cette dissemblance ne peut rester sans influence sur l'application de l'article 1723. S'il faut accorder au colon une équitable protection contre les rigueurs du maître., il faut aussi prémunir celui-ci contre l'ignorance et le mauvais vouloir du premier. C'est en maintenant entre eux ce juste équilibre, qu'on peut procurer au contrat un développement avantageux, utile aux parties, et profitable aussi au point de vue de l'intérêt général.

(1) Art. 1721 Code civ. « Il est dû garantie au preneur pour tous les vices ou défauts de la chose louée qui en empêchent l'usage, quand même le bailleur ne les aurait pas connus lors du bail.

S'il résulte de ces vices ou défauts quelque perte pour le preneur , le bailleur est tenu de l'indemniser »

148. Il est bien évident que dans le bail à métairie, le propriétaire se réserve sur la chose, considérablement plus de droits que dans le bail à ferme ; dans le dernier, il se propose d'obtenir un revenu toujours égal, toujours assuré; la convention de laisser la chose *in statu quo*, s'accorde parfaitement avec l'immobilité du prix. Il en est tout autrement dans le bail à colonage ; le propriétaire y court les chances de la fortune, avec l'espoir de la maîtriser par les efforts de son industrie ; il n'abdique point en faveur du colon ; il l'associe à sa jouissance de a propriété en échange de son travail, mais en se réservant de le guider. L'association a pour but le développement d'une industrie, c'est-à-dire le progrès, et la direction appartient au propriétaire. Si donc une modification dans l'état des choses lui parait susceptible d'augmenter les profits de la société, il serait absurde d'accorder au colon le droit de l'empêcher ; son opposition serait contraire à son propre intérêt, purement malicieuse, et la justice ne pourrait l'approuver.

Je vais plus loin. Le bail à métairie ne doit pas même être un obstacle absolu aux changements que le propriétaire se proposerait d'in-

troduire , dans un but d'amélioration dont les
avantages ne pourraient être cependant recueillis
que dans un avenir encore éloigné , et postérieur à l'expiration du bail. Voyons d'abord ce
qu'enseigne Pothier sur ce sujet en matière de
bail à ferme (1).

« Le locateur d'une métairie apporterait un
« trouble à la jouissance de son fermier , s'il
« voula changer la forme d'une *partie consi-*
« *dérable* des terres de ladite métairie , comme
« s'il voulait convertir une pièce de terre la-
« bourable en prairie, ou la faire planter en
« bois. Le fermier est en droit de s'opposer à ce
« changement , quelque dédommagement que
« lui offre le locateur ; car le locateur , par le
« bail qu'il a fait de sa métairie , a contracté
« envers son fermier l'obligation de le *laisser*
« *jouir* des terres de sa métairie, en la nature
« qu'elles étaient lors du bail , pendant tout le
« temps qu'il doit durer; il ne peut donc pas ,
« sans contrevenir à cette obligation, en chan-
« ger la nature. »

« Mais si ce changement de forme n'était que
« sur une partie peu considérable , et que le

(1) *Louage* n° 75.

« propriétaire eût intérêt de le faire, il le pour-
« rait faire en indemnisant le fermier. Par
« exemple , si, sur une grande quantité de
« terres dont est composé l'héritage que j'ai
« donné à ferme, j'en veux détacher quelques
« arpents pour agrandir mon parc, et les planter
« en bois , le fermier à qui j'offre une indem-
« nité en diminution sur sa ferme, ne peut s'y
« opposer.

« A plus forte raison , si ce que le locateur
« veut faire sur les terres de la métairie qu'il a
« donnée à ferme , est quelque chose qui ne
« diminue pas la jouissance que le fermier doit
« avoir desdites terres , ou si la diminution
« qu'elle y causera est quelque chose d'infini-
« ment petit, ce fermier ne peut pas s'y oppo-
« ser , ni même en ce cas prétendre d'indem-
« nité, puisqu'il ne souffre rien. Par exemple ,
« si vers la fin du temps d'un bail , le locateur
« veut planter des arbres sur une petite partie
« des terres de la métairie qu'il a donnée à
« ferme, pour faire une avenue à son château,
« le fermier ne doit pas être admis à s'y oppo-
« ser ; ces arbres ne pouvant pas , pendant le
« peu de temps qui reste à courir du bail ,
« pousser assez de racines , ni produire assez

« d'ombre pour diminuer d'une façon sensible
« la jouissance que le fermier doit avoir de ses
« terres. »

Cette doctrine de Pothier n'est point admise,
il est vrai, par les auteurs modernes, commentateurs du Code civil; il semble à M. Troplong,
« que Pothier va trop loin dans le tempérament
« qu'il apporte à la règle que le Code a puisée
« dans ses écrits ; cette doctrine, ajoute-t-il,
« n'est plus admissible sous le Code civil. Quel-
« que respectables que soient les droits du
« propriétaire, ceux du fermier méritent une
« égale protection. » — Selon M. Duvergier,
Pothier croyait seulement modifier les principes
du droit par les règles de l'équité, et il cédait à
l'empire des idées alors admises et des mœurs
de son temps. (ⅰ)

La règle de l'article 1723 est donc absolue,
du bailleur au preneur du bail à ferme ; mais
si l'on tient compte de la différence que nous

---

(1) M. Duvergier fait spirituellement remarquer que certainement
Pothier n'eût pas accordé au fermier le droit de diminuer le parc,
pour accroître la ferme, ni la faculté d'abattre un arbre dans l'avenue du château, quelque avantage qu'il dût trouver dans ces infrac-
tions à la convention, et alors même qu'aucun dommage appréciable
n'en fût résulté pour le bailleur.

V. aussi Duranton, t. 17, n° 66.

avons fait ressortir entre les éléments essentiels des deux contrats et de l'état même des mœurs qui se sont bien faiblemement modifiées depuis Pothier , dans les relations du maître au métayer , on doit reconnaître que la règle de ce jurisconsulte ne doit point être effacée, mais transportée seulement du bail à ferme au bail à métairie. Ici même, elle doit être élargie dans l'application , et l'on doit accorder au propriétaire le droit de faire les changements qui sont à sa convenance , pourvu qu'ils ne soient pas de nature à rendre nulle ou trop gênée l'action de colonage , soit en restreignant par trop l'exploitation, soit en la privant de moyens importants de la rendre avantageuse. Citons quelque exemples :

Voici un champ presqu'abandonné parce que les récoltes y réussissent mal ; qui fournit à peine au pacage des bestiaux une herbe rare et chétive ; on peut le distraire de la métairie sans diminuer le nombre des bestiaux qu'elle renferme. Ce même champ est propre cependant à la culture de la vigne. Il est vrai qu'elle ne deviendra productive qu'après l'expiration du bail , et que le métayer actuel n'aura rien à retirer de la plantation ; je n'en accorderai pas

moins au propriétaire le droit de la planter à
ses frais, pourvu qu'il offre au colon une indemnité convenable ; peut-être même j'exigerai
qu'en la donnant , il ouvre un peu la main.
J'admets qu'il peut encore distraire de la métairie l'emplacement d'une maison qu'il veut
construire, celui d'une cour, d'un jardin pota-
ger , mais je l'arrêterai s'il veut trop s'étendre,
se créer un parc ou des jardins d'agrément.

Le bail à métairie est essentiellement un
contrat de bonne foi, et une grande liberté
d'appréciation doit être laissée au juge , pour
réprimer les oppositions tracassières et mal-
veillantes , ou réprimer les exigences déraisonnables et les vexations injustes. (1) Il n'y a
d'ailleurs, contre cette faculté accordée au propriétaire , aucune objection à tirer du § 4 de
l'art. 1859 (2), soit parce que l'interdiction d'innover ne s'applique qu'aux immeubles dépendant de la société, soit parce que dans tous les
cas, cette interdiction n'étant point de l'essence
du contrat de société, doit céder devant ce

(1) V. Troplong, *Louage*, 244.

(2) 1859. 4° L'un des associés ne peut faire d'innovation sur les
immeubles dépendant de la société , même quand il les soutiendrait
avantageuses à cette société , si les autres associés n'y consentent.

principe qui est la base du bail à métairie, que
le maître ne contracte que pour ne point aliéner
en entier son droit de disposer de sa chose.

149. La disposition de l'art. 1765 (1) renvoie
aux règles exprimées au titre de la vente, pour
le cas où dans le bail on a donné aux fonds une
contenance moindre ou plus grande que celle
qu'ils ont réellement. Ces règles contenues aux
articles 1617, 1618, 1619 et 1620 ne peuvent
s'appliquer au bail à métairie, au moins en ce
que, selon les termes de ces articles, la difficulté se résout en une augmentation ou une
diminution du prix. Dans notre bail, il n'y a
pas de prix, et ceux qui croient y en trouver
un, seraient bien au dépourvu, s'il leur fallait
lui faire subir les modifications qu'indiquent ces
articles.

150. L'indication de la mesure est inusitée
dans les baux à métairie; la raison s'en trouve
dans la connaissance parfaite des héritages
qu'a presque toujours le colon, sinon sous le
rapport de leur contenance exacte, au moins

_____

(1) 1765.—Si dans un bail à ferme, on donne aux fonds une
contenance moindre ou plus grande que celles qu'ils ont réellement,
il n'y a lieu à augmentation ou diminution de prix pour le fermier,
que dans les cas et suivant les règles exprimées au titre de la vente.

sous celui du travail que leur culture exige, et
des produits qu'on peut en espérer. S'il arrivait
cependant que la contenance eût été déterminée,
et que le métayer, traitant sur la foi de cette
contenance mensongèrement indiquée, eût été
trompé, et lésé, dans ce cas, très-improbable,
la résiliation pourrait être prononcée, mais non
par application de l'art. 1765. La raison de décider se trouverait dans cette règle proposée
par Voët, pour une espèce analogue. *Quod si
ex adverso, non ad quantitatem, sed ad corpus
res fuerit divendita, inventus major minor ve rei
modus nequaquàm minuet augebit ve pretium,
nisi concurrat insuper dolus venditoris, consultò
mentientis.* (1) Il faut donc, pour que la résiliation ait lieu, que le maître ait voulu tromper;
que le métayer ait été trompé; qu'il ait été
lésé.

151. Nous avons parcouru la série des obligations qui dérivent pour le maître de celle de
procurer à la société la jouissance de ses héritages; et conduits par l'analogie, nous en avons
souvent puisé les règles dans celles que le Code

(1) Voët *ad Pandectas Cont. Empt.*, n° 7. Voyez aussi M. Duvergier, *louage*, t. 4, n° 137. M. Troplong, *Vente*, n° 338. Appli-
quez aussi l'art. 1116, Code civil.

civil a tracées pour le bail à ferme ; le contrat
de louage nous fournit encore quelques indica-
tions propres à déterminer les devoirs du colon
pour ce qui se rapporte à l'apport de sa mise ;
mais à quelques exceptions près, l'analogie se
présentera sous un autre point de vue. Ce
n'est plus avec le louage des choses, mais avec
le louage d'ouvrage et d'industrie que s'établira
cette analogie. (1)

152. Le colon doit à la société son travail et
son industrie, comme dans le louage d'ouvrage,
l'ouvrier qui est le véritable locateur , le doit à
celui qui l'emploie ; voyons comment se développe cette obligation.

Ce n'est pas pour son avantage particulier
seulement, mais bien plus encore dans l'intérêt
du meilleur emploi de son travail et de son industrie au profit de la société, qu'une partie des
bâtiments compris dans le bail se trouve ordinairement consacrée à son habitation ; ce n'est
point seulement une faculté pour lui, mais bien

_____

(1) Le louage d'industrie présente des analogies délicates avec le
contrat de société. Dans le louage d'industrie, le travailleur veut se procurer le prix de ses soins. Dans la société , où l'un des associés apporte son industrie , celui-ci entend aussi obtenir la récompense de
son travail.—M. Troplong. Société, n° 45.

une obligation d'y fixer sa demeure. Enfin , par
voie de conséquence encore , il faut lui reconnaître le droit de se servir des bestiaux qui
dépendent de la métairie pour opérer le transport de son mobilier et de ses instruments aratoires; cette faculté ne peut néanmoins s'étendre
au-delà d'un certain rayon ; et la distance doit
être telle que l'allée et la venue puissent avoir
lieu dans une même journée. (1)

153. Après cette obligation , vient celle
d'exécuter les travaux qu'exige l'exploitation des
héritages, et qui varient selon leur nature. S'agit-il
d'un terrain cultivé pour le jardinage , comme
cela se voit quelquefois auprès des villes ? le
colon partiaire doit semer et planter les légumes
dans les saisons convenables , sur un terrain
bien préparé , les arroser en temps utile , les
cueillir à leur maturité; l'horticulture a ses lois,
il doit les observer. S'agit-il d'une vigne? L'usage
détermine les façons à donner suivant les conditions du sol (2) ; il doit la garnir d'échalas ,
faire la vendange; au reste, je n'ai point dessein

(1) Voyez infrà, ch. 4, n°

(2) Il doit faire chacune besogne du ménage rustique en son temps.
Coquille s. la C. de Niv. Ch. 21, art. 4.

de suivre le bail à portion de fruits dans chacune des applications qu'il peut ainsi recevoir; c'est lorsqu'il embrasse une métairie en entier, que son extension est la plus large, parce qu'il comprend des héritages plus variés ; c'est sous cette forme que nous suivrons de préférence son développement.

154. L'article 1766 du Code civil impose à celui qui prend à ferme des héritages, certaines obligations qui peuvent aussi convenir au colon partiaire.

1766.—Si le preneur d'un héritage rural ne le garnit pas des bestiaux et des ustensiles nécessaires à son exploitation, s'il abandonne la culture, s'il ne cultive pas en bon père de famille, s'il emploie la chose louée à un autre usage que celui auquel elle a été destinée, ou en général, s'il n'exécute pas les clauses du bail et qu'il en résulte un dommage pour le bailleur, celui-ci peut, suivant les circonstances, faire résilier le bail.

En cas de résiliation provenant du fait du preneur, celui-ci est tenu des dommages et intérêts, ainsi qu'il est dit en l'article 1764.

155. La première disposition de cet article ne convient pas au bail à métairie ; ce ne serait que par exception, que le colon partiaire fournirait les bestiaux ; on en trouve de nombreux exemples dans certaines contrées, le département de la Haute-Loire par exemple; mais cette modification au pur contrat de bail à métairie, est un degré de transition vers le franc fermage;

dans notre bail, au contraire, les bestiaux appartiennent au maître qui les remet au métayer; de cette remise naît un contrat accessoire au bail à métairie, dont l'importance exige un examen spécial auquel nous arriverons plus tard. (1)

Dans quelques contrées, le colon ne fournit pas même les instruments aratoires (2); ils appartiennent au maître qui les attache à la métairie comme le cheptel de bestiaux; ils deviennent alors immeubles par destination. (3) C'est ainsi au reste, qu'il a dû en être partout dans les premiers temps; de quelque mince valeur et quelque défectueux que soient les instruments aratoires qui appartiennent au colon, ils forment un capital qu'il a fallu économiser, ce que n'avait pu faire le colon primitif. Les pays où cet usage est en vigueur, doivent être ceux où le colonage est le moins avancé, il suppose chez le colon la détresse la plus extrême, car le premier emploi que fait l'ouvrier des sommes qui lui appartiennent, c'est l'achat des outils de son métier. (4) Une amélioration qui se fait jour en

(1) Chapitre 5.

(2) Caussade. Usages locaux dans le département du Tarn.

(3) Art. 524. C. civ.

(4) « Les instruments aratoires et les bêtes de service deviennent

ce moment produit un effet analogue. Dans les départements du Centre , les instruments aratoires appartiennent depuis longtemps aux colons ; mais en vérité , ils valent si peu d'argent qu'il ne faut pas les croire pour cela bien supérieurs en aisance à leurs devanciers ; rien de plus misérable et de plus impuissant que ces instruments de bois à peine dégrossi , et dans lesquels le fer est épargné comme ailleurs les métaux précieux. Des propriétaires cependant , des fermiers même , qui comprennent l'avantage des instruments perfectionnés , exigent de leurs colons l'emploi des charrues et des herses nouvelles ; mais comme le prix en est un peu élevé , ils sont obligés d'en faire l'avance ; le métayer est seulement chargé de l'entretien.

156. Les autres dispositions de l'article 1766 peuvent sans inconvénient être introduites dans le bail à métairie ; seulement, pour les appliquer au

---

« d'abord la propriété des colons ; le bétail et les moutons restaient
« plus longtemps en cheptel ; tel était l'état des choses , en 1790,
« dans le district de Châtelraut , et il est encore des parties de la
« France où le progrès n'est pas allé aussi loin (Voir la description
« topographique du district de Châtelraut , par Creuzi-de-la-Touche
« p. 39).—M. Passy, Compte-rendu de l'Académie des sciences mo-
« rales et politiques, t. 6, p. 201.

colon, il faut se placer à un autre point de vue ;
c'est, dans un but de conservation seulement, que
la loi impose au fermier ces obligations, et l'on
peut, on doit même tolérer qu'il les néglige
lorsqu'il peut le faire sans porter préjudice au
fonds ; si les revenus en sont amoindris, il en
souffre seul. Il en est autrement du colon ; il ne
suffit pas qu'il conserve le fonds ; son travail
doit en activer la fécondité; son inertie, son défaut de vigilance , alors même qu'ils ne nuisent
pas au maître dans sa propriété, lui préjudicient
dans sa jouissance; la disposition doit donc être
entendue très-rigoureusement contre le colon :
de sa part, abandonner la culture, c'est refuser
son apport ; jouir en bon père de famille, ce
n'est pas seulement éviter la perte, c'est faire
profit. Quant à l'emploi de la chose soumise au
bail, nous dirons plus loin comment il doit
être administré. (1)

157. Revenons à l'abandon de la culture. Il
peut être total ou partiel : total si le colon déserte
entièrement la métairie et refuse complètement
de cultiver ; partiel, s'il néglige seulement certaines cultures particulières ou quelques travaux
des champs; car, sous l'expression *culture*, il ne

(1) Chap. 4.

faut pas comprendre exclusivement la culture proprement dite, mais toutes les opérations dont le colon est chargé. Au surplus, que l'abandon soit total ou partiel, le propriétaire doit obtenir la résiliation du bail, à moins qu'il ne se plaigne d'une négligence très-légère qui dénote plutôt une omission involontaire qu'un fait d'impuissance ou un acte de mauvais vouloir ; dans cette occasion, comme toujours, la justice ne doit admettre que des griefs sérieux. Cependant le maître n'est pas obligé de recourir à cette extrémité; l'obligation du colon est une obligation de faire, et le Code civil lui ouvre en cas d'inexécution, une voie qu'il peut suivre, s'il le préfère.

1142. Toute obligation de faire ou de ne pas faire se résout en dommages-intérêts, en cas d'inexécution de la part du débiteur.

1144. Le créancier peut aussi, en cas d'inexécution, être autorisé à faire exécuter lui même l'obligation aux dépens du débiteur.

Toutefois, il ne peut user de la faveur de ces articles, qu'après avoir mis le colon en demeure et s'être fait autoriser en justice, soit par une décision définitive du tribunal, soit provisoirement en référé (1), si la nature des travaux exige célérité; comme s'il s'agit de faucher les foins,

(1) V. Coquille. S. Nivernais. Ch. 21, art. 9.

de moissonner la récolte, de faire les semailles ,
ou de cueillir la vendange.

158. L'obligation de cultiver en bon père de
famille , envisagée sous le rapport de la théorie
des fautes , est un terrain brûlant pour la discussion ; commencée par les jurisconsultes romains , cette controverse n'a rien perdu de sa
vivacité. Nous éviterons d'entrer dans ce débat;
ce n'est pas qu'à l'exemple de praticiens trop ex-
clusifs, nous la tenions pour purement subtile et
inutile aux affaires ; dans l'enseignement des
maîtres, elle sert à fixer dans les esprits ces
idées générales qui ne donnent pas le dernier
mot d'un débat particulier , mais le font découvrir. Sans doute, lorsqu'on a admis que tel
ou tel contrat impose la responsabilité de la
faute lourde, même de la faute légère , et va
jusqu'à celle de la faute très-légère , il reste encore à déterminer la limite entre ces différents
degrés; néanmoins je prétends qu'un esprit
pénétré de ces doctrines générales , que quelques-uns dédaignent, se décide plus vite et plus
justement dans les cas particuliers. Je n'exclue
donc pas cette théorie de la prestation des
fautes ; je renvoie pour l'étudier aux grands
traités des maîtres de la science (1) et aux

(1) V. Pothier, Merlin, Toullier, Duvergier, Duranton, Troplong.

sources où ils ont eux-mêmes puisé, me bornant
sur ce point à quelques observations spéciales à
notre sujet.

159. Les fautes du métayer peuvent être
considérées sous trois points de vue différents ;
elles peuvent avoir pour résultat : 1° la détério-
ration du fonds qui préjudicie au maître sans
nuire à l'intérêt commun; 2° un dommage causé
aux biens qui appartiennent à la société; 3° enfin la privation d'un profit commun.

160. La première disposition de l'article 1851
se rattache au premier cas.

1851. Si les choses dont la jouissance seulement a été mise dans
la société, sont des corps certains et déterminés, qui ne se consomment
pas par l'usage, elles sont aux risques de l'associé propriétaire.

Cet article ne fait qu'appliquer la règle générale que la chose périt pour le propriétaire ;
ainsi la chûte d'un bâtiment, l'incendie par le
feu du ciel, l'entraînement des terres par l'inondation et autres faits semblables, ne donnent
lieu à aucun recours du maître contre le métayer, cela est compris de tous. On suppose
que dans tous ces cas, la perte ou la détériora-
tion sont arrivées sans la faute du colon, car il
en serait autrement, si le maître pouvait les
imputer à son fait ou à sa négligence; le colon
serait alors responsable, dans de justes mesures

cependant. Il ne faut point oublier en effet,
pour apprécier le degré de sa faute, qu'il promet plutôt son travail que son intelligence, et
que c'est pour cela que dans l'administration
de la culture, il est le subordonné. Nul doute
d'abord qu'il ne soit responsable, toutes les fois
qu'on pourra le soupçonner d'avoir commis la
faute volontairement et dans le dessein de nuire,
ce qui n'arrive que trop fréquemment; les conséquences de sa faute tomberont encore à sa
charge, toutes les fois que mis en demeure de
faire un travail dont il est chargé, il aura refusé
ou omis d'obéir; ajoutons qu'il est toujours en
demeure pour les travaux ordinaires qu'indiquent un usage constant; enfin le défaut de
surveillance dans la garde des choses qui sont
spécialement confiées à ses soins, lui est toujours imputable. Sa responsabilité, au contraire,
cesserait d'être engagée, si la perte avait pour
seule cause son défaut d'habileté.

C'est ainsi que nous paraît devoir être appliquée au colon, la disposition de l'article 1137
du Code civil, dont la première disposition est
équitablement tempérée par la seconde qui indique suffisamment que, dans l'appréciation des
fautes, il faut toujours mettre la responsabilité
d'accord avec la position que le contrat départit

à celui qui la doit, et à l'habileté qu'il lui suppose.

Art. 1137. L'obligation de veiller à la conservation de la chose , soit que la convention n'ait pour objet que l'utilité de l'une des parties, soit qu'elle ait pour objet leur utilité commune, soumet celui qui en est chargé, à y apporter tous les soins d'un bon père de famille.

Cette obligation est plus ou moins étendue relativement à certains contrats dont les effets , à cet égard , sont expliqués sous les titres qui les concernent.

161. Le titre du contrat de société au Code civil contient une disposition qui sert de complément à ce qui précède.

Art. 1850. Chaque associé est tenu envers la société des dommages qu'il lui a causés par sa faute , sans pouvoir compenser avec ces dommages les profits que son industrie lui aurait procurés dans d'autres affaires.

Si le métayer néglige de faire les rigoles nécessaires à l'irrigation des prés, de curer les fossés établis autour des champs ensemencés pour les assainir, de labourer les terres dans les saisons convenables ou accoutumées , et dans tous autres cas semblables , il encourra la responsabilité infligée par cet article.

162. On connait suffisamment la division des fautes admises par les jurisconsultes en fautes lourdes, légères et très-légères ; les deux premières sont considérées par le droit comme imputables à l'associé; c'est qu'en général, l'associé

appelé à concourir à l'administration de la société, est réputé se donner et être choisi, non
seulement comme vigilant, mais comme habile
dans les actes particuliers propres à cette société.
Il ne faut pas néanmoins considérer cette théorie
comme absolue; elle a sa racine dans le contrat
de société, et dans les qualités qu'il suppose
aux associés; elle doit donc se modifier selon les
nuances que chaque société comporte; or, par
la nature même du contrat, le métayer est
choisi bien moins comme habile que comme
laborieux.

163. L'art. 1733 du Code civil établit contre
le preneur une présomption légale de faute en
cas d'incendie.

1733. Il (le preneur) répond de l'incendie, à moins qu'il ne prouve
Que l'incendie est arrivé par cas fortuit ou force majeure, ou par
vice de construction,
Ou que le feu a été communiqué par une maison voisine.

L'arrêt de la Cour de Limoges dont nous
avons cité précédemment les motifs (1), absout
le colon de cette présomption de faute qui pèse
quelquefois si lourdement sur le locataire. Cet
arrêt, approuvé par M. Troplong, en ce qu'il

(1) Sup. n° 30, p. 28. Cette Cour a persisté dans sa jurisprudence par un second arrêt du 6 juillet 1840. — Devill. Vol 41,
2 167.

reconnait que le bail à métairie est un contrat de
société, est sévèrement critiqué par le même auteur, en ce qu'il décide que l'art. 1733 n'est
point applicable au colon partiaire, *qui habite
dans la métairie le logement qui lui est réservé,
et y communique un incendie.*

Pour apprécier sainement cette critique, il
importe de rappeler les dissentiments qui se
sont manifestés entre les auteurs et dans la jurisprudence sur la portée de l'art. 1733. Cet
article n'est-il que la consécration en matière
de louage de cette règle établie par les articles
1302 et 1315, que le débiteur d'une chose, qui
se prétend libéré par sa perte, doit prouver le
fait qui a donné lieu à l'extinction de son obligation Faut-il admettre que la présomption
de l'art. 1733 s'attache invariablement au seul
fait de l'habitation? ou faut-il dire, au contraire,
que l'art. 1733 est une exception au droit commun, spéciale au contrat de louage et qu'on ne
peut étendre aux espèces qui n'appartiennent
pas à ce contrat ?

« L'art. 1733, dit M. Troplong (1), est le
« reflet d'un principe général, en tant qu'il
« s'agit d'un débiteur qui veut se décharger,

(1) *Louage* n° 366. V. aussi n° 373, etc. *Société* n° 584 et suiv.

« par une exception de cas fortuit, de l'obliga-
« tion de rendre la chose dans l'état où il l'avait
« reçue.... Imbus de ces principes, que dirons-
« nous d'un arrêt de la Cour royale de Limoges,
« du 21 février 1839, qui décide que l'article
« 1733 n'est pas applicable au colon partiaire
« qui habite dans la métairie le logement qui
« lui est réservé, et y communique un incendie?
« Nous paierons-nous de cette double raison,
« savoir : 1° que l'art. 1733 n'est qu'une ex-
« ception ; 2° que le colon partiaire n'est pas
« un fermier, un locataire, mais un associé?
« Nous répondrons : le premier motif indique
« les idées les plus fausses sur le sens de
« l'art. 1733, et le second est irrélevant et sté-
« rile. Qu'importe que le colon partiaire soit
« plutôt un associé qu'un locataire? N'est-il
« pas débiteur de la chose? ne doit-il pas la
« conserver en bon père de famille? ne doit-il
« pas la rendre dans l'état où elle lui a été re-
« mise? Et dès-lors, n'est-ce pas fausser tous
« les principes en matière de contrat, que de
« le décharger de son obligation sans qu'il
« prouve la force majeure qui le dispense de
« l'accomplir.

Dans un arrêt du 15 mai 1837, conforme à
cette doctrine, la Cour royale de Toulouse a

fait peser sur un usufruitier la responsabilité de
l'art. 1733 (1).

La même charge de responsabilité se trouve
appliquée par la cour de Riom à un détenteur
par contrat pignoratif, dans un arrêt du 10 mars
1836, dont toutefois le motif semble rattacher
cette responsabilité plus spécialement au fait de

(1) « Attendu qu'en matière de responsabilité civile, et pour faire une
juste application des art. 1302, 1383, 1732, 1733, Code civ., com-
binés ensemble et sainement appréciés, il faut distinguer le cas où le
défendeur à l'action en dommages ou en indemnité était obligé par la
convention ou par la loi, à faire au demandeur la remise de la chose
périe, du cas où le défendeur n'était assujéti à cette obligation, puisqu'à l'aide de cette distinction, on parvient aisément à déterminer
quel est celui du demandeur ou du défendeur auquel incombe la nécessité de prouver la nature de l'accident qui a causé la perte de la
chose...

Attendu qu'il résulte des art. 1302 et 1315, deux points de doctrine
bien positivement consacrés par la loi, savoir : d'une part, que lorsque le demandeur agit en vertu d'une obligation, il lui suffit de justifier de la préexistence de cette obligation ; et d'autre part, que le
défendeur doit être condamné à l'exécuter, à moins qu'il ne prouve
qu'elle a été éteinte par un cas fortuit, et cette preuve lui a été imposée par cette raison qu'il devient à son tour demandeur dans son
exception, d'après ce principe de droit que *in exceptionibus reus fit*
actor.

Attendu que le même principe a dirigé le législateur dans les
articles 1732 et 1733 etc. *Titre du Contrat de Louage*..... Devill.
37, 2, 357. — V. aussi un arrêt de la Cour de Metz et celui de
rejet de la Cour de Cass., *mon recueil*, nouv. éd.

l'habitation , qu'aux dispositions des articles
1302 et 1315 du Code civil. (1)

Il faut remarquer que nul détenteur de la
chose d'autrui n'échappe à la responsabilité fondée sur les dispositions de ces derniers articles;
elle va saisir l'usufruitier, le vendeur qui ne
s'est pas encore dessaisi de la chose vendue,
l'antichrésiste, le dépositaire, le créancier, etc.
— Car tous sont autant que le locataire débiteurs de la chose qu'ils détiennent. D'où vient
donc que cette condition se trouve spécialement
imposée au locataire, et ne se rencontre pas au
nombre des dispositions de loi spéciales à chacun des contrats qu'elle peut affecter, si ce n'est
dans l'article 1784 qui la reproduit contre le voiturier? (2) La réponse à cette objection, se trouve
dans l'arrêt cité de la cour royale de Toulouse :
le législateur aurait pu sans doute se dispenser

(1) « Attendu que d'après l'article 1733 du Code civil, *celui qui*
« *habite* répond de l'incendie s'il ne prouve pas qu'il a été la suite
« d'un cas fortuit ou de force majeure , ou d'un vice de construction,
« quia plerumque incendia culpæ fiunt inhabitantium , et qu'il n'est
« pas même allégué par les héritiers G.... que telle ait été la cause
« de l'incendie qui a dévoré les bâtiments dont il s'agit. »

(2) 1784. Code civil. — Les voituriers par terre ou par eau sont
responsables de la perte et des avaries des choses qui leur sont confiées,
à moins qu'ils ne prouvent qu'elles ont été perdues ou avariées par cas
fortuit.

de rappeler dans les articles 1732 et 1733 l'exécution des articles 1302 et 1315, puisqu'en cette
matière le preneur est soumis envers le bailleur
à l'obligation de rendre les objets loués, à l'expiration du bail, et que dès lors, il aurait suffi
des dispositions de ces articles, pour le soumettre à la preuve de l'existence de cas fortuits qui en
auraient opéré la perte ; mais, comme nous l'ap-
prennent les orateurs du gouvernement, les articles 1732 et 1733 ne furent insérés dans le contrat de louage que pour faire cesser la divergence
d'opinions qui existait à cet égard dans l'ancienne
jurisprudence. Il est même remarquable, quoi
qu'en aient dit certains commentateurs, et notamment les énonciations insérées dans quelques
arrêts, que les articles 1732 et 1733 n'établis
sent *qu'une simple présomption* contre le preneur,
et non une présomption légale, puisqu'il est admis
par ces mêmes articles à faire la preuve contraire.
Ce qui prouve d'autant plus qu'en matière de
louage, le législateur n'a entendu innover en
rien, mais seulement ramener aux principes
qu'il avait déjà posés d'une manière si explicite
dans les articles 1302 et 1315.

164. La disposition de l'article 1733 n'est
point envisagée au même point de vue par

M. Duvergier. « Quelque sage , dit ce dernier ,
« que soit la disposition , il est certain qu'elle
« crée une règle rigoureuse , qu'elle établit une
« exception , et qu'ainsi elle ne doit être étendue
« sous aucun prétexte. *Odia sunt restringen-*
« *da.* » La responsabilité du locataire ne serait donc pas un *reflet* du principe général , mais
un accroissement de rigueur spécial et tout exceptionnel. Ce sentiment était celui de Proudhon ,
qui contrairement à l'opinion manifestée dans
l'arrêt de la cour royale de Toulouse, voyait
dans la présomption de faute imputée au locataire,
une *présomption légale.* (1) Or , l'article 1350 définissant ainsi cette espèce de présomption , que
la cour de Colmar qualifiait d'exorbitante du
droit commun : « Celle qui est attachée par une
loi *spéciale* à *certains* actes ou à *certains* faits, »
il est bien certain qu'on ne peut l'étendre au-
delà des *actes* et des *faits* déterminés.

Si l'on interroge le droit romain , on trouve
que l'origine de cette condition du locataire,
n'est que le résultat d'une présomption sur la
foi de laquelle le magistrat pouvait infliger une
peine corporelle à ceux qui avaient négligem-
ment allumé du feu, parce que les incendies ar-

(1) *Traité du droit d'usufruit.* t. IV. n° 1565.

rivent le plus souvent par le fait de ceux qui
habitent les édifices. (1) C'est cette présomption
établie sur la loi romaine au profit de la police
urbaine, que l'article 1733 aurait convertie en
une présomption légale, à l'avantage du bailleur
contre le preneur, et que l'arrêt de la cour de
Riom étendrait à tous ceux qui *habitent* un édifice.

165. Pour approuver l'opinion de MM. Duvergier et Proudhon, il faudrait découvrir en
quoi la disposition de l'art. 1733 excède la rigueur des articles 1302 et 1315; car dans cet excès
seulement se trouvera l'innovation, et par conséquent, l'exception. Si, au contraire, on ne
découvre rien en quoi le locataire soit plus
obligé que tout autre détenteur, débiteur de la
chose, il faudra bien reconnaître que l'art. 1733
est surabondant peut-être, en ce qui concerne
le locataire, mais qu'il ne peut empêcher l'application des dispositions communes à toutes
les obligations, aux différents contrats qui
peuvent les contenir. Voici peut-être ce qu'on
pourrait dire à ce sujet : Les art. 1302 et 1315
ne sont point aussi rigoureux qu'on le suppose;

_____

(1) Et quia plerumque incendia culpâ fiunt inhabitantium, aut
fustibus castigat præfectus vigilum eos qui negligentiùs ignem ha-
buerunt; aut severâ interlocutione cominatus fustium castigationem
remittit. — L. 21. ff. de periculo.

le débiteur qui prétend être libéré par la perte
de la chose , est tenu sans doute de prouver le
cas fortuit qu'il allègue (1); mais son obligation
ne va pas au-delà de la preuve du simple fait,
et la preuve que ce fait a eu lieu par sa faute
reste à la charge du créancier, tandis qu'elle
retombe fatalement sur le locataire qu'elle condamne jusqu'à ce qu'il s'en soit lavé par une
preuve contraire. C'est une règle de droit commun, que celui à qui on impute une faute n'a
point à prouver qu'il ne l'a pas commise , que
cette preuve incombe au contraire à celui qui
s'en prévaut. Tant que la faute n'est pas prouvée , l'accident n'est appréciable que par ses
effets et non pour sa cause qui reste inconnue.
Tout ce qu'on sait alors d'un incendie , c'est
que les efforts humains n'ont pu l'arrêter ; on
ne sait point encore s'ils eussent pu le prévenir.
Selon M. Merlin (2), on donne le nom de « cas
« fortuit à des événements occasionnés par
« une force majeure qu'on ne peut pas prévoir
« et à laquelle on ne peut pas résister. Tels
« sont les débordements , les naufrages, le
« tonnerre, etc.»

(1) V. Toullier, t. 7, p, 551, n° 474.

(2) Rep. V. Cas fortuit.

En ce sens, l'incendie serait *en soi-même* un cas fortuit, abstraction faite de la cause, car il apparaît de prime-abord comme un évènement résultant d'une force qu'on n'a pu maîtriser, celle du feu. Les articles 1807 et 1808 seraient en ce sens le commentaire exact des art. 1302 et 1315 (1). L'expression *cas fortuit* n'implique donc pas nécessairement l'idée de l'absence de faute ; et dès-lors, le débiteur ordinaire d'une chose serait suffisamment libéré, en prouvant qu'elle a été incendiée ; l'obligation du locataire serait aggravée en ce qu'il serait tenu de prouver qu'il n'y a point de sa faute dans le fait de l'incendie.

166. Cette explication n'est pas satisfaisante ; il me semble qu'en considérant l'incendie comme constituant *en soi* le cas fortuit, on confond la cause et l'effet. L'incendie, c'est-à-dire l'embrâsement de l'édifice, n'est que le résultat du cas fortuit, qui ne peut être que le fait occasionnel de l'embrâsement. Ainsi, dans l'incendie

(1) « Le cheptelier n'est tenu du cas fortuit que lorsqu'il a été pré-
» cédé de quelque faute de sa part sans laquelle la perte ne serait pas
« arrivée.... En cas de contestation, le preneur est tenu de prouver
« le cas fortuit, et le bailleur est tenu de prouver la faute qu'il im-
« pute au preneur. »

par le feu du ciel, le cas fortuit, c'est la chûte de la foudre. La définition fournie par Merlin indique même suffisamment que les mots *cas fortuit*, renferment une idée complexe qui comprend à la fois l'évènement et sa cause au moins immédiate; et la disposition de l'art. 1302 confirmerait cette opinion, car pour avoir une idée juste du 3e §, qui oblige le débiteur à prouver le cas fortuit qu'il allègue, il faut remonter aux termes du § 1er, qui veut, pour que l'obligation soit éteinte, que la chose due ait péri ou qu'elle ait été perdue *sans la faute du débiteur*.

Quant aux art. 1807 et 1808, ils forment une exception dont ne peuvent se prévaloir les débiteurs ordinaires.

« L'article 1808 s'écarte en un point des « règles auxquelles le contrat de louage nous a « accoutumés jusqu'à présent, et que j'ai « prouvées être l'expression du droit commun. « En effet, supposez un de ces évènements de « force majeure qui n'excluent pas la faute; « par exemple, l'incendie, le vol; nous avons « vu constamment que le débiteur de la chose « n'est exonéré dans ce cas, que lorsqu'il purge « le sinistre de toute présomption de négli- « gence. Et cependant l'art. 1808 veut qu'il en

11

« soit autrement à l'égard du cheptelier. Il se
« contente de la preuve *du fait matériel*, et
« charge le bailleur de prouver le concours de
« la faute....... Le Code n'a pas cru pouvoir
« se détacher entièrement d'une certaine in-
« dulgence pour une classe d'individus en géné-
« ral pauvres et dignes d'intérêt. (1)

167. Cette considération de la pauvreté dispose à la même indulgence envers le métayer
pour le cas d'incendie ; et des raisons d'analogie
se joignent à ce motif de bienveillance pour lui
appliquer le principe des articles 1807 et 1808,
surtout s'il s'agit des bâtiments d'exploitation.
Ces bâtiments lui sont remis , non point comme
au fermier , pour en user dans son seul intérêt ,
mais comme le cheptel au cheptelier , pour
l'exploitation dans l'intérêt commun. On ne peut
nier qu'il existe entre le cheptel et le bâtiment dans
lequel on le *garde* et *on le soigne* , et dans lequel
on enserre les fourrages que sa nourriture exige ,
une parité de destination telle, qu'il semble difficile d'appliquer pour la perte de l'un une responsabilité plus étendue que pour la perte de
l'autre.

Cependant il est juste de reconnaître que

(1) Troplong. *Louage*, n° 1092.

l'exception favorable de l'art. 1808 est principalement fondée sur ce que la conservation du cheptel, intéressant puissamment le cheptelier, le bailleur a dans cet intérêt, une garantie que le propriétaire n'aurait point au même degré vis-à-vis du métayer pour la conservation des bâtiments. Si donc le métayer pouvait être considéré comme débiteur des bâtiments au même degré que le fermier, l'usufruitier devrait lui infliger la responsabilité rigoureuse des articles 1302 et 1315 ; mais ici encore quelques doutes s'élèvent, si l'on observe que les choses dont la métairie se compose, ne lui sont pas remises aux mêmes conditions, avec les mêmes charges et dans le même but. Le maître conserve dans l'administration une part qui n'est point réservée au bailleur dans le louage, ou au nu-propriétaire dans l'usufruit ; son autorité s'étend à tous les faits de la gestion, et l'incendie pourrait souvent résulter d'une disposition des lieux qu'il aurait lui-même ordonnée. Le maître, tout aussi bien que le colon, visite les bestiaux dans les étables, y fait pénétrer ses gens pour les soins à donner à l'engrangement des récoltes, à l'écossage des graines ; dans les bâtiments comme dans les autres parties de la métairie, il commande et le métayer obéit ; il serait peu équita-

ble de nier à cette position subalterne une influence sur la responsabilité. Nous avons saisi
un rapport d'analogie entre la condition du métayer et celle du serviteur ; enfin , les bâtiments
d'exploitation renferment les bestiaux et les
récoltes qui font sa richesse, et l'intérêt au moins
indirect qu'il porte à leur conservation, ne laisse
pas le maître sans garantie contre sa négligence.
Ces motifs me paraissent assez forts pour faire
accepter la parité de position du métayer, par
rapport aux bâtiments et par rapport au cheptel. Il reste seulement une distinction à faire.

168. Quoique les bâtiments destinés à l'habitation du colon lui soient abandonnés, moins dans
son intérêt personnel que dans l'intérêt commun,
à ce point qu'il est obligé d'habiter ; ce qui établit
entre lui et le locataire une différence profonde,
il est vrai cependant qu'il en tire un profit sin-
gulier. L'avantage de sa présence sur les lieux
pour la communauté , ne se produit pas dans
l'intérieur de son habitation ; il est tout entier
dans la facilité qu'il procure à son action et à sa
surveillance sur les autres héritages. Mais quand
il en franchit le seuil pour y rentrer , tous ses
actes ont pour but ses intérêts domestiques ;
c'est là qu'il s'isole de l'intérêt social , et dans
ses relations avec le bâtiment qu'il habite , sa

condition se rapproche davantage de celle du
locataire, dont on peut, sans être trop sévère, lui
imposer la responsabilité.

169. Le Code impose au fermier des biens
ruraux une autre charge qui ne me parait pas
non plus devoir atteindre le colon.

1768. Le preneur d'un bien rural est tenu, sous peine de tous dépens, dommages et intérêts, d'avertir le propriétaire des usurpations
qui peuvent être commises sur les fonds.

Cet avertissement doit être donné dans le même délai que celui qui
est réglé en cas d'assignation, suivant la distance des lieux.

« L'article 1768, dit M. Troplong, n'a pas
« seulement été fait pour le fermier pro-
« prement dit. Il s'applique aussi au colon
« partiaire ; et la raison, c'est que le Code
« s'est servi de cette expression : *Tout pre-*
« *neur de bien rural.* » On pourrait tirer de
ces expressions une conclusion contraire ; car
maintenant il nous est bien démontré que non
seulement le colon n'est point un preneur dans
le sens propre du mot, mais qu'il n'a même de
ressemblance qu'avec le locateur du louage
d'ouvrage et d'industrie (1) ; et d'ailleurs, n'a-

(1) Dans le louage d'industrie, c'est le travail de l'ouvrier qui est
l'objet du contrat ; c'est donc à l'ouvrier qu'appartient le titre de
locateur.

vons-nous pas remarqué déjà que le propriétaire ne perd point de vue sa chose; qu'il la
tient sous sa main, l'administre et la possède
directement? Si pour n'avoir point agi en temps
utile contre une usurpation, il en perd la possession, et par suite, la propriété, peut-il en
accuser l'incurie du colon plus que la sienne
propre? Et de quel droit se plaindrait-il de
n'avoir pas été averti d'un fait qui devait frap-
per sa vue plus encore que celle du colon,
puisqu'il y était plus intéressé?

La même responsabilité n'est point mise à la
charge du locataire de maison; sous aucun rapport donc l'équité ne permet d'introduire cette
règle de louage dans la société de colonage.

170. Les articles 1769 et 1770 ne peuvent
profiter au colon partiaire. Que leurs dispositions
aient pour base l'équité ou la nature du bail à
ferme, le métayer ne peut rien prétendre à l'indemnité qu'ils accordent au fermier, par la raison qu'il est en société et non en ferme. Il n'a
droit à aucune réparation, soit pour sa culture,
soit pour ses semences, quelque perte qui
puisse arriver par cas fortuit, parce que dans la
société qu'il a contractée avec le propriétaire,
il a tout hasardé, travail, semences et cultures.
Cette indemnité se résolvant d'ailleurs en une

diminution du prix, il ne saurait s'en prévaloir, lui qui ne paie pas de prix. (1)

1769. Si le bail est fait pour plusieurs années, et que, pendant la durée du bail, la totalité ou la moitié d'une récolte au moins soit enlevée par des cas fortuits, le fermier peut demander une remise du prix de sa location, à moins qu'il ne soit indemnisé par les récoltes précédentes.

S'il n'est pas indemnisé, l'estimation de la remise ne peut avoir lieu qu'à la fin du bail, auquel temps il se fait une compensation de toutes les années de jouissance.

Et cependant le juge peut provisoirement dispenser le preneur de payer une partie du prix, en raison de la perte soufferte.

(1) La rédaction de l'art. 1771 peut paraitre inutile et même défectueuse. Pourquoi, en effet, rattacher seulement à l'hypothèse de la perte de la récolte *séparée de la terre*, la disposition qui refuse une indemnité, lorsque le bail ne *donne au propriétaire qu'une quotité de la récolte en nature*, puisque le droit est le même dans le cas de perte de la récolte encore pendante par racine? Cette rédaction n'est-elle pas faite pour soulever le doute sur cette dernière proposition qui pourtant ne le supporte pas? Puis est-il convenable d'ajouter: *Auquel cas le propriétaire doit supporter sa part de perte, pourvu que le preneur ne fût pas en demeure de lui délivrer sa portion de récolte?* ce langage manque d'exactitude. Le colon n'a point à délivrer au maitre sa part; il moissonne, il engrange la récolte dans l'intérêt commun; s'il ne le fait pas en temps utile, après avoir été mis en demeure, sa faute le soumet à *des dommages-intérêts*, et ne le prive pas du droit d'obtenir une remise qu'il n'est jamais autorisé à demander. Il est évident qu'on arrive plus directement et plus nettement à la vérité, en considérant que le bail à métairie étant un contrat de société, *toute perte* est supportée en commun, sauf le recours contre l'associé par la faute duquel elle est arrivée (Art. 1850 et 1853).

1770. Si le bail n'est que d'une année, et que la perte soit de la totalité des fruits, ou au moins de la moitié, le preneur sera déchargé d'une partie proportionnelle du prix de la location.

Il ne pourra prétendre aucune remise, si la perte est moindre de moitié.

171. Le colon, avons-nous dit, apporte dans la société son travail et son industrie; le titre du contrat de société contient à ce sujet une disposition dont il importe d'apprécier l'influence.

1847. Les associés qui se sont soumis à apporter leur industrie à la société lui doivent compte de tous les gains qu'ils ont faits par l'espèce d'industrie qui est l'objet de cette société.

Les termes de cet article sont évidemment trop absolus pour la société particulière dont nous nous occupons; sans doute le colon d'un domaine sur lequel il doit habiter, est présumé, en général, engager tout son temps pour son exploitation; cependant il ne peut être réputé l'engager au-delà de ce qui est nécessaire à une bonne exploitation; et si, pour occuper l'excédant des forces de sa famille, il prenait à cultiver un héritage en-dehors de la métairie, les produits lui en appartiendraient en entier, sauf les dommages-intérêts auxquels aurait droit le propriétaire, si la culture du domaine avait été négligée.

172. Les obligations du colon, que nous ve-

nons d'énumérer , sont toutes des obligations de faire ; et ne peuvent s'accomplir que par des actes de la personne ; en conséquence , en cas d'inexécution , le colon ne pourra point être contraint *manu militari* ; et les droits du propriétaire se borneront à obtenir des dommages-intérêts par l'exercice d'une action personnelle. Les principes posés aux numéros 58, 114, 115, 117, servent à décider devant quel tribunal doit être portée cette action.

173. L'obligation du colon partiaire est tellement une obligation personnelle, qu'il ne peut substituer une autre personne par cession ou autrement.

1763. Celui qui cultive sous la condition d'un partage de fruits avec le bailleur , ne peut ni sous-louer , ni céder , si la faculté ne lui en a été expressément accordée par le bail.

1764. En cas de contravention , ce propriétaire a droit de rentrer en jouissance , et le preneur est condamné aux dommages intérêts résultant de l'inexécution du bail.

Cette disposition est en conformité parfaite avec la deuxième disposition de l'article 1861.

Il ne faut pas chercher ailleurs que dans la disposition de ce dernier article, la justification du précédent (1763); c'était l'opinion de M. Mouricault, dans son rapport au tribunat , suivie par MM. Delvincourt et Duranton. On trouve encore une raison de cet article 1763 dans le louage

d'ouvrage; comme le colon, l'ouvrier choisi pour
sa capacité personnelle, ne peut transporter
à un autre le bénéfice de son marché. M. Dalloz le voit ainsi, et cette opinion est conforme à
celle exprimée par M. Galli dans l'exposé des
motifs.

174. Toutefois, il ne faut pas se laisser entraî-
ner par ce principe, que le colon est choisi pour
sa capacité personnelle, à des conséquences
exagérées.

Sans doute, il n'est pas toujours vrai de dire,
comme Coquille, que le *labourage et la nourri-*
ture du bétail ne sont chose d'industrie exquise,
et *que la fonction en est vulgaire, commune et*
aisée; les concours si fréquents aujourd'hui dans
les contrées agricoles, prouvent qu'il y a des
degrés d'habileté entre les laboureurs et les nour-
risseurs de bestiaux. On n'en doit pas conclure
cependant, que le colon soit tenu d'exécuter de
sa main les travaux qui sont à sa charge ; dans
une métairie la chose serait impossible ; le métayer est obligé d'employer au contraire sa famille, des serviteurs ou des ouvriers, (1) ce n'est
point son adresse dans l'exécution, mais son

---

(1) Omnes agri coluntur hominibus servis aut liberis aut utrisque :
Liberis, aut cum ipsi colunt, ut *pauperculi*, cum suâ progenie : aut
mercenariis.... Varron. *De re rusticâ*, Lib. 1. cap. 17.

habileté, son expérience dans la direction qui
fixe sur lui le choix du maître ; et c'est en cela
que son industrie se relève et peut être réputée
exquise jusqu'à un certain degré. S'il lui est défendu de céder son droit, ce n'est donc point
tant pour être assuré qu'il travaillera de ses
mains à l'exploitation du fonds, que pour le contraindre à en garder la surveillance et la direction. Son intérêt irrévocablement engagé au succès des travaux, garantit le soin qu'il prendra
d'en confier l'exécution à des mains habiles ou
de les guider dans l'occasion. Le but principal de
l'article 1763, est d'empêcher que le colon devienne indifférent aux chances de la culture ;
c'est celui qu'on se propose dans les sociétés en
commandite par actions, lorsqu'on stipule que
celles du gérant seront inaliénables pendant la
durée de son administration.

175. En refusant au colon la faculté de céder
son droit, on doit lui accorder celle d'y associer
qui bon lui semble, par application de la première partie de l'article 1861 du Code civil. (1)

_____

(1) On désigne sous le nom de *personniers*, ces sous-associés que
le colon choisit quelquefois au dehors, le plus souvent parmi les
membres même de sa famille. Les conditions de cette association sont
étrangères au maître, à moins toutefois qu'elles ne couvrent une cession déguisée ; on pourrait même considérer comme une infraction à

1861. Chaque associé peut, sans le consentement de ses associés, s'associer une tierce personne relativement à la part qu'il a dans la société : il ne peut pas, sans ce consentement, l'associer à la société, lors même qu'il en aurait l'administration.

176. Ces sous-sociétés peuvent se former aussi du côté du maître, comme par exemple, lorsqu'un fermier associe un tiers à son fermage.

l'article 1763, la clause qui transporterait la maitrise à l'un des sous-associés ; c'est une conséquence de ce que nous venons de dir\ sur l'article 1643.

C'est en associant ainsi à son travail, ses fils et ses gendres , que le colon dote ordinairement ses enfants ; les bases de l'association se trouvent le plus souvent alors dans le contrat de mariage ; il peut arriver aussi qu'elles ne s'y trouvent pas , ou mieux encore qu'il n'y ait pas de contrat de mariage ; des difficultés naissent quelquefois , à l'occasion du règlement de ces associations.

Les sociétés tacites si multipliées autrefois dans certaines provinces, n'ont plus sous le Code d'existence légale , et l'on se prévaudrait en vain du concours des circonstances qui suffisaient autrefois à les former, pour en faire résulter une association des frères ou autres co-laboureurs. La loi du 30 ventôse an X a rayé les sociétés tacites du nombre des contrats, en abrogeant toutes les lois, coutumes et statuts sur les matières traitées dans le Code civil. (Duranton, *Société*, n° 349.) Il faut aujourd'hui un consentement formellement exprimé pour former même une société particulière. Néanmoins l'esprit de cette législation nouvelle n'a point encore entièrement pénétré dans les idées des cultivateurs , et l'influence de la tradition se mêle souvent dans leurs conventions à celle du droit nouveau. Par exemple, le fait de la communauté du travail leur parait suffisant pour établir comme autrefois la société ; et deux frères cultivant ensemble un domaine se considèrent comme associés , quoique l'un d'eux ait

177. Quelles que soient les conventions particulières de ces sous-associations, le contrat principal n'en est pas affecté ; le lien entre le colon qui a stipulé avec le maître ne s'en étend ni ne s'en resserre. Le sous-associé n'a dans la part qu'il prend à l'exploitation, d'autre qualité que celle de mandataire de celui dont il est devenu le croupier.

seul contracté avec le maître, parce que telle était la règle des sociétés tacites. A l'inverse , un père ne croit pas devenir l'associé de ses enfants , par cela seul qu'il contracte dans le bail, conjointement et solidairement avec eux, et cela parce que les sociétés tacites ne s'établissaient point par la communauté de travail entre le père et les enfants.

La bonne foi sert ordinairement de base au réglement des intérêts qui se sont ainsi associés; s'il s'élève quelque difficulté, c'est le devoir des hommes d'affaires de ramener toujours les parties à l'exécution fidèle du contrat, suivant l'intention qui y a présidé; mais si le débat se produit en justice , les tribunaux sont assujétis à des régles qu'ils ne peuvent enfreindre. Celui qui a pris part à l'exploitation du domaine sans contrat d'association et sans être compris dans le bail, ne peut être considéré que comme un serviteur dont il s'agit de régler le salaire.

CHAPITRE IV.

DE L'ADMINISTRATION.

179. La société qui résulte du bail à métairie est nécessairement active ; le travail est l'un de ses éléments essentiels, et elle n'arrive à son but qu'à travers une série d'opérations très-variées, dont l'accomplissement constitue son administration.

180. Si le bail à métairie n'avait pas comme société un caractère qui lui est propre, en combinant les dispositions de l'article 1857 et celles du § 1er de l'art. 1859, il faudrait dire que le maître et le colon sont censés s'être donné réciproquement le pouvoir d'administrer l'un pour l'autre, et qu'ils peuvent faire chacun séparément tous les actes de cette administration; mais le caractère spécial de ce contrat résiste à cette combinaison (1).

(1) 1857. Lorsque plusieurs associés sont chargés d'administrer sans

L'article 1857, en disposant pour le cas où un ou plusieurs associés sont chargés d'administrer, *sans que leurs fonctions soient déterminées*, présuppose que ces fonctions peuvent être distinctes et définies. C'est précisément ce qui arrive dans le bail à métairie où les fonctions du maître et du colon sont différentes comme leurs apports, et cette division résulte de la nature des choses.

181. L'administration se divise naturellement en deux branches : l'une comprend les faits qui n'intéressent que les associés et ne les mettent en rapport qu'entr'eux, comme les travaux des champs, les récoltes et le partage des fruits; on peut la désigner sous le titre d'administration *intérieure*; l'autre comprend les faits qui mettent les associés en communication avec les tiers, et l'intérêt commun avec des intérêts

que leurs fonctions soient déterminées, ou sans qu'il ait été exprimé que l'un ne pourrait agir sans l'autre, ils peuvent faire chacun séparément tous les actes de cette administration.

1859. A défaut de stipulations spéciales sur le mode d'administration, on suit les règles suivantes :

1° Les associés sont censés s'être donné réciproquement le pouvoir d'administrer l'un pour l'autre. Ce que chacun fait est valable, même pour la part de ses associés, sans qu'il ait pris leur consentement, sauf le droit qu'ont ces derniers ou l'un d'eux de s'opposer à l'opération avant qu'elle soit conclue.

étrangers; tels sont les achats et les ventes; nous la nommerons administration extérieure.

Recherchons maintenant quelle est, dans l'une et l'autre branche d'administration, la part du colon ou du maître, et d'abord, occupons-nous de l'administration intérieure.

182. Les soins et travaux qu'elle comprend sont à la charge du colon, et il doit répondre de leur bonne exécution comme on répond de l'acquittement d'une dette. Cette responsabilité suppose, de la part de celui sur qui elle pèse, une certaine liberté d'action dans la direction et l'accomplissement des faits qui la produisent; autrement il répondrait du fait d'autrui. Dans l'exécution des soins et des travaux matériels qu'embrasse l'exploitation, c'est donc au métayer que l'initiative doit appartenir ; il est, comme dit très-bien M. de Gasparin, *le chef du ménage des champs*. Il doit agir et il a le droit de le faire sous sa responsabilité, sans obtenir du maître une autorisation préalable, et alors même qu'il s'agit de la levée des récoltes, il ne lui doit qu'un avertissement, pour le mettre en demeure de veiller à la conservation de ses droits sur les produits qui doivent être partagés (1).

(1) V. par analogie, la disposition de l'article 1814 du Code civ., cité plus loin.

183. Cette liberté d'action a néanmoins ses limites, et ne va pas jusqu'à exclure absolument de la direction de la culture l'influence de la volonté du maître. Ce serait aller contre la raison d'existence même du contrat. Si le propriétaire renonce à l'avantage d'un revenu fixe et garanti par le fermage, pour lui préférer les chances incertaines du colonage partiaire, c'est que ce dernier mode de culture est un moyen de faire valoir son domaine, sans rompre ses rapports avec lui, sans cesser d'en jouir, et en se réservant de lui appliquer les inspirations de son intelligence et de son intérêt. (1)

D'une autre part, l'exploitation de la terre n'exige pas seulement l'emploi de la force matérielle; comme toutes les industries, elle ne pros-

(1) « Si le métayer a des ordres à recevoir de son maître pour « l'ordre des cultures, parce que celui-ci est intéressé directement à « leur succès, et s'il jouit ainsi d'un degré de moins d'indépendance « que les fermiers, cependant les ordres qu'il reçoit ne peuvent jamais « être de nature à ne pas être modifiés par sa propre opinion; et ses « intérêts sont aussi mis dans la balance. D'ailleurs on conçoit que « les directions du propriétaire ne peuvent jamais être que fort géné- « rales et concernant seulement la conduite du domaine dans son en- « semble; elles ne pourraient être détaillées et de chaque moment « sans beaucoup d'inconvénients; ainsi le métayer est *le plus souvent* « la partie dirigeante des travaux, etc. — De Gasparin, *Guide des propriétaires de biens soumis au métayage.*

12

père que sous l'impulsion de l'intelligence ; et
dans les conditions du bail à métairie, eu égard
aux qualités respectives du maître et du colon,
c'est du premier que doit venir cette impulsion.
Cette présomption n'est pas infaillible sans doute,
mais elle trompera rarement.

184. En ce qui concerne donc les actes que
comprend l'administration intérieure, les fonctions sont ainsi réglées : lorsque le maître s'abs-
tient de commander ou de défendre, le métayer
a le droit d'agir selon ses connaissances et ses
idées ; lors même qu'il aurait pu mieux faire, il
est à l'abri de tout reproche s'il n'a manqué
que par erreur, et non par négligence et mauvaise volonté. On ne doit pas même, comme
quelques-uns le veulent, l'enserrer dans le cercle étroit de l'usage des lieux, et le déclarer en
faute pour cela seul qu'il a fait autrement que
son voisin : la routine est un lien dont il lui est
permis de s'affranchir ; et s'il s'écarte sans succès de l'habitude commune, s'il en résulte même
quelque perte pour la communauté, on ne devra point la mettre à sa charge, à moins qu'une
faute lourde, celle qui touche au dol, puisse lui
être imputée (1).

_____

(1) Argument des articles 1852 et 1998 du Code civil.

185. Il en serait autrement s'il agissait contre la volonté du maître formellement exprimée; il supporterait seul le dommage qui pourrait en résulter, et sans attendre l'évènement, le maître se pourvoirait utilement pour l'empêcher. Ce droit de s'opposer à l'opération avant qu'elle soit accomplie, est positivement accordé par l'article 1852, et ce n'est pas tout : l'article 1859 s'applique aux associés qui se trouvent sur un pied d'égalité parfaite ; la prédominence réservée au propriétaire l'autorise à dépasser les limites d'un simple *veto* ; soit que le métayer néglige un travail recommandé par l'usage, soit qu'il résiste à l'emploi d'un procédé nouveau, mais d'un avantage évident, il peut y être contraint.

186. Ce droit du maître ne peut éprouver de difficulté dans le premier cas, mais je ne serais point surpris de le voir contester dans le second. Faut-il donc, dira-t-on, abandonner ainsi le colon aux caprices du maître et l'obliger à le suivre à travers les utopies agricoles dans lesquelles il lui plaira de s'engager : sous un double rapport les chances incertaines de l'innovation lui seront plus onéreuses qu'au propriétaire ; d'abord, celui-ci n'aura le plus souvent à souffrir de l'insuccès, que dans le superflu de son

aisance , tandis que le colon souffrira dans le
nécessaire de sa pauvreté ; ce qui ne sera pour
l'un qu'une privation momentanée , et presque
inaperçue, sera pour l'autre une ruine complète,
irrémédiable. En second lieu , la plupart des
essais, même des plus malheureux , ne sont pas
sans quelque résultat utile , sinon pour les produits immédiats , au moins pour l'amélioration
du fonds dont le propriétaire aura seul à profiter.

A cela je réponds que cette objection serait
péremptoire , si l'on refusait au colon le droit
de résistance ; mais avant d'agir, il peut exiger
que le propriétaire prenne pour son compte , la
responsabilité du succès, et si celui-ci refuse, il
peut opposer, jusqu'à ce qu'il soit légalement
contraint, la force d'inertie. (1) On peut alors
s'en rapporter à la prudence du juge pour tenir
compte des observations qui précédent , et protéger les intérêts du colon. J'accorde même que
les tribunaux doivent être extrêmement réservés
sur ce sujet , et rejeter la demande du propriétaire, toutes les fois qu'il ne pourra l'appuyer
d'une expérience bien établie , et d'une noto-
riété bien constatée. Ainsi mesurée , l'autorité

(1) V. n° 183 et la note.

accordée au propriétaire n'a plus de dangers ;
elle se concilie avec le droit du métayer, et le
colonage partiaire peut se défendre jusqu'à un
certain point du reproche qui lui a été si
souvent adressé, d'être un obstacle invincible
aux améliorations, et d'être le compagnon in-
séparable de la routine. Ce n'est que dans le
système qui fait du bail à métairie un louage, que
cette immobilité est fatalement imposée au colonage ; parce que dans le contrat de louage,
l'autorité sur la chose appartient au preneur,
et la conduite des opérations qui la concernent
est placée sous sa direction. (1)

187. Jetons maintenant un coup-d'œil sur
les travaux divers que comporte l'exploitation
de la métairie ; dans cet examen, nous rencontrerons quelques exemples pour l'application des
règles qui précèdent.

(1) Ce serait même à tort que l'on ferait à cette opinion favorable
au propriétaire, le reproche de manquer à la maxime *in re pari, po-
tiorem causam esse prohibentis constat.* (Loi 28 D. com. Divid.)
M. Troplong qui a fait à cette maxime une très-large part dans l'interprétation de l'article 1859, convient « qu'elle ne s'applique
« qu'entre deux forces égales, et qu'elle cesse de prévaloir lorsque
« l'autorité n'est point égale entre celui qui propose et celui qui s'op-
« pose ; et, par exemple, lorsque les associés étant plus de deux en
« nombre, c'est la majorité qui doit l'emporter. » Dans une société
de deux, la prépondérance accordée à la voix de l'un des associés met
la majorité de son côté.

La terre pour rendre avec usure les semences
que le cultivateur lui confie, a besoin d'être
préparée par des labours plus ou moins répétés,
selon la nature du sol et des récoltes qu'il est
destiné à recevoir. La fécondité dépend beaucoup aussi de la perfection des instruments qui
y sont employés. Ces travaux que l'on nomme
façons, ainsi que ceux de semences et de sar-
clages ou binages, etc., etc., etc., sont à la
charge du colon, qui doit les exécuter dans les
saisons convenables. Quelque soit celui du maître ou du colon que la convention charge de
fournir les instruments aratoires, il ne les doit
point autrement que les plus vulgaires de ceux
en usage dans la contrée ; mais le maître ne peut
s'opposer à ce que le métayer emploie des instruments meilleurs, ni celui-ci refuser de se servir de ceux dont le maître consent à faire l'avance.
Telle est la force de l'habitude, que je pourrais
citer plus d'un exemple de résistance, en pareil
cas, de la part des colons. Or, l'usage servant
à interpréter la convention, il est bien équitable de ne pas les contraindre à faire une dépense
à laquelle il est juste de penser qu'ils n'ont point
voulu s'engager, que le plus souvent même ils
ne pourraient pas faire ; mais lorsque le maître
fait cette avance sans répétition, la seule considé-

ration que l'entretien de ces instruments perfectionnés , peut être un peu plus coûteux , ne doit
point empêcher qu'on les oblige à s'en servir,
parce que cette dépense est largement compen-
sée par le profit qu'ils en tirent , et que ce profit est perçu lorsque la dépense est à faire. Cet
entretien , comme faisant partie des frais de travail, est au reste, dans tous les cas, à la charge
du colon. (1)

188. L'emploi des engrais n'a pas une moindre
influence que les labourages sur l'abondance
et la qualité des récoltes ; leur aménagement ,
leur conduite, leur expansion sur les terres, sont
aussi à la charge du colon. L'obligation de
jouir en bon père de famille, interdit, même au
fermier des biens ruraux , le divertissement des
pailles, fourrages et engrais qui sont produits
dans la ferme ; cette prohibition atteint plus
sévèrement encore le colon. Mais soit que les
engrais fournis par la métairie soient insuffisants, soit que l'emploi d'engrais tirés du dehors
permette d'espérer dans les produits un bénéfice important, le maître et le colon peuvent-ils
réciproquement se contraindre à en faire l'achat?

(1) Avis du tribunal de Lyon. — Fenet. t. IV. p. 319.

A cet égard, il est nécessaire d'entrer dans quelques détails d'agriculture pratique.

189. Il est généralement admis que dans la plupart des exploitations agricoles, les prairies comparées aux terres arables sont dans une proportion insuffisante; de là une pénurie d'engrais, à raison de laquelle une partie des terres reste en friche, et celles qu'on cultive ne reçoivent qu'une faible portion des engrais qui leur seraient nécessaires. Le voisinage de prairies réservées, d'une grande ville, d'une garnison de cavalerie, de certaines industries, permet de suppléer à cette insuffisance par l'achat de fourrages, de fumiers et de résidus de toute espèce. Ailleurs, des carrières de marne ou de chaux, offrent des avantages analogues.

C'est à l'aide de ces ressources étrangères, qu'une culture misérable se relève de son impuissance, multiplie les produits du sol et l'enrichit. Le maître et le colon, engagés dans un bail de longue durée, seront-ils fatalement condamnés à voir l'un se perpétuer l'infertilité de son domaine, l'autre l'infécondité de sa peine, et ne pourront-ils s'obliger mutuellement à entrer dans la voie du progrès qui s'ouvre devant eux. Ce serait la ruine de tous les intérêts; il faut cependant ne décider la question qu'avec prudence et se défendre d'un entraînement qui ferait oublier l'application des véritables principes sur lesquels repose le contrat.

190. Nous supposons d'abord qu'il s'agit d'ajouter par des achats d'engrais à ceux que la métairie produit d'elle-même, et qu'il n'est point question de réparer une perte accidentelle, comme si la grêle détruit les pailles, l'inondation les foins ; nous examinerons plus tard ce que l'on doit décider pour ces cas particuliers.

191. Déjà nous avons dit que la mise en société par le propriétaire, de la jouissance de ses héritages, ne le privait pas de la faculté de faire au fonds les changements qui lui paraissaient avantageux, pourvu qu'il n'en résultât aucun préjudice pour le colon; à plus forte raison, si le maître se chargeait seul de l'achat des engrais, le métayer serait mal venu à s'y opposer. Son droit d'opposition ne peut prévaloir qu'à l'occasion de la contribution dans les frais d'achat que le propriétaire voudrait exiger de lui.

De ce que la volonté du maître est prédominante, il faut admettre qu'il a le droit d'acheter des engrais étrangers, et d'en ordonner l'emploi sur les terres de la métairie; mais à moins d'une convention expresse, il doit supporter seul les frais d'achat, le métayer ceux de la conduite, si elle peut se faire au moyen des bêtes de somme du domaine, et ceux de manutention et d'expansion sur les terres. La raison décisive me paraît être celle-ci. Dans la conclusion du contrat, le colon ne s'engage à fournir qu'une seule chose : le travail ; il se soumet dans l'exécution à l'obéissance envers le maître, mais il ne promet rien de plus; la main-d'œuvre, voilà son apport; lui demander au-delà, c'est exiger plus qu'il ne doit. L'usage est d'accord avec cette raison de droit, et j'en ai un exemple sous les yeux. Les fumiers de la garnison de cavalerie de Moulins sont presque en entier employés à l'amendement des vignes dont la ville est entourée ; il est d'usage constant que les propriétaires paient seuls le prix d'achat du fumier, les vignerons le voiturent et l'enfouissent ; ceci est en parfaite harmonie avec ce principe fondamental que le maître fournit la chose, le colon la main-d'œuvre. (1)

192. Il en serait autrement si, par quelqu'accident naturel, comme la sécheresse, la grêle ou l'inondation, les récoltes ordinaires en pailles et fourrages venaient à manquer dans la métairie. Leur remplacement serait une néces-

(1) Barthole, *loc. cit.*

sité de la jouissance du bon père de famille, car ce serait une faute lourde de ne point s'en pourvoir ; les fourrages et les pailles sont indispensables pour l'entretien des bestiaux et la production des engrais ; et les bestiaux et les engrais sont eux-mêmes indispensables au travail des terres et à la production des récoltes. Si le maître était seul chargé de cette dépense, il supporterait seul la perte, ce qui serait contraire aux inductions que nous avons tirées des dispositions de l'article 1771, et à ce principe qui est de l'essence du contrat, que les pertes doivent se partager comme les bénéfices. Enfin les produits de la métairie sont aux risques de la communauté ; leur perte, et par conséquent, leur remplacement, est donc une charge de société. Dans cette hypothèse, le maître et le colon pourraient se contraindre réciproquement en invoquant les dispositions du § 3 de l'art. 1859 du Code civil.

1859. § 3. Chaque associé a le droit d obliger ses associés à faire avec lui les dépenses qui sont nécessaires pour la conservation des choses de la société.

193. Après des récoltes complètes, ou qui n'auraient point été sensiblement diminuées, il peut même arriver que les pailles et fourrages se trouvent insuffisants, soit parce qu'on a en-

tretenu des bestiaux en plus grand nombre, soit
parce qu'ils ont été plus abondamment nourris.
Il faudrait dans ce cas décider autrement que
dans le précédent, car il ne s'agirait plus d'une
perte à supporter, mais d'un bénéfice à faire
en dehors des profits ordinaires. Le maître
pourrait sans doute, comme pour le cas d'acquisition d'engrais étrangers, en faire l'achat
pour son compte, et contraindre le métayer à
en faire l'emploi sans répétition, mais à défaut
d'accord, le maître ni le colon ne peuvent exiger l'achat en commun ; ils peuvent au contraire réciproquement faire vendre une partie
des bestiaux qui se trouveraient en sus du fonds
de cheptel et de ceux qui sont nécessaires aux
travaux de culture. Cependant si cette vente ne
pouvait avoir lieu, ou si les fourrages se trouvaient insuffisants pour l'entretien des bestiaux
réduits au nécessaire, on retomberait alors
dans le cas d'une dépense indispensable ; et
l'achat devrait être fait aux frais de la communauté.

194. Dans ces diverses hypothèses, il faut
que le déficit de pailles ou de fourrages ne puisse
être imputé à faute à aucune des deux parties,
comme si par négligence le métayer avait laissé
endommager les récoltes, ou si le maître étant

en demeure, avait omis de faire des réparations à défaut desquelles elles se seraient avariées.

195. Ces exemples doivent paraître suffisants pour faire apprécier l'étendue de l'autorité du maître dans l'administration intérieure de la société; ce n'est point un pouvoir arbitraire qui ne souffre aucune contradiction; il ne doit l'exercer que dans l'intérêt commun, et doit être comprimé toutes les fois qu'il tend à ajouter aux obligations du colon, ou sacrifie l'intérêt de ce dernier à l'avantage personnel du maître. L'intérêt de la société domine l'intérêt individuel, et l'exclut même, s'il est besoin, ainsi que l'enseignait le jurisconsulte Paul : *Non id quod privatim interest unius ex sociis servari solet, sed quod societati expedit.* Cette observation n'est pas sans rapport avec le § 2 de l'article 1859 sur lequel il faut encore arrêter quelques instants notre attention.

Art. 1859. 2° Chaque associé peut se servir des choses appartenant à la société, pourvu qu'il les emploie à leur destination fixée par l'usage, et qu'il ne s'en serve pas contre l'intérêt de la société, ou de manière à empêcher ses associés d'en user selon leur droit.

196. On cite comme exemple d'application de cette partie de l'article, le cas où une société entretiendrait des chevaux pour les affaires de la

société; quand ces chevaux ne travaillent pas et
que la société n'en a pas besoin, on admet que
l'un des associés peut s'en servir pour une promenade, pour le transport de ses effets particuliers, pourvu qu'il n'en résulte pas une fatigue
préjudiciable. (1)

197. Ce serait sans doute à cette interprétation que s'attacherait le métayer qui voudrait
justifier la déplorable habitude *de faire des
charrois*, c'est-à-dire, de se charger pour des
tiers, et à prix d'argent, du transport de matériaux, marchandises, ou autres objets ; certains
métayers, mal surveillés, poussent cet abus si
loin, que le travail des bestiaux pour la culture
des terres devient, pour ainsi dire, l'exception,
et le charroi leur tâche habituelle. Rien n'est
plus contraire que cette pratique à la nature du
contrat, et nulle conséquence plus fausse ne
pourrait être tirée de l'article 1859 ; c'en est au
contraire, la violation la plus éclatante.

L'usage autorisé par cet article est l'usage
personnel, dont l'utilité est immédiate, et s'applique directement aux besoins de celui qui
s'en prévaut. C'est ainsi que dans l'espèce donnée pour exemple par les auteurs, l'associé est

_____

(1) M. Troplong. *Soc.* 731. Pothier, 85.

autorisé à se servir des chevaux de la société ,
pour faire une promenade et pour le transport
de ses effets *particuliers*. Mais se servir de la
chose de la société pour l'utilité des tiers , ce
n'est plus exercer un droit d'usage, c'est soumettre cette chose à un contrat de commodat
si le service est gratuit, à un contrat de louage
s'il est à prix d'argent ; et c'est alors détourner
cette chose de sa destination particulière. Le prix
du charroi que reçoit et retient le métayer est
un profit illégitime. Il faut remarquer que les
bestiaux d'une métairie n'ont pas pour unique
destination le travail des champs ; enfermés à
l'étable, ils produisent les engrais, au moins
aussi nécessaires que le travail , et dont l'absence rend le travail inutile. Le métayer char-
royeur ne serait donc pas suffisamment excusé
par l'offre de partager le profit et par l'alléga-
tion qu'au moment du charroi, l'état des terres
gelées ou trop humides ne permettrait pas d'employer les bestiaux au labourage , car leur séjour à l'étable dans ces temps de chômage entre
dans les prévisions de l'économie agricole ,
comme une nécessité; le maître , même dans ce
cas, aurait droit à des dommages-intérêts, dont
la somme devrait être d'autant plus élevée que
le charroi aurait été fait dans un temps plus

inopportun ; par exemple, dans les moments favorables aux labourages, aux semences, à la moisson , à la récolte des foins ; etc., etc. Les agriculteurs savent quel préjudice peut causer, à ces différentes époques, la perte d'une bonne journée (1).

198. Le droit accordé par le § 3 de l'article 1859 est donc limité à l'usage personnel et sous la condition de ne point préjudicier à l'intérêt de la culture ; son application se justifie, par exemple, pour le transport de la portion de denrées du maître ou du colon, jusqu'au lieu où il a promis d'en faire la livraison, s'il les a vendues, jusqu'au marché voisin ou au domicile du maître , pourvu que chacune de ces destinations ne se trouve pas dans un rayon trop éloigné.

199. Il arrive souvent que le bail détermine un nombre certain de charrois dont le maître et le métayer peuvent disposer annuellement pour leurs besoins, indépendamment de ceux qui se rapportent aux réparations. Il faut observer que, dans ce cas, ces charrois ne s'arréragent pas, et que celui auquel ils sont dûs ne peut les exiger que dans le cours de l'année pour la-

(1) V. l'art. 18, ch. 25, *Coutume d'Auvergne.*

quelle ils sont réservés. On comprend en effet
que pour fixer le nombre de ces charrois, on a
pris en considération les besoins annuels de la
culture qui est le but principal du contrat , et
qui souffrirait d'une accumulation de charrois
sur une même année (1). Le seigneur, dit Bretonnier, ne peut remettre les charrois qui lui
sont dûs, d'une année à une autre ; il ne peut,
ajoute le même auteur , ni les vendre ni les
céder. (2)

(1) La Cour de Bourges a jugé dans ce sens , par arrêt du 6 avril
1832 , dont voici les motifs :

« En ce qui concerne l'indemnité pour les charrois qu'auraient été
« en retard de faire les colons pendant le cours du bail ; —Attendu que
« les prestations de ce genre ne s'arréragent pas ; que c'est au bailleur
« à les demander et à les exiger en temps et lieu ; qu'à la vérité, Bois-
« gues produit une sommation qu'il a faite à cette fin en 1839 , mais
« qu'elle est isolée; que rien ne prouve qu'il n'y ait pas été satisfait ,
« ou qu'à défaut, des poursuites aient eu lieu... Devill. 32. 2. 488. »

M. Dalloz critique cet arrêt qui ne lui paraît justifié par aucun
texte de loi; il eût peut-être retenu ce blâme s'il eût considéré que la
réserve de charrois a plus d'analogie avec un droit d'usage qu'avec
tout autre droit.

(2) Henrys , l. 3, ch. 3. 9. 32, et Bretonnier, dans ses observations , fournissent à propos des corvées que l'on appelle dans la province, charrois et manœuvres, des règles qu'il est utile de conserver :
ils citent plusieurs arrêts fixant au nombre de 12 , ceux que les seigneurs pouvaient exiger des emphytéotes : et néanmoins Henrys
ajoute ces observations à l'un de ces arrêts : « Quoi qu'il en soit, ce
« nombre étant excessif, les habitants ne l'ont pu souffrir; et par tran-
« saction que nous avons vue , passée quelque temps après l'arrêt, le

13

200. La levée des récoltes est, comme les autres travaux de l'exploitation, à la charge du métayer ; il doit en avertir le maître avant de commencer, pour que celui-ci surveille ses intérêts devenus alors plus individuels. Cette opération terminée, le colon doit encore avertir le maître au moment de la rentrée de la récolte, et dans tous les cas il doit se conformer à ce qui est imposé au fermier par l'article 1767.

« nombre a été réduit à 6, moyennant quelque légère finance de la
« part des habitants.

Selon Bretonnier « le seigneur est obligé de nourrir l'homme et les
« bestiaux qui font la corvée ; cela est certain dans toute la province.
« Cela se p ratique aussi dans les autres pays de droit écrit; Guy pape,
« 9. 217. La Rocheflavin, *des droits seigneuriaux*, ch. 3. — *Secùs*
« dans les pays de coutume, ainsi que Chenu et Papon le remarquent,
« ainsi que Brodeau et Loysel. Il en faut excepter les coutumes
« d'Auvergne, de Bourbonnais, de la Marche, de Bourgogne et
« autres voisines des pays de droit écrit, qui obligent les seigneurs à
« nourrir les emphytéotes.

« Le seigneur ne peut les remettre d'une année à une autre, il ne
« peut les vendre ni les céder à d'autres. Papon, au même endroit,
« art. 3, Guy pape, 9. 17. Boerius, 9. 212. *Coutume de Bourbonnais*, art. 339.

« La manière de faire est réglée par l'arrêt Chalmazel, d'un
« soleil à l'autre, avec tous les bestiaux, c'est-à-dire avec le même
« nombre que les emphytéotes ont coutume de travailler pour eux, *et
« ce*, soit dans l'étendue ou hors de la terre, pourvu qu'ils puissent
« retourner de jour en leurs maisons à la commodité du seigneur, à
« la réserve du temps de la récolte et des semences. Cela est bien
« expliqué par l'art. 18 du chap. 25 de la Coutume d'Auvergne.

Art. 1767. Tout preneur de bien rural est tenu d'engranger dans les lieux à ce destinés d'après le bail.

201. Sous le titre *d'impôt*, *loyer*, *prestation*, *charge de culture*, *droits de moisson*, ou toute autre dénomination, le colon partiaire convient le plus souvent de payer, par chaque année de jouissance ou par chaque récolte, une certaine somme d'argent. La nature de cette prestation est la même dans les deux cas qui ne différent que par l'époque d'exigibilité. La prestation due *par année* est exigible à l'expiration de chaque année du bail ; celle *due par récolte* n'est exigible qu'après la récolte perçue. Prenons un exemple : Pierre est entré dans mon domaine comme métayer, au 11 novembre 1847, avec stipulation qu'il me paierait une prestation de 3oo francs *par récolte* ; il sort en 1849, remplacé par Denis avec lequel je stipule qu'il paiera la même prestation *par année*. Pierre a ensemencé une première récolte en octobre 1848, et en 1849 une seconde qu'il viendra recueillir en 1850. Denis n'ensemence qu'en octobre 1850, une récolte qu'il prendra en 1851 ; je suppose qu'il ne reste qu'une année ; il quittera en conséquence le domaine au 11 novembre 1850. Voici comment se seront réparties et payées les prestations. Pierre, payant par récolte, ne me doit

rien au 11 novembre 1848, parce qu'il n'a pas
perçu de récolte ; il me doit sa première annuité
seulement lors de l'enlèvement de sa première
récolte, c'est-à-dire en 1849 ; il sortira au mois
de novembre de cette année ; mais en comptant
avec lui au moment de son départ, je n'aurai
pas le droit de retenir ou d'exiger sa deuxième
annuité, qui ne sera exigible qu'en 1850, lorsqu'il viendra enlever sa deuxième récolte. Denis
au contraire, payant par année, me fera compte
de sa prestation au mois de novembre 1850,
quoiqu'il n'ait perçu encore aucune récolte ;
mais, à ce moyen, il n'aura rien à payer pour
l'enlever en 1851.

La prestation payable par récolte se frac-
tionne quelquefois en deux parts ; l'une se rapporte aux récoltes semées au printemps ; elle est
le plus souvent évaluée au tiers de la prestation
totale ; ces récoltes étant perçues par le métayer
dans la première année de sa jouissance, il paie
le montant de ce tiers dès cette première année ;
et ne doit plus que deux tiers, lorsqu'il vient
après sa sortie enlever sa dernière récolte. Dans
l'espèce proposée, Pierre aurait fait compte de
100 francs au 11 novembre 1848, de 300 francs
en 1849, et de 200 en 1850. Au total 600 francs
pour ces deux récoltes.

202. Les propriétaires qui donnent à ferme leurs domaines cultivés à moitié fruits, ont à se tenir en garde contre une fraude de leurs fermiers, lorsque les prestations sont payées par récolte ; voici comment elle se pratique : supposez en conservant notre hypothèse, que j'aie affermé mon domaine à Jérôme pour entrer en jouissance au 11 novembre 1848 jusqu'au 11 novembre 1854. Si à la sortie de Pierre, il modifie, en prenant Denis pour métayer, la condition relative à la prestation, et stipule qu'elle sera payable par année, il laissera à sa sortie en 1854, un métayer qui ne devra rien sur la récolte à prendre en 1855, parce que lui Jérôme aura reçu deux prestations en 1850, et aura perçu sept prestations pour six années de jouissance. On évite cette malversation qui se commet très-souvent, en indiquant dans le bail à ferme la condition sous laquelle la prestation est due par les métayers qui cultivent le domaine, au moment où le fermier entre en ferme.

203. Cette fraude ne se découvre quelquefois qu'après plusieurs renouvellements de baux à ferme, et lorsqu'il est difficile d'en obtenir la réparation ; elle peut être reconnue aussi à l'expiration du bail de celui qui l'a commise. On demande si, dans ce cas, en maintenant notre

hypothèse, le propriétaire ou le nouveau fermier peut exiger du métayer sorti en 1854, le
montant de la prestation, sauf le recours de celui-
ci contre le fermier; ou s'il doit s'adresser directement à ce dernier qui peut être devenu
insolvable. Il est certain qu'il doit s'adresser au
fermier, car en lui cédant la jouissance de son
domaine, il lui a transmis le droit qu'il avait de
faire des baux à colonage, et il est lié, sauf le cas
de fraude, par la condition faite au métayer,
comme s'il l'avait consentie lui-même. Il est donc
important, lorsque le bail à ferme expire, de
vérifier les conditions du bail à colonage du
métayer qui a fait les dernières semences.

204. Le fermier peut pendant sa jouissance,
élever ou abaisser le taux de la prestation des
colons; si le métayer reste dans le domaine
après sa sortie, le réglement des prestations
peut soulever encore une difficulté bien facile
d'ailleurs à résoudre. Supposons que Pierre, qui,
à l'entrée du fermier Jérôme, payait 300 francs,
n'a point quitté le domaine, il s'y retrouve en
1854 et continue sa culture après l'expiration
du bail à ferme; mais en 1852 il a fait un nouveau bail qui ne doit expirer qu'en 1856, et il a
consenti à payer 400 francs. Jérôme prétend
qu'ayant reçu de moi un métayer qui payait

3oo francs, il a droit, pendant les deux années
qui restent à courir sur le bail de Pierre, après
l'expiration du bail à ferme, de recevoir les
100 francs dont la prestation a été augmentée.
Jérôme a tort, il n'avait pas le droit de consentir au profit de Pierre un nouveau bail, pour
une durée excédant celle de son propre bail; je
pouvais renvoyer Pierre en 1854; ne l'ayant
pas fait, j'ai pris le bail pour mon compte et j'en
ai les profits, comme j'en aurais la perte, si le
taux de la prestation avait été abaissé. Cette
prestation fait dans son entier partie des fruits du
domaine, et Jérôme ne peut percevoir des fruits
lorsqu'il ne paie plus le prix de ferme.

Jérôme aurait pu prendre une autre voie et
convenir que Pierre paierait 5oo fr. par chacune des années 1853 et 1854, et 3oo fr., ou
même seulement 200 fr. en 1855 et 1856; je
n'aurais point à m'en plaindre, quoiqu'on puisse
voir dans cette convention un moyen frauduleux
de reporter sur ses années de jouissance une
portion des fruits des années suivantes. S'il ne
me convenait pas de recevoir seulement 3oo ou
200 fr. en 1855 et 1856, à l'expiration de la
ferme, en 1854, je renverrais Pierre, parce-
qu'encore une fois, Jérôme ne pouvait consentir
bail à colonage pour une durée excédant celle de
son propre bail, sauf, dans ce cas, le recours de

Pierre contre Jérôme; mais si je conserve Pierre pour métayer, j'ai accepté les conditions de son bail. Il faudrait décider autrement si, par une clause exceptionnelle du bail à ferme, ou par toute autre circonstance, Jérôme avait été autorisé à consentir des baux à colonage pour une durée plus longue que son bail à ferme ; dans ce cas, la répartition inégale des prestations sur les années du bail à ferme, serait un abus frauduleux contre lequel je devrais être restitué, et Jérôme serait tenu de me rembourser ce qu'il aurait reçu en sus de la moyenne des années de prestation.

205. Il arrive souvent que les périodes des baux à ferme et les périodes des baux à colonage des domaines compris dans la ferme, ne coïncident pas ; ainsi les baux à colonage ayant cours de novembre à novembre, le bail à ferme peut courir de juin en juin. Quels sont, dans ce cas, les droits du propriétaire qui reprend la jouissance ou du fermier nouveau sur les prestations dues par le colon ? — Comme tous les fruits civils, la prestation se répartit proportionnellement sur chaque jour de jouissance ; elle est donc divisible entre le fermier sortant et le propriétaire ou fermier nouveau, eu égard au nombre des jours de l'année du bail à colo-

nage pendant lesquels la jouissance leur appartient. Il suffit pour cela de diviser le montant
de la prestation par le nombre des jours de
l'année, et de multiplier le quotient par le
nombre des jours de jouissance de chacun.

206. M. Duranton indique ainsi les bases de
la prestation : « Le colon ou métayer ne *paie*
« *pas un prix en argent*, si ce n'est ordinaire-
« ment, une somme pour *son logement* dans
« les bâtiments du domaine, et pour *sa part*
« *dans les impôts,* ce que l'on appelle *charges*
« *de culture* ; et cette somme, il est tenu de la
« payer sans diminution, encore que la récolte
« eût manqué tout-à-fait par cas fortuit, car
« ainsi qu'il vient d'être dit, il la promet *pour*
« *son logement et pour sa part dans les im-*
« *pôts.* (1)

Envisagé sous ce point de vue, le paiement
d'une prestation en argent n'a rien qui blesse
la justice et la loi du contrat.

207. *Le métayer paie pour son logement dans
les bâtiments du domaine*, mais non pour les
bâtiments d'exploitation, ni pour les terres; car
pour ces objets dont la jouissance appartient
complètement à la société, il ne *paie pas de prix.*

(1) T. 17.

Aussi avons-nous déjà distingué à ce sujet les réparations des bâtiments d'habitation de ceux d'exploitation. (1) Ordinairement, en effet, le métayer jouit personnellement et sans partage d'une maison et d'un jardin; en cette partie, il peut être considéré comme locataire. Ce serait une grande erreur de raisonnement que d'en inférer que le contrat de bail à métairie est un contrat de louage et participe de sa nature; la location est ici l'accessoire de la société, et pour éclaircir tout de suite la question par un exemple, supposons deux associés pour l'exploitation d'une usine: les bâtiments appartiennent à l'un d'eux, et la jouissance constitue son apport, l'autre fournit son industrie. Rien ne s'oppose à ce que le second, prenant un logement dans les bâtiments, en paie un loyer à son co-associé, et devienne ainsi son locataire; mais cela n'empêchera pas qu'il existe entre eux, pour l'exploitation de l'usine, un pur contrat de société; il ne se fera pas de confusion des deux contrats, et la nature de l'un n'altèrera en rien la nature de l'autre.

208. L'impôt foncier étant une charge de la jouissance, il peut être juste aussi que le métayer

(1) V. n° 168, 8, suprà.

en supporte la moitié; il doit en outre supporter seul l'impôt mobilier et l'impôt des portes et fenêtres que la loi met à la charge du locataire.

209. Ce que nous venons de dire est conforme au droit, mais entre ces deux éléments de la prestation, par usage ou par abus, il s'en est glissé un troisième qui blesse l'équité et exerce la fâcheuse influence que j'ai signalée dans l'introduction (1); c'est celui qu'on peut appeler *Charges de culture*; expression qui n'est pas, comme l'indique M. Duranton, la dénomination collective des deux autres éléments de la prestation, mais en forme un troisième dont il faut indiquer l'origine.

210. Entre les terres qui composent un territoire même de peu d'étendue, on remarque de telles différences eu égard à leur fertilité, qu'il est rare que la qualité d'un champ soit égale à la qualité du champ le plus voisin; le stérile est quelquefois à côté du fécond, et celui qui exige le plus de travail et de frais de culture, n'est pas toujours celui dont les produits seront les plus riches en abondance ou en qualité. Cette variété est encore plus sensible entre des corps de biens, et l'on comprend que dans de

(1) V. l'Introduction, pages 11, 12 et 13.

telles conditions un domaine produira, à égalité de travail, des fruits plus importants qu'un
autre domaine ; cependant la portion attribuée
au colon dans les produits pour représenter le travail, est presque toujours, dans une même contrée,
uniformément fixée à une fraction plus ou moins
forte, selon la fertilité moyenne du sol qu'elle
renferme ; il en résulte conséquemment que le
travail est très-inégalement rétribué, le métayer qui aura plus travaillé et dépensé, pouvant être celui qui récolte moins. La redevance
en argent a pour effet de rétablir l'égalité du
salaire. (1) Les domaines les plus fertiles sont
les plus recherchés, et les propriétaires profitent de la concurrence; dans le domaine supérieur en fertilité, le métayer aura bien comme
celui du domaine inférieur, la moitié entière
des produits, mais il paiera une redevance plus
forte, et la différence représentera celle de fertilité. Sans doute, on atteindrait le même résultat, en modifiant le dénominateur de la

_____

(1) M. de Gasparin, *Guide des propriétaires.*—C'est tellement là la
véritable cause de la redevance, que j'ai entendu affirmer par un magistrat des plus honorables, qu'il y avait, notamment dans le département de la Haute-Loire, des exemples de baux à métairie, dans
lesquels non seulement le métayer ne payait aucune somme en argent,
mais qui lui attribuaient même, à cause de l'infertilité des terres,
une part plus forte qu'au propriétaire.

fraction qui représente la part du colon , en le
portant par exemple au quart pour les meilleures terres, au tiers, pour les médiocres , à la
moitié, pour les mauvaises; mais ces trois divi-
sions , assez usuelles pour que le plus ignorant
des cultivateurs en comprenne la portée, sont
insuffisantes pour représenter les variétés si
nombreuses qu'on rencontre dans la composition des terrains; et pour combler les intervalles
qui les séparent, il faudrait arriver à des déno-
minateurs trop compliqués, qui ne présente-
raient plus des idées claires à l'intelligence des
colons , et feraient naître des embarras dans le
partage des denrées en nature ; les sommes
d'argent, facilement divisibles, se prêtent mieux
à exprimer les différences les plus délicates et
les plus nuancées.

211. A ce point de vue , la redevance en argent peut paraître à-la-fois utile et équitable ;
mais voici en quoi elle s'éloigne de l'esprit
d'équité qui a dicté aux rédacteurs du Code
civil ces dispositions empreintes d'une haute
moralité, qui tendent , dans le contrat de société , à maintenir dans un juste équilibre les
chances de profit et les chances de perte.

Lorsque l'abondance de la récolte ne trompe
pas l'attente du laboureur qui s'en est fié à sa

fertilité pour accepter l'obligation de payer une
redevance élevée, il la paie justement ; car s'il
donne plus, d'une autre part, il reçoit davantage. Mais si la récolte manque par cas fortuit,
il n'en doit pas moins, comme le dit M. Duranton, payer la rente qui cette fois représente une
valeur qui n'existe pas ; il paie le prix et ne
reçoit pas la chose. Je sais bien qu'on peut
répondre qu'il en est ainsi dans tous les contrats
aléatoires ; que si la récolte est une fois au-
dessous de ses espérances, une autre fois, elle
pourra être au-dessus ; mais c'est précisément
là le plus grand vice de l'usage que je critique ;
tout contrat aléatoire est une spéculation, et
c'est un vice dans le contrat de société, un vice
profond que la spéculation d'associé à associé.
La moralité du contrat est dans la confusion
des intérêts, dans l'union des espérances et des
craintes ; il n'est pas bien qu'un associé soit
obligé d'apporter au fonds social une somme
dans laquelle il n'aura rien à prendre, et que
son co-associé retirera; et dans la société dont
nous nous occupons, il est inhumain que le
laboureur ait à payer au maître, quand il a
perdu le fruit de ses sueurs. (1)

_____

(1) « Une telle société serait vraiment léonine. Les chances de

212. Posons maintenant cette question : Le
bail à métairie étant fait sans écrit, si le maître
exige du colon le paiement d'une redevance en

« bénéfice seraient du côté du plus riche et du plus fort ; les chances
« de perte seraient du côté du plus faible. » —M. Troplong sur l'art.
1811, n° 1114.

La stipulation de paiement d'une redevance fixe en argent, par
le métayer au maître, me parait donc contraire aux principes de la
justice et du droit ; cependant je reconnais que cette condition a
acquis l'autorité d'un usage de longue date, *consuetudo inveterata* ;
que le principe de la liberté des conventions la protége, et que dans
l'état de la législation, elle ne peut être annulée comme illicite.
Mais je reste en même temps convaincu qu'une disposition de loi qui
mettrait des bornes à cet abus serait très-favorable au développement
de l'agriculture et du bien être des métayers. Ce serait, dira-t-on,
une atteinte à la liberté des conventions. Je suis grand partisan de
toutes les libertés, de celle-là plus que de toute autre ; mais je n'ai
pas de confiance dans les idées et les systêmes absolus, vers quelque
but qu'ils tendent, et je fais mes réserves avec les propagateurs du
laisser-faire. Il est un point où l'excès de toute liberté devient la proie
du plus habile ou du plus fort, et se tourne en prétexte de privilège,
de monopole, de vexations, d'injustices de toute espèce, suivant la
nature des intérêts civils, commerciaux ou politiques, qu'on lui
donne à servir ; car, dans une législation civile, aussi démocratique
que la nôtre (V. dans la Revue de législation et le Compte-rendu de
l'Académie des sciences morales et physiques, le travail de M. Troplong : *De l'esprit démocratique dans le Code civil*), la loi doit s'attacher à affaiblir les inégalités qui résultent des institutions, lorsque
ces inégalités blessent la justice et l'équité ; c'est demander un sacrifice à la liberté au profit de la liberté même ; elle y a moins à perdre
qu'à gagner. Au reste, ce que je propose n'aurait pas pour conséquence
la suppression de la charge de culture, qui a une cause légitime dans
les degrés de fertilité si variés du sol, elle se convertirait certaine-

argent, et que le métayer prétende n'en pas
devoir, quelle doit être la décision? J'ai sous
les yeux un jugement de première instance qui
l'a ainsi résolue.

« Attendu qu'il est prouvé que le métayer
« qui cultivait le domaine avant le défendeur,
« payait au propriétaire une redevance de deux
« cent trente francs par année, condamne B.
« (le métayer), à payer à D. (le propriétaire),
« ladite somme de 230 fr. »

213. Cette sentence pouvait être équitable
dans l'espèce; le métayer, en soutenant qu'il ne
devait rien, était probablement de mauvaise foi,
car dans la contrée où se trouvait la métairie,
il n'y avait pas d'exemple d'une métairie sans
obligation pour le métayer de payer une prestation; mais assurément rien dans le droit n'au-
torisait à décider ainsi. En admettant même que
l'usage soit suffisant pour faire consacrer en
principe que le métayer doit une redevance,

ment en un prélèvement par le propriétaire, d'une quotité proportionnelle sur les produits, comme un 7e, un 10e, etc.... Mais ici encore,
on se récriera d'un autre côté pour dire : c'est le rétablissement de la
dîme, soit : mais c'est la dîme librement, justement, et profitable-
ment consentie par celui qui la paie. La charge de culture ainsi
établie, proportionnelle aux bénéfices, ne serait plus qu'une assignation de part, dépouillée de l'inconvénient de procurer un profit à l'un
des asssociés aux dépens de l'autre, quand la société est en perte.

il est certain que le taux de cette redevance varie
au gré des parties et n'est déterminé que par
une convention ; or est-ce une preuve suffisante de la convention entre un maître et son
métayer, que l'existence d'une convention pareille entre ce maître et un autre métayer ?
Est-ce que le métayer, successeur du premier,
n'était pas libre en prenant le bail, de discuter
le taux de la redevance payée par son prédécesseur, de se faire une meilleure condition ? Le
bail du métayer précédent était pour le métayer
nouveau *res inter alios acta*, et ne pouvait l'obliger ; évidemment la cause devait recevoir une
autre solution, et le tribunal l'eût trouvée facile,
si les juges eussent été bien pénétrés de ce principe fondamental, que le contrat sur lequel ils
avaient à statuer était un contrat de société.

214. La charge imposée au métayer de payer
une certaine somme d'argent par chaque année,
peut avoir pour cause les éléments divers que
nous avons signalés ; mais comme ils sont de
natures très-différentes, ils ne peuvent y entrer
tous au même titre.

215. La portion de la prestation qui représente le degré de fertilité de la terre, comme charge de culture ou bétail de vente, n'est en rapport
avec aucune valeur *certaine* ; elle est le résultat

14

d'une appréciation purement arbitraire ; et sa
cause même peut souvent ne pas exister. Il est
évident que la loi ne peut régler l'effet d'une
cause dont l'existence n'est pas certaine ; et que
si elle peut permettre aux parties de convenir sur
ce point, elle ne présume pas l'existence de la
convention. Or , dans tous les cas semblables,
la partie intéressée à la stipulation se taisant est
censée y renoncer ; le silence du créancier profite au débiteur.

En second lieu , lorsque les parts ne sont pas
fixées dans le contrat de société , et que la valeur des apports est indéterminée , le droit
commun est pour l'égalité du partage ; or , le
paiement d'une prime par l'un des associés au
profit de l'autre , rompt cette égalité. Enfin on
peut tirer argument de la disposition de l'art.
1811 qui défend au bailleur de cheptel de prélever à la fin du bail quelque chose de plus que
le cheptel qu'il a fourni. (1)

Le métayer ne doit donc rien de plein droit ,
pour charges de culture ou bétail de vente ,
qu'autant qu'il y a convention expresse à cet
égard ; et la preuve de cette convention reste
soumise aux règles générales en matière de
preuves.

(1) V. ci-après, ch. 5, sur cet article.

216. La portion de la même charge qui se rapporte à l'impôt est dans une autre condition. Elle est en rapport avec une valeur *déterminée*, indépendamment de la volonté des parties.

D'une autre part, c'est une conséquence de l'égalité des droits entre les associés pour le partage, qu'ils soient également tenus des charges sociales ; il ne reste plus qu'à prouver que l'impôt des biens dont la jouissance est apportée dans la société, est une charge de la société; or, sur ce point, on doit être d'accord.

Déjà nous avons cité l'opinion de MM. Duranton et Duvergier, selon laquelle « La société, « quant aux choses dont la jouissance seulement « lui a été apportée , doit être assimilée à un « usufruitier , en ce qui concerne le paiement « des impôts. (1) »

Nous pouvons donc appliquer à la société du bail à métairie, les dispositions de l'article 608 du Code civil.

Art. 608 L'usufruitier est tenu , pendant sa jouissance, de toutes les charges annuelles de l'héritage , telles que les contributions et autres qui, dans l'usage, sont censées charges des fruits.

Or, sans aucun doute, la contribution fon-

---

(1) M. Duranton, t. 17, n° 407, p. 436, nouv. édit. — V. *suprà*, n° 91.

cière doit être rangée au nombre de ces charges. (1)

On pouvait donc, en bonne justice, condamner le colon, malgré le silence du bail, à faire
compte au maître de la moitié de l'impôt foncier, car ce n'est plus en vertu d'une convention,
mais en vertu d'une obligation légale dérivant
de la nature du contrat, qu'il en est tenu.

L'article 8 de la loi du 11 mars 1791, s'exprime ainsi : « Les co-
« lons ou métayers (que cette loi distingue très nettement des fermiers)
« qui partagent les fruits récoltés avec le propriétaire, fermier ou
« sous-fermier, leur tiendront compte, conformément aux articles
« précédents, de la valeur de la dîme, en proportion de la quotité
« des fruits qui leur appartient, et du montant des impositions aux-
« quelles ils ont été cotisés en 1790, à raison de leur exploitation. »

217. Enfin, pour rendre la décision conforme
à l'opinion très-acceptable de M. Duranton, (2)

_____

(1) Dans l'instruction formulée par l'assemblée nationale pour l'application de la loi du 23 novembre 1790, sur la contribution foncière,
on lit : « Qu'on pourrait dire avec justesse que c'est la propriété qui
« seule est chargée de la contribution, et que le propriétaire n'est
« qu'un agent qui l'acquitte pour elle, *avec une portion des fruits*
« *qu'elle lui donne* » Cette théorie justifiait l'article 10 de la loi, aux
termes duquel : « Tous fermiers ou locataires sont tenus de payer en
« l'acquit des propriétaires, la contribution foncière pour les biens
« qu'ils auront pris à ferme ou à loyer, et les propriétaires seront
« tenus de recevoir le montant des quittances de cette contribution
« pour comptant, sur le prix des fermages ou loyers. »

(2) V. nᵒ. 206.

en considérant le métayer comme locataire de
son habitation et de son jardin , il convenait de
le condamner encore à payer au maître une
somme pour loyer, qui aurait été fixée d'après
le mode tracé par l'article 1716 du Code civil. (1)

Cependant j'éprouve à cet égard un doute que
je crois sérieux.

218. Est-ce bien à titre de locataire que le
métayer occupe la maison d'habitation et la
métairie qu'il exploite? J'ai comparé sa position
à celle de l'associé , directeur d'usine , qui
occupe un appartement dans les bâtiments de la
fabrique, et qui est convenu de payer pour cette
cause un loyer à son co-associé, propriétaire
des bâtiments. (2) Je demande maintenant si, un
logement de directeur ayant été ménagé dans
la fabrique, parce que la présence du directeur
est indispensable à la bonne direction des travaux , on condamnerait l'associé directeur des
travaux installé dans ce logement , sans être

(1) Art. 1716 du Code civil. « Lorsqu'il y aura contestation sur
le prix du bail verbal dont l'exécution a commencé, et qu'il n'existera
point de quittance , le propriétaire en sera cru sur son serment, si
mieux n'aime le locataire demander l'estimation par experts ; auquel
cas les frais de l'expertise restent à sa charge , si l'estimation n'excède
le prix qu'il a déclaré. »

(2) N° 207.

convenu de payer un prix de location, à faire
compte cependant à son co-associé d'un prix
pour cette cause, en lui appliquant la disposition de l'article 1716 ? Il me semble qu'aucun tribunal n'hésiterait à déclarer qu'il ne doit rien.
On considérerait que son établissement au centre
de la fabrique a bien moins pour objet son
avantage que celui de la société ; qu'il y réside
non comme locataire mais comme associé. Le
colon a droit aux mêmes considérations (1) ;
car, à cela près que son industrie est agricole au
lieu d'être manufacturière, il habite les bâtiments
de la métairie au même titre que le directeur
d'usine habite ceux de la fabrique. Que la force
de l'analogie et le fait de l'habitation conduisent
à lui imposer comme au locataire les réparations
locatives, même le paiement des portes et fenêtres, cela se conçoit (2) ; mais il paraît trop
rigoureux d'aller au-delà, et de décider qu'il

(1) V. n° 152.
(2) L'article 12 de la loi du 4 frimaire an VII, déclare la contribution des portes et fenêtres exigible contre les propriétaires usufruitiers,
fermiers et locataires principaux des maisons, bâtiments et usines,
sauf le recours contre les locataires particuliers, pour le remboursement
de la somme due à raison des locaux par eux occupés. Par arrêt du
26 octobre 1814, la cour de Cassation a décidé que le remboursement
devait avoir lieu quoique le bail n'en fît pas mention.

doit un loyer, lorsque la convention ne le porte
pas.

La loi du 21 mai 1836 a placé au rang des contributions di-
rectes, les prestations imposées aux habitants des communes pour
l'entretien des chemins vicinaux; son article 3 comprend nominativement le colon partiaire au nombre des prestataires.

Dans la discussion de cette loi devant les chambres, il fut admis en
principe que la prestation était une charge de l'habitation, et c'est
pour cela que le projet du gouvernement qui exceptait de la prestation en nature tout habitant porté seulement au rôle de la contribution personnelle, fut modifié. « Il y a, disait-on, des colons partiai-
« res, qui n'ayant qu'un bail très-court, ne sont portés qu'au rôle
« de la contribution personnelle, et qui cependant, comme chefs
« d'établissement, doivent être assujétis à la prestation en nature. »

D'un autre côté, un député M. Guizard, demanda par amendement que les prestations dûes par le fermier ou le *colon partiaire*,
fussent supportées pour moitié par le propriétaire; c'eût été s'éloigner
du principe, l'amendement fut rejeté.

Dans le fait, cependant, le propriétaire supporte au moins une partie de la charge, lorsque les bestiaux de la métairie sont employés
à la prestation; mais la prestation ne l'atteint ainsi qu'indirectement
et accidentellement, et porte directement et de droit sur le colon, et
de ce principe résulte une conséquence qu'il importe de relever.

C'est que le colon n'aurait aucune répétition à exercer contre le
maître, si pour avoir négligé de faire l'option contrairement à l'article
4, dans les délais prescrits, il se trouvait obligé à fournir la prestation en argent.

Une deuxième conséquence qui n'a plus d'effet aujourd'hui, était
précédemment que le propriétaire ne pouvait comprendre les prestations pour lesquelles son colon était inscrit au rôle dans la composition de son cens électoral; qu'au contraire elles entraient dans la
composition de celui du colon.

Ainsi jugé par arrêts de la cour de cassation des 28 mai 1838 et
11 avril 1842. Recueil général des lois et arrêts de Devilleneuve. V.
38. 1. 465 — 42. 1. et 317.

219. Les opérations qu'exige la culture par colonage partiaire, ne sont pas toutes renfermées dans le cercle que nous venons de parcourir; elles s'étendent au dehors par des achats et des ventes , et dès lors il faut contracter avec les tiers , s'obliger envers eux ou recevoir leurs engagements. C'est une condition particulière du contrat de bail à métairie que cette partie de l'administration appartient exclusivement au maître ; et bien plus , dans ses actes à l'égard des tiers , il est réputé n'agir que dans son intérêt propre, et ses stipulations en cette matière n'engagent point les tiers envers le colon ni le colon envers les tiers. La société n'acquiert de droits sur les choses achetées que par un fait postérieur à l'acquisition , leur délivrance aux mains du colon , ou leur introduction dans les héritages soumis au colonage avec intention de les y attacher. Jusqu'à cette destination , manifestée par ces actes extérieurs, la chose achetée n'appartient pas à la société, elle est la propriété du maître et demeure à ses risques, et le vendeur ne peut avoir d'action en paiement de prix contre le métayer. Par contre, l'achat fait par le métayer ne donne point en général au vendeur d'action contre le maître, à moins que le métayer n'ait acheté au nom de ce dernier, et

dans ce cas il faudrait appliquer les règles du mandat.

220. Les règles qui précèdent se justifient par cette considération que le propriétaire , ainsi que le fait observer Salviat , ne cesse pas de jouir de l'héritage qu'il donne à cultiver à partage de fruits, et que la société n'est contractée par lui que comme un moyen d'exploitation de la métairie dont il conserve la gestion directe. Lors donc qu'il traite dans l'intérêt de cette exploitation , l'affaire est sienne, il agit *en droit soi* , comme le dit Savari , de l'associé en participation. Dans cette partie, la société du colonage partiaire a en effet avec l'association en participation plus d'un point de ressemblance. L'association, quoique solidement nouée entre les parties contractantes, n'a pas de corps à l'égard des tiers pour qui elle est tout-à-fait inconnue; pour ceux-ci, c'est sur la tête du maître que repose toute l'affaire ; elle est censée lui appartenir en entier. (1) Il est investi du droit de traiter avec les tiers comme maître exclusif; non pas que dans le compte des profits et des pertes, il ne soit tenu de sa faute ou de ses malversations dans l'intérêt commun ; mais

(1) M. Troplong, soc. n° 509.

quant aux tiers de bonne foi, tout ce qu'il fait
est bien fait. (1)

Ainsi encore, on peut appliquer au métayer
ce que dit Pothier de l'associé inconnu dans la
participation ; qu'il n'est tenu des dettes qu'envers l'associé principal qui les a contractées , et
doit les acquitter pour la part qu'il a dans la
société. (2)

221. Toutefois , les règles qui précèdent ne
doivent pas être prises dans un sens tellement
absolu que les créanciers respectifs du métayer
et du maître n'aient jamais à tenir compte du
contrat qui les unit. Les créanciers ne sont le
plus souvent que les ayant-cause de leur débiteur , et l'associé est souvent, par l'effet même
de l'association , créancier de son co-associé ;
quelques conflits d'intérêt peuvent naître entre
les divers créanciers ; mais il faut en ajourner
l'examen qui trouvera mieux sa place dans le
chapitre VI que nous consacrerons en partie aux
comptes et au partage des produits. Occupons-
nous d'abord du cheptel dont la gestion appartient tout à la fois à l'administration intérieure
et à l'administration extérieure de la métairie.

(1) Id. nᵒˢ 505 et 864.
(2) Pothier, soc., nᵒ 101, 102. M. Troplong. Soc., nᵒ 515.

CHAPITRE V.

DU CHEPTEL DONNÉ AU COLON PARTIAIRE.

222. Le contrat de cheptel qui intervient entre le propriétaire et le métayer n'est point, à proprement parler, un contrat particulier ; mais, comme le dit très-bien Coquille, « un « accessoire du bail à métairie, faisant partie « d'*icelle*. » (1)

La conséquence directe de cette déclaration, c'est que le cheptel donné au colon partiaire est un contrat de même nature que le bail à métairie ; j'aurais donc à renvoyer simplement à ce qui a été dit au chapitre 1er, si la décision de Coquille ne fournissait un argument nouveau et irrésistible à l'opinion qui considère comme un pur contrat de société, le bail à métairie.

Cette parité de condition entre le cheptel et la métairie avait été parfaitement constatée par Cujas, qui n'hésitait pas à reconnaître dans l'un comme dans l'autre, un contrat de société. (2)

(1) *Cout. de Niv.*, ch. 1, art. 4.
(2) *Si quis accipit pascenda pecora eá lege ut fœtus inter eum et dominum dividantur..... In eá specie, si dominium pecoris transla-*

Doneau était du même avis. (1). Le maître , en
effet, conserve la propriété du fonds de cheptel,
comme il conserve la propriété de ses héritages;
il apporte à la société la jouissance de l'un ,
comme il apporte la jouissance des autres. Enfin le métayer doit ses soins au cheptel, comme
il les doit aux héritages; la condition relative du
maître au colon est la même pour le cheptel
que pour la métairie : *Alius posuit rem , alius
operam in quærendis fructibus.* Le parallélisme
est parfait; cependant M. Mouricault , dans son
rapport au tribunat , ne voulait apercevoir la
société dans le bail à cheptel simple que comme
un contrat accessoire, laissant au louage le rôle
principal. M. Troplong a relevé cette erreur par
une démonstration sans réplique, dont j'extrais
ce qui suit :

« Comment ne pas voir que tout aboutit ,
« *dans le principe* et *dans la fin* de l'espèce de
« cheptel en question (le cheptel simple) à une
« société? La jouissance du troupeau n'est-elle
« pas commune? les profits et les pertes ne
« sont-ils pas partagés par moitié ? N'est-ce pas
« par voie de partage que les parties liquident

tum sit, *videtur contracta societas, nisi appareat contrarium. Item si
quis colono aut cultori agrorum det agrum colendum ut fructus dividantur : nam tunc etiam societas est nisi dominium translatum sit.*

(1) M. Troplong. *Louage,* n° 1062.

« leurs comptes , soit pendant la durée de
« l'association , soit au moment où ils se sé-
« parent définitivement? quelles circonstances
« peut-on trouver plus caractéristiques de la
« société ; et n'est-ce pas là ce qui domine la
« position? »

Il ne se trouve pas dans le passage un seul
mot qui ne convienne exactement au bail à
culture partiaire. Remarquons en outre qu'il
s'agit ici de cheptel simple , et que le caractère
de société est encore plus marqué , s'il est possible, dans le cheptel donné au colon partiaire,
où le fumier, le croît , tous les profits se partagent sans exception , à moins de convention
contraire. Or, comment se pourrait-il que le
bail à métairie ne fût pas une société, lorsque
le bail à cheptel qui lui appartient comme une
partie appartient au tout, est un *pur* contrat de
société? L'unité de contrat signalée par Coquille
se justifie d'ailleurs péremptoirement par cette
considération que le cheptel est tellement iden-
tifié à la métairie, qu'il est immeuble par destination, qu'il en est , pour ainsi dire , un héritage.

223. Les rédacteurs du Code ont été moins
économes de dispositions pour l'accessoire que
pour le principal; et une section tout entière du
chapitre 4, liv. 3 du Code civil, lui est con-

sacrée. Elle ne contient , il est vrai, que quatre
articles, mais le dernier, déclarant les règles du
bail à cheptel simple applicables au cheptel
donné au colon partiaire , lui en rend propres
quatorze. Les trois autres articles contiennent
seulement des exceptions aux règles générales
du cheptel simple.

Art. 1830. Le cheptel donné au colon partiaire est d'ailleurs soumis à toutes les règles du cheptel simple.

Il ne faut pas voir cependant dans les dispositions de cet article une règle inflexible. Dans
l'étude comparative que nous allons faire du
caractère particulier de l'un et l'autre cheptel ,
nous rencontrerons des différences positives
qu'on ne peut négliger , lorsqu'il s'agit d'appliquer la loi avec discernement plutôt qu'avec
une rigueur judaïque.

224. Voyons d'abord quelle est dans son sens
le plus étendu , la signification légale du mot
cheptel.

Art. 1800. Le bail à cheptel est un contrat par lequel l'une des
parties donne à l'autre un fonds de bétail pour le garder, le nourrir et
le soigner , sous les conditions convenues entre elles.

Le mot cheptel dérive, selon Coquille , du
mot *capitale* qui appartient au latin vulgaire , et
qui répond assez bien à l'expression *fonds de
bétail* de notre article. Il indique une agrégation

de têtes de bétail, considérées, au point de vue
de leur ensemble, comme formant un corps dont
la durée est indépendante de celle des individus
qui le composent. (1)

225. Le Code distingue quatre sortes de cheptel.

Art. 1801. Il y a plusieurs sortes de cheptel :

Le cheptel simple ou ordinaire ;

Le cheptel à moitié ;

Le cheptel donné au fermier ou au colon partiaire.

Il y a encore une quatrième espèce de contrat improprement appelé
cheptel. (2)

Il trace ensuite pour les trois premières espèces des règles particulières; mais pour le cheptel
donné au colon partiaire, d'une part il le confond dans une section spéciale avec le cheptel
de fer , et de l'autre il renvoie pour les règles à
suivre à la section du cheptel simple. Notre
cheptel n'a cependant avec le premier qu'un seul
trait de ressemblance; c'est d'être attaché comme
lui, à titre d'immeuble par destination, au fonds
de celui qui en est propriétaire; et de ce côté il se
distingue profondément du cheptel simple , qui
est toujours mobilier, lors même qu'il sert à l'exploitation du fonds , par le travail des animaux

_____

(1) Agregare, réunir en troupeau , formé de *ad* et *grex*.

(2) Comme on peut dire que le bail à métairie est improprement
appelé bail.

et les engrais qu'ils produisent. Les animaux
attachés à la culture ne deviennent en effet immeubles par destination, aux termes de l'article 524, qu'autant qu'ils ont été placés par le propriétaire du fonds pour le service et l'exploitation de ce fonds, ce qui suppose la propriété du
cheptel et celle du fonds dans une même main.

Il est regrettable que les rédacteurs du Code
n'aient point consacré au cheptel donné au colon
partiaire, comme aux autres espèces de cheptel,
une section particulière ; c'est comme les autres
cheptels un contrat *sui generis*, et les quelques
exceptions spécifiées dans les articles 1827, 1828
et 1829 ne suffisent pas pour le régler convenablement selon sa nature propre, et le différencier
du cheptel simple autant que l'exige leur dissemblance réelle.

226. Le cheptel d'une métairie ne comprend
pas seulement les animaux nécessaires à la culture proprement dite, c'est-à-dire au travail des
terres ; il comprend aussi ceux qui y sont en-
tretenus pour la consommation des fourrages et
des produits qui ne se partagent point en nature.

Art. 1802. On peut donner à cheptel toute espèce d'animaux susceptibles de croît et de profit pour l'agriculture et le commerce.

229. On distingue, quant aux espèces, le

gros et le *menu* bétail, et quant à la destination, le *fonds* du *bon croît*.

Les *gros bestiaux* sont les bœufs , vaches , chevaux , juments , mules, mulets , ânes et ânesses. (1)

Le *menu bétail* comprend les moutons , chèvres, porcs, et autres semblables. On doutait autrefois, que les porcs pussent faire partie d'un cheptel simple (2), et les motifs sur lesquels on se fondait, prouvent qu'on a tort de confondre le cheptel du colon avec le cheptel simple. On voyait dans le cheptel des porcs un contrat usuraire, parce que les frais de la nourriture et les chances de perte n'étaient pas suffisamment balancés par les avantages offerts au preneur. En considérant, en effet, le bail à cheptel comme un contrat de louage , et la part perçue par le bailleur comme le prix du loyer de son capital , on pouvait être conduit à cette opinion ; mais ce raisonnement ne pouvait at-

(1) La dénomination de bêtes *aumailles* , est employée dans le langage des eaux et forêts pour désigner plus spécialement les bêtes à cornes admises au paccage dans les bois soumis au régime de cette administration ; on s'en sert aussi quelquefois pour désigner générale-ment le gros bétail. — V. Pothier , *des cheptels* n° 21 ; M. Neveu Dérctrie. *Lois rurales* p. 198.

(2) Lathaumassière sur les *coutumes du Berry*. — Pothier , n°s 22 et 23.

teindre le cheptel donné au colon partiaire ,
qui ne fournit pas la nourriture. Au reste, le doute
ne subsiste plus sous notre législation nouvelle.

Dans certaines localités , l'entretien du co-
lombier est assez important pour que le métayer soit chargé de rendre le nombre de
paires de pigeons qui en constituent le fonds ;
il y a même , enfin , telles métairies dans lesquelles le produit des grosses volailles (il faut
bien parler de tout), est assez important pour
que les troupeaux de cette espèce qu'on y élève
puissent être compris dans l'estimation du
cheptel. Les ruches d'abeilles données à moitié
de croît, ne constituent pas, selon M. Neveu
Dérotrie (1), un cheptel proprement dit, et
cet auteur exprime le vœu que le législateur
s'occupe du cheptel en cette matière. Nous ne
voyons rien , pour nous, qui s'oppose à ce que
des ruches d'abeilles soient comprises dans un
cheptel à métairie.

Par *fonds de cheptel,* on entend la portion des
bestiaux nécessaires pour représenter le capital
fourni en valeur de bétail à l'époque de la convention.

228. Le commentateur de la coutume du

_____

(1) *Lois rurales* p. 196.

Bourbonnais définit ainsi le *bon croît et le profit* :
« Par le *croît* on entend la multiplicité des chefs
qui se fait naturellement par génération ; et par
profit on entend : 1° l'augmentation de la valeur,
tant par l'âge, la graisse et amendement, que
par la cherté en augmentation du prix de bétail;
2° la laine, le laitage, le travail et service du
bœuf, et le fumier et graisse. » (1)

229. La loi laisse une grande liberté sur les
conventions du cheptel; nous verrons cependant
l'influence du contrat de société repousser les
conditions qui blesseraient par trop l'équité.

Art. 1803. A défaut de conventions particulières , ces contrats se
reglent par les principes qui suivent :

230. De ces articles qui contiennent les dispositions générales du Code sur les cheptels ,
nous passons à ceux qui traitent du cheptel
simple , et dont l'art. 1830 commande l'application pour le cheptel du colon.

(1) Auroux des Pommiers, sur l'art. 554 n° 13 de la *Coutume de
Bourbonnais.*

Coquille s'exprime à peu près dans les mêmes termes : « Ce qui se
« dit de croît, s'entend en deux sortes : l'une pour la multiplication
« des chefs, qui se fait naturellement par génération ; l'autre pour
« l'augmentation de la valeur qui advient tant par l'âge, comme d'une
« taure ou génisse devenue vache, que de l'amendement que fait le
« preneur en faisant engraisser les bœufs et vaches quand ils sont
« vieux. » Coquille , sur l'article 21 de la *coutume du Nivernais.*

Art. 1804. Le bail à cheptel simple est un contrat par lequel on donne à un autre des bestiaux à garder, nourrir et soigner, à condition que le preneur profitera de la moitié du croît, et qu'il supportera aussi la moitié de la perte.

231. En définissant particulièrement chaque espèce de cheptel en tête de la section qui lui est consacrée, le Code semble avoir voulu suppléer à l'insuffisance de la définition générale de l'art. 1800, qui embrassait des espèces trop diverses pour être complète et parfaitement exacte. Le cheptel du colon partiaire seul n'a point reçu de définition particulière, car par l'effet de la distribution des articles, ceux qui le concernent se trouvent placés dans la section du cheptel de fer dont la définition ne peut lui convenir ; ils auraient été mieux placés, comme 2e § de la section du cheptel simple, dont la définition est plus rapprochée de celle qui lui convient. Néanmoins, le cheptel dont nous nous occupons se trouve plus exactement défini dans le commentaire d'Auroux que dans l'art. 1804 du Code civil. « Le cheptel de mé- « tairie, y est-il dit, consiste dans les bestiaux « que le propriétaire d'un domaine donne à « son métayer, à la charge de prendre soin de « leur nourriture, de les garder, de s'en servir « pour la culture et amélioration des héritages,

« et à la condition d'en partager le profit et le
« croît. (1) »

Prendre soin de la nourriture est plus conforme à l'obligation du métayer, que *nourrir*,
qui, dans le sens de l'article, implique la charge
de fournir la nourriture.

S'en servir pour la culture et l'amélioration des
héritages soumis au bail à métairie, indique la
destination principale du cheptel qui n'est pas
désignée dans l'art. 1804.

Enfin l'art. 1804 fixe à la moitié pour chacun
les parts dans les bénéfices et la perte, et nous
verrons que cette quotité varie selon les conventions; l'expression générale *partager le profit et*
le croît, laisse mieux voir que sur ce point la
loi n'entend rien interdire. On peut cependant
tirer de cette disposition de l'art. 1804, rapprochée de l'art. 1830, que le partage par moitié,
est le droit commun pour le cheptel donné au
colon partiaire comme pour le cheptel simple.

232. Dans le projet du Code, l'art. 1805 avait
été ainsi rédigé : « Le cheptel est estimé dans
« le bail pour fixer la perte ou le profit qui
« pourra se trouver à son expiration ; mais le
« bailleur ne demeure pas moins propriétaire
« du cheptel. »

(1) Sur l'art. 34 de la *Cout. de Bourb.*, n° 4.

Cette rédaction donna lieu de la part de la section de législation du tribunat, à l'observation suivante :

« On a craint que de la manière dont cet « article est rédigé, on ne supposât que l'esti- « mation du cheptel est absolument indispen- « sable. Le seul but du législateur doit être de « marquer les effets de l'estimation, lorsqu'elle « a lieu. C'est dans ce sens qu'il convient que « la disposition soit rédigée. » Cette observation fut écoutée, et l'article rédigé comme il se trouve aujourd'hui.

Art. 1805. L'estimation donnée au cheptel dans le bail, n'en transporte pas la propriété au preneur ; elle n'a d'autre objet que de fixer la perte ou le profit qui pourra se trouver à l'expiration du bail.

Il résulte des explications qui précèdent, que l'estimation n'est pas une formalité substantielle; cependant elle est recommandée comme précaution utile ; disons plus , elle est indispensable si l'on veut maintenir dans le contrat les disposi- tions du Code civil , qui, dans les règles qu'il propose pour son exécution , présume toujours que cette estimation a été faite. Quel serait en effet , sans cette supposition , le sens de l'article 1817 , qui prescrit de faire une nouvelle estima- tion à la fin du bail ou lors de sa résolution , et qui ne propose aucun autre mode, pour établir la balance des profits et des pertes, que le rapprochement des deux estimations ?

233. Si donc un bail à cheptel peut être contracté avec le colon partiaire, sans estimation préalable, c'est qu'il est établi sur des bases autres que celles proposées par le Code, et l'article 1803 l'autorise positivement. De pareils contrats existent encore, mais remontent généralement, par leur constitution, à des époques plus ou moins reculées, presque toujours antérieures au Code civ.; ils ne se maintiennent peut-être sous son régime, que parce que les fermiers ou métayers qui se sont succédés dans les domaines auxquels ces cheptels étaient attachés, ont été subrogés dans les droits du propriétaire pour les recevoir chacun de son prédécesseur, et ont été ainsi successivement chargés de les rendre sous la même condition. Aussi, sont-ils empreints d'un esprit différent de celui qui a présidé à la législation nouvelle, et conformes au contraire à celui qui dominait dans les anciennes coutumes. L'innovation du Code consiste, en effet, principalement, en ce qu'il considère uniquement la valeur estimative, tandis que sous les coutumes on tenait compte surtout de l'espèce et de l'âge.

234. Envisageant le cheptel exclusivement

sous ce dernier point de vue, les baux que je
viens de citer, désignent les chefs des gros bestiaux qui composent le fonds, par leur espèce,
leur âge, leur taille, l'indication des *tares* (vices
graves apparents) etc., ou par cette mention
qu'ils sont exempts de *tares*. Pour les cheptels de
cette sorte, la première estimation est inutile ;
elle n'a lieu à l'expiration du bail que pour les
chefs qui ne sont pas semblables à ceux donnés
à l'entrée, et le profit et la perte s'apprécient
par le rapport de ce qu'ils sont à ce qu'ils devraient être.

235. Ce mode de constitution de cheptel est
avantageux au propriétaire, en ce qu'il lui réserve le bénéfice résultant de la progression
graduellement ascendante de la valeur du bétail. (1)

(1) Auroux des Pommiers, dans son commentaire de la coutume du
Bourbonnais, en fournit un exemple : il cite un arrêt rendu entre lui
et les métayers de son domaine des Pommiers, le 20 août 1716, à
l'occasion d'un cheptel de métairie qu'il leur avait constitué ; ce cheptel se composait ainsi en gros bestiaux.

Six bœufs, estimés . . . . 275 livres.
Sept jeunesses, taures ou taureaux 40
Une jument et deux poulains 30
Douze mères vaches à reprendre tête pour tête ou par
    chacune défaillante, 18 livres ; pour les douze. . . . 216

                    TOTAL . . . . . 561 livres.

236. A moins de stipulations plus ou moins semblables à celles que nous avons indiquées, une négligence extrême peut seule faire omettre par le maître comme par le métayer le soin d'une première estimation; le maître n'est rigoureusement intéressé à son exactitude que lorsqu'il abandonne la culture personnelle pour

Le même cheptel, dans le même domaine, estimé au-dessous du plus bas prix, vaudrait aujourd'hui en francs :

Six bœufs 1080		
Sept jeunesses et taureaux 700	2,870 fr.	
Une jument et poulains 250		
Douze mères vaches.. 840		
DIFFÉRENCE, en négligeant la plus value de		
la livre au franc.	2,309 fr.	

Supposez, ce qui n'est pas sans exemple, que les métayers d'Auroux des Pommiers aient continué de génération en génération à cultiver le domaine sans changement de condition ; une estimation ayant eu lieu à l'entrée, s'ils sortaient aujourd'hui, laissant dans le domaine des bestiaux exactement semblables à ceux qu'ils reçurent en entrant, ils auraient droit au partage de la différence, et le propriétaire conservant les bestiaux, serait tenu de leur payer 1,154 fr. 50 c. — Si, au contraire, le cheptel avait été donné sans estimation, mais à rendre chef pour chef, les métayers n'auraient rien à retenir, et le profit 2,309 fr., serait acquis en entier au propriétaire. Cette condition de rendre *tête pour tête*, est tombée en désuétude sous l'influence de l'esprit de la loi nouvelle ; cependant on la rencontre assez fréquemment appliquée aux brebis et aux moutons.

celle à moitié fruits ; lorsqu'un métayer succède
à un autre métayer dans la culture du domaine,
le maître n'est plus qu'indirectement intéressé à
l'exactitude de l'estimation , parce qu'il partage
également le sort de celui qu'elle favorise et de
celui auquel elle préjudicie. Supposez , par
exemple , qu'une paire de bœufs , valant réellement 5oo francs , soit estimée 6oo francs , il y
aura bénéfice de 5o francs pour le métayer sortant , et perte d'égale somme pour le métayer
entrant , et *vice versà*. Quant au maître , il est
bien vrai qu'il devra donner 5o francs mal à
propos au premier , mais le second sera chargé
envers lui de la même somme. Son intérêt est
donc réduit à peu de chose ; aussi les experts ,
dans ce cas , sont-ils ordinairement choisis par
les deux métayers. Ces experts reçoivent en fait
des pouvoirs d'arbitres , mais ne se souviennent
pas toujours assez des devoirs d'impartialité
que cette qualité leur impose. Beaucoup se
croient appelés moins à estimer la juste valeur
des choses , qu'à faire la meilleure condition
possible à celle des parties qui les a nommés ,
à ce point qu'ils s'assignent à eux—mêmes et selon l'intérêt de leur partie , l'un le rôle d'acheteur, l'autre celui de vendeur, débattent comme
des marchands en foire, ce qu'ils devraient régler

comme des juges à l'audience, et font dépendre
de l'habileté ou de l'opiniâtreté de l'un , ce qui
devait être l'œuvre de la justice de tous deux. (1)

237. Les évaluations ne se font pas toutes
d'après les mêmes bases ; il serait facile, et il
serait bien, de les ramener toutes à une méthode
unique. Quoique jusqu'ici , le prix des bestiaux
se soit progressivement élevé dans une proportion considérable, il éprouve cependant des alternatives de hausse et de baisse très-marquées,
selon que les fourrages de l'année sont plus ou
moins abondants. Les différences s'élèvent quelquefois à dix ou douze pour cent d'une année à
l'autre; on comprend qu'il en peut résulter
dans les estimations des inégalités très-fâcheuses.

(1) J'ai vu proposer et employer avec succès, pour mettre les droits
des parties à l'abri de ces erreurs, le mode d'estimation que voici : On
nomme deux experts chargés de se concerter et de s'entendre pour
faire l'estimation ; un troisième estime à part et sans communiquer ses
évaluations ; pour tous les chefs sur lesquels les deux premiers n'ont
pu tomber d'accord, on a recours à l'estimation du troisième expert,
et l'on prend la moyenne entre cette estimation et celle de celui des
deux autres qui s'en rapproche le plus. Si, par exemple, l'estimation
de l'un des experts est 500 francs, celle de l'autre 600 francs, et celle
du troisième 545 francs, on prend le terme moyen entre 500 et
545, et l'estimation restera à 522 50 ; chacun des deux premiers
experts est par ce moyen intéressé à se rapprocher de la vérité, car
plus il exagère en faveur de la partie qu'il voudrait favoriser, plus il
court le risque de s'éloigner de l'estimation du tiers.

Si par exemple, une tête de bétail, reçue par le
métayer, à l'entrée, pour cent francs, ne vaut à
sa sortie, que la même somme, malgré que pendant le cours du bail, elle ait augmenté de force,
de taille et d'embonpoint, le métayer est en
perte de son bénéfice. Pour éviter cet inconvénient, certains experts adoptent une valeur
estimative normale à laquelle ils portent les
bestiaux, sans égard à la valeur vénale du moment : ils disent alors qu'ils évaluent à prix
d'estimation; d'autres, au contraire, suivent la
valeur vénale du moment ; c'est ce qu'on appelle estimer en *pure vente*. Les experts qui
estiment ensemble peuvent bien s'entendre
pour adopter l'un ou l'autre méthode, et tomber
d'accord, mais il n'est pas certain que ceux qui
estimeront à la sortie, ne prendront pas une
autre base; et, dans ce cas, il y a certainement
un intérêt blessé. Il est vrai que beaucoup indiquent dans leur estimation écrite, par quelle
méthode ils ont procédé ; mais quelques-uns ne
le font pas, et quelquefois aussi, on oublie d'en
tenir compte; sait-on bien d'ailleurs, en quoi le
prix d'estimation diffère du prix de pure vente ?
Lorsque j'ai questionné sur ce point, des experts, les mieux instruits m'ont répondu que le
premier était inférieur d'un dixième au second.

Ces formules sont évidemment arbitraires et
dangereuses.

238. Lorsque le domaine qui fait l'objet du
bail à colonage partiaire est garni d'un fonds
de cheptel, et s'il n'a pas été, depuis que le bail
a été convenu, frauduleusement détérioré, le
métayer doit le recevoir tel qu'il se trouve au
jour fixé pour son entrée. Si au contraire, le domaine n'était pas garni d'un cheptel, et qu'il en
ait été seulement promis un d'une certaine valeur, il doit être composé par le maitre selon les
besoins de la culture; c'est la conséquence du
principe que le bail à cheptel fait partie du bail
à métairie.

239. Il peut arriver que le bail à métairie commence à prendre cours, dans un moment où
sévirait une épizootie, endémique ou conta-
gieuse ; et que le cheptel s'en trouve même plus
ou moins affecté. Ce serait à tort que le métayer
se prévaudrait de cette circonstance pour refuser de recevoir le cheptel ; tout ce qu'il peut exiger, c'est que les chances de mortalité sous l'influence desquelles se trouvent les bestiaux, soient
prises en considération lors de l'estimation ; ces
chances sont une véritable dépréciation qui diminue la valeur des bêtes. Cette difficulté s'est
présentée entre deux fermiers, dont l'un était

subrogé aux droits du propriétaire pour recevoir de l'autre le cheptel de fer qui lui avait été
fourni ; au jour fixé pour l'expiration du premier
bail et le commencement du second , déjà une
partie des bestiaux composant le cheptel avait
succombé. Le tribunal de Saint-Amand (Cher)
ordonna que l'expertise aurait lieu , et que le
fermier entrant recevrait du sortant ce qui restait des bestiaux du cheptel , sauf à avoir pour
l'estimation , tel égard que de raison à leur état
de santé. Ce jugement fut confirmé par arrêt de
la cour de Bourges.

Une difficulté du même genre peut naître de
cette circonstance que quelques-uns des bestiaux compris dans le cheptel seraient atteints
de vices rédhibitoires. Le métayer entrant
pourrait-il se prévaloir de la loi du 20 mai
1838 pour les exclure de sa composition ? (1)

Le titre même de la loi , et les termes de son
art. 1er, ont un sens restrictif qui ne permet de
l'appliquer qu'aux contrats de vente et d'é-
change ; or nous savons déjà (2) que, nonobstant
les dispositions de l'art. 1815 , le maître doit
dans le bail à métairie , la garantie de son ap-

(1) Loi du 20 mai 1838 concernant les vices rédhibitoires dans
les ventes ou échanges d'animaux domestiques.

(2) V. *suprà*, n° 94.

port, comme le bailleur la doit au preneur du
bail à ferme; ce n'est donc pas à l'art. 1641 du
Code civil, et à la loi de 1838, qui n'en est que
le complément pour une espèce particulière,
qu'il faut recourir pour résoudre cette question,
mais bien à l'art. 1721.

1721. Il est dû garantie au preneur pour tous les vices ou défauts de
la chose louée qui en empêchent l'usage, quand même le bailleur ne
les aurait pas connus, lors du bail.

S'il résulte de ces vices ou défauts quelque perte pour le preneur,
le bailleur est tenu de l'indemniser.

L'application de cet article n'est pas circonscrite comme celle de la loi de 1838, à quelques vices spéciaux ; elle embrasse tous les cas
où les bestiaux ne seront pas propres à l'usage
auquel ils sont destinés. Comme si le propriétaire ayant contracté l'obligation de fournir un
cheptel d'une certaine valeur, prétendait pouvoir
le composer de brebis, lorsqu'il faudrait des
bœufs ou des chevaux pour labourer ; ces difficultés ne se présentent jamais, parce que la
mauvaise foi y serait trop grossière pour espérer
le succès; s'il s'en élève, non par rapport à l'espèce, mais à raison de la qualité du bétail,
l'estimation les tranchera. Ainsi il est peu pro-
bable qu'il s'en produise ; mais, le cas échéant.
il est bon de savoir que la loi de 1838 est
étrangère à ce cheptel, et que c'est l'art. 1721
du Code civil qu'il faut appliquer.

240. Les règles de gestion du cheptel donné au colon partiaire, diffèrent peu de celles déjà tracées pour l'administration du surplus du bail à métairie ; d'une part le métayer est chargé de soigner pour conserver et faire produire ; de l'autre, les rapports avec les tiers, les achats et les ventes restent dans les attributions exclusives du maître.

241. Nous avons précédemment fait aux soins que doit le métayer dans sa gestion, l'application des dispositions de l'article 1806.

Art. 1806. Le preneur doit les soins d'un bon père de famille à la conservation du cheptel.

Les commentateurs modernes ne sont point d'accord sur l'étendue de la responsabilité que cet article impose au cheptelier. M. Duvergier et M. Troplong (1), prennent l'un et l'autre l'opinion de Coquille pour point de départ, et n'arrivent pas aux mêmes fins ; cela prouve combien sont ardues les questions relatives à la responsabilité, et combien est difficile l'application de la théorie des fautes. La coutume du Nivernais imposait au preneur de cheptel l'obligation de *le traiter et gouverner comme il fait ou devrait faire le sien propre.* Et Coquille ajoutait : « Si « c'était simple société, le preneur ne serait

(1) M. Troplong. *Louage*, n° 1078 et suivant. M. Duvergier *Louage*, n° 393 et suivant. t. 4.

« tenu sinon de telle diligence, et de tel soin
« qu'il a accoutumé d'employer à ses propres
« affaires, L. socius ff. pro socio, et dit la loi,
« que l'on doit imputer à soi-même d'avoir
« choisi un compagnon peu diligent. Mais la
« coutume par ces mots, *devrait faire*, semble
« désirer une diligence exacte, dont la raison
« est parce que lepreneur prend profit et salaire
« pour la garde et pour le soin. »

Ces observations conduisent M. Duvergier à
enseigner que le cheptelier est responsable de la
faute très-légère; M. Troplong en induit au
contraire que sa responsabilité s'arrête à la faute
légère.

Je préfère, je l'avoue, m'en tenir sur ce point
à cet autre avis de Coquille, sur l'article 8 de
la même coutume du Nivernais, dans lequel
il s'agit de régler une compensation entre le
bailleur et le preneur de cheptel : « Le contrat
« étant de bonne foi, *ex eo capite* qu'il contient
« société, il y faut entendre *toutes choses*, ex
« *bono et æquo*, et *sicut vir bonus arbitraretur.* »
Nous avons en effet montré déjà, que le bail du
colon est bien plus une société que le cheptel
simple; qu'il est tout de société; il est donc
évident qu'en renvoyant au bon sens et à l'équité
la solution des questions relatives à l'étendue

16

de la responsabilité du métayer, nous rentrons complètement dans l'opinion de Coquille et les principes du Code civil. (1)

242. Les articles 1807 et 1808 servent de développement à l'article 1806.

Art, 1807. Il n'est tenu du cas fortuit que lorsqu'il a été précédé de quelque faute de sa part, sans laquelle la perte ne serait pas arrivée.

Art. 1808. En cas de contestation, le preneur est tenu de prouver le cas fortuit, et le bailleur est tenu de prouver la faute qu'il impute au preneur.

On peut indiquer comme exemple de cas fortuit, l'épizootie, l'incendie, le vol, l'enlèvement par les bêtes fauves, ou encore, comme disait Coquille en son temps : *si en temps d'hostilité, les ennemis ou les soldats qui se disant amis sont vrais ennemis*, ravissent et emmènent le bétail. Dans tous les cas pareils, la règle du Code, qui a mis fin aux contrariétés du droit ancien, peut se réduire à ceci : la preuve du cas fortuit est à la charge du métayer ; s'il ne fait pas cette preuve, le bétail est réputé avoir péri par sa faute ; mais cette preuve faite, c'est au maître *de prouver* que c'est par la faute du métayer que le cas fortuit est arrivé, ou que le bétail en a été frappé.

(1) V. ci-dessus n° 158 et suivant.

Cette indulgence de la loi pour le métayer a
soulevé quelques critiques ; quelques-uns ont
pensé qu'il eût été plus conforme à la nature de
sa responsabilité, de lui imposer encore l'obligation de prouver qu'il n'était point en faute.
Cependant l'obligation du colon est plus lourde
encore qu'on ne peut croire ; la preuve du fait,
quelque vrai qu'il soit, lui sera souvent difficile.
Comment, en effet, prouvera-t-il, par exemple,
l'enlèvement des brebis par les bêtes fauves ? Les
métairies sont très-souvent isolées, les troupeaux paissent sur la lisière des bois, à travers
des landes désertes, sous l'œil d'un seul pâtre,
enfant ou domestique du métayer, dont le témoignage peut être recusé. En pareil cas, et en
l'absence de preuve positive, les dispositions
de l'article 1253 du Code civil viendront utilement en aide à la conviction du juge. (1)

On ne doit pas non plus prendre à la rigueur
la disposition de l'art. 1809, qui imposerait au
métayer l'obligation de rendre compte des peaux
dans tous les cas où il est déchargé du cas
fortuit.

(1) 1353. Les présomptions qui ne sont point établies par la loi,
sont abandonnées aux lumières et à la prudence du magistrat, qui ne
doit admettre que des présomptions graves, précises et concordantes,
et dans les cas seulement où la loi admet les preuves testimoniales,
à moins que l'acte ne soit attaqué pour cause de fraude ou de dol.

Art. 1809. Le preneur qui est déchargé par le cas fortuit, est toujours tenu de rendre compte des peaux des bêtes.

Cela s'entend principalement du cas de perte
par maladie ; encore faut-il excepter les temps
d'épizootie, lorsque les réglements de police et
de salubrité commandent d'enfouir sans retard
les bêtes mortes; mais on comprend que l'article
reste sans application, lorsque la nature même
du cas fortuit suppose que tout a dû périr, bêtes
et peaux : comme l'incendie, l'enlèvement par
les bêtes fauves, etc., etc. Au reste, M. Treilhard
fait très-bien observer dans la discussion de cet
article, qu'il n'oblige pas le preneur à payer toujours les peaux qu'il ne peut pas représenter ,
mais seulement à en rendre compte. (1)

243. L'article 1810 complète le sens des articles
précédents par une disposition importante ; il
fixe la proportion dans laquelle le métayer
entre en partage de la perte totale ou partielle
du cheptel.

Art. 1810. Si le cheptel périt en entier sans la faute du preneur,
la perte en est pour le bailleur.—S'il n'en périt qu'une partie, la
perte est supportée en commun , d'après le prix de l'estimation originaire, et celui de l'estimation à l'expiration du cheptel.

244. Cette disposition du Code a été envisagée au double point de vue du droit et de l'éco-

(1) Fenet. T. 14, p. 254.

nomie; et sous l'un et l'autre rapport, elle a été sévèrement critiquée. Le jurisconsulte lui reproche de blesser, en laissant à la charge du métayer une partie de la perte du fonds, la maxime toujours respectée : *res perit domino* ; l'économiste l'accuse d'imposer à une industrie misérable une condition si onéreuse que les casuistes n'hésitaient pas à l'assimiler à l'usure. N'est-ce pas même une erreur de logique que de soumettre la partie du capital à une règle, et le tout à une autre, et de faire dépendre une raison de droit d'un fait de pur hasard, la survivance de la dernière bête du troupeau. Enfin, la morale elle-même n'a-t-elle rien à dire contre une règle qui met l'intérêt du métayer en opposition avec son devoir, en ce qu'il lui est plus avantageux de laisser périr les dernières bêtes du troupeau que de les conserver. (1)

245. La première rédaction de l'article laissait beaucoup d'indécision sur le sens qu'on devait y attacher ; elle était ainsi formulée :

« Si le cheptel périt en entier sans la faute « du preneur, la perte en est pour le bailleur.

« S'il n'en périt qu'une partie, la perte est « supportée en commun. »

---

(1) M. Troplong. *Louage*, nº 1110.

La rédaction définitive en a fixé le sens; mais on a remarqué avec raison qu'elle ne reflétait aucune des opinions qui s'étaient manifestées lors de la discussion, de sorte que, quoique tranchant très-nettement la question dans un sens nouveau, elle reste inexpliquée.

En cette matière, la pratique des choses doit servir beaucoup à éclairer la critique, et je crois apercevoir entre le cheptel simple et le cheptel donné au colon partiaire, une nouvelle différence qu'il est à propos de signaler.

246. Dans l'opinion des auteurs, le capital du cheptel simple proprement dit a une stabilité telle, qu'il semble que, les cas fortuits à part, les têtes de bétail qui le composent jouissent d'une sorte d'immutabilité; l'âge seul ou la stérilité (1) autorise leur remplacement par d'autres têtes, qui doivent être prises dans le croît, c'est-à-dire, dans celles nées du troupeau; *aliam ex alid generando.* (2) Ainsi on peut se

(1)..... *Subeunt morbi tristisque senectus.* . . . .
(2)..... *Solve mares; mitte in Venerem pecuaria primus*
Atque aliam ex alid generando suffice prolem (Virgil. Georg., lib. 3.)
« Si aucunes bêtes meurent, ou autrement dépérissent sans la faute
» du preneur, il faut attendre que le reste des bêtes puisse refaire
« le cheptel : *quia ex agnatis supplendus est* grex ! Coquille. Inst. du
« Droit français. »
Cette opinion sur l'invariabilité des têtes du cheptel était telle que

représenter un cheptel composé de brebis, dont les agneaux se vendent chaque année, sauf les jeunes femelles destinées à remplacer leurs mères que l'âge a rendues stériles, ou de vaches dont les produits sont de bonne heure mis en vente, sauf quelques génisses de remplacement.

Le cheptel donné au colon partiaire n'a point cette solidité; la mobilité, la mutabilité, sont de son essence ; ce n'est point un fonds que l'on conserve, c'est un capital sur lequel on spécule; il est aussi plus varié dans les espèces qui le composent : les vaches et les brebis reçoivent bien, il est vrai, la destination qu'on leur donne dans le cheptel simple, mais à côté, c'est un troupeau de moutons qu'on achète au printemps pour le revendre à l'automne, des bœufs achetés à trois ans pour être revendus à cinq, quelquefois plus tôt, quelquefois plus tard, à l'occasion; de telle sorte que le plus souvent, il s'agit moins d'éducation que de négoce.

247. A ce point de vue, je trouve dans l'art. 1851 une raison plausible de l'art. 1810.

---

l'édit d'octobre 1713 . rangeait au nombre des conditions nécessaires pour que le bailleur d'un cheptel simple pût s'opposer à la saisie pour les tailles et autres impôts dûs par le preneur , que l'acte constitutif du cheptel désignât non seulement l'âge et le nombre , mais même le *poil* des bêtes dont il se composait.

Art. 1851. Si les choses dont la jouissance seulement a été mise dans la société, sont des corps certains et déterminés qui ne se consomment point par l'usage, elles sont aux risques de l'associé propriétaire.—Si ces choses se consomment, si elles se détériorent en les gardant, si elles ont été destinées à être vendues, ou si elles ont été mises dans la société sur une estimation portée par un inventaire, elles sont aux risques de la société.—Si la chose a été estimée, l'associé ne peut répéter que le montant de son estimation.

Or, le contrat de cheptel entre le maître et le métayer est une société; le maître ne met dans la société que la jouissance du fonds de cheptel, et ce fonds est au moins autant destiné à être vendu, sauf remplacement, qu'à être conservé; enfin il en est fait inventaire et estimation à l'entrée du bail. L'article 1810 est donc, quant à notre cheptel, dans un rapport d'harmonie parfaite avec l'article 1851, lorsqu'il condamne le métayer à participer à la perte partielle du fonds.

248. J'avoue que cette interprétation conduirait à faire supporter au métayer la moitié même de la perte totale; mais en acceptant pour le cheptel le régime de l'article 1851, le législateur devait-il s'interdire toute miséricorde pour une industrie que l'on s'accorde à déclarer nécessiteuse? Le rigorisme de la logique devait-il faire négliger les conseils de l'humanité? (1)

(1) L'ignorance, le manque de capitaux et l'indolence des colons sont les véritables causes de leur peu de prospérité. (De Gasparin) V. M. Troplong, Louage, n° 111.

L'article 1810 se justifie donc facilement au point de vue du droit, et l'on doit reconnaître qu'il se ressent aussi de l'influence d'une philanthropie éclairée. Au reste, nous verrons bientôt que le colon peut être assujetti par une convention expresse, à participer à la perte totale du cheptel, même pour les cas fortuits arrivés sans sa faute.

249. Appliqué à un cheptel simple, lorsqu'il ne comprend qu'un troupeau de bêtes de même espèce, l'article 1810 ne présente aucune difficulté d'interprétation. Si au contraire, le cheptel comprend des animaux d'espèces différentes, comme la presque totalité des cheptels de métairie dans lesquels se trouvent confondus des bêtes à cornes, des bêtes à laine et des porcs, l'article laisse à décider si, pour que le métayer soit déchargé de l'obligation de contribuer aux pertes, il faut qu'il y ait perte complète des animaux de toutes les espèces, ou s'il suffit au contraire, que l'une des espèces soit anéantie en totalité. En admettant la première proposition, c'est-à-dire, la nécessité d'une destruction complète des animaux de toutes les espèces, la deuxième partie de l'article 1810 ne sera jamais applicable au cheptel à métairie. La plupart des cas fortuits ne peuvent atteindre que partielle-

ment les animaux qui font partie d'un cheptel d'espèces variées.

L'épizootie est le plus souvent citée comme occasion d'appliquer l'article 1810; or, les maladies épizootiques, contagieuses ou non, sont généralement propres seulement à certaines espèces; les maladies charbonneuses attaquent les bêtes à cornes, la cachexie les bêtes à laine, la morve les chevaux. (1) L'incendie même, quelque rapide qu'il soit, permet toujours de sauver quelques bêtes d'une espèce ou de l'autre, parce que leurs étables occupent ordinairement des parties de bâtiments, ou même des bâtiments distincts. Il est donc vrai qu'à moins d'un désastre presqu'inouï, la deuxième partie de l'article serait toujours illusoire; elle ne contiendrait qu'une théorie sans utilité pour le métayer, et qui pourrait devenir déplorable pour le propriétaire lui-même, si le métayer venait à songer qu'en sauvant un porc ou un mouton, il met à sa charge la moitié de la perte du gros et du menu bétail. Lorsque la Loire en 1846 ravageait ses bords, nous avons vu des métayers risquer leur vie pour sauver quelques-uns des animaux de leur cheptel que le fléau de l'inondation menaçait; quel sentiment pénible n'aurions-nous pas éprouvé, s'il

(1) Voir la loi du 20 mai 1838 sur les vices rédhibitoires.

nous eût fallu les condamner à payer la moitié
du tout, parce qu'au péril de leurs jours ils
avaient sauvé quelques animaux d'une espèce ou
d'une autre, tandis que leur voisin moins cou-
rageux ou plus prudent, avait pu, tranquille-
ment assis sur le rivage, regarder d'un œil indifférent les troupeaux de la métairie entrainés
par le courant. et se dire, ses meubles étant mis
à l'abri : ce n'est rien, c'est *tout* le cheptel de
mon maître qui se noie! (1)

Il me semble que la raison commande une interprétation plus favorable et plus utile, qu'appuient d'ailleurs des motifs puisés aux sources du droit en cette matière.

Lorsque l'article 1810 a été discuté, ses rédacteurs avaient uniquement en vue le cheptel
simple. Ce mode de cheptel ne présentait à la
pensée que l'idée d'un troupeau de même espèce (2); ici un cheptel de vaches, là un cheptel
de brebis ; aussi le mot cheptel était-il employé

_____

(1) Par arrêt de la cour de Limoges du 21 février 1839, le métayer est chargé de la moitié de la perte d'un cheptel qui avait péri
dans l'incendie de la métairie, parce que des porcs avaient été conser-
vés. — *Recueil général des lois et arrêts.* t. 39. 2. 406. dura lex *si
lex* !

(2) Le mot troupeau est employé pour le mot cheptel dans l'article
1812 du Code civil. Voir ci-après..

comme traduction du mot latin *Grex* (1). C'est
pour cela que Proudhon, écho des commentateurs qui l'avaient précédé, en expliquait ainsi
la signification: « On entend par troupeau
« toute universalité d'animaux destinée à se re-
« produire par elle-même.... C'est un corps des-
« tiné à avoir une existence indéfiniment prolon-
« gée par les moyens de reproduction qu'il ren-
« ferme en lui-même. » (2) C'est encore pour
cela qu'en discutant l'article 1810, on disait que
la meilleure règle à suivre pour faire participer
le cheptelier à la perte partielle du cheptel, c'est
de le priver du droit de réaliser sa part de bénéfice par la vente du croît, jusqu'à ce que le
fonds se soit reconstitué dans son entier par la
capitalisation des jeunes têtes. (3) Ainsi, la possibilité de reproduction a toujours été dans la
pensée des rédacteurs et des commentateurs des
lois; et cette qualité essentielle ne se rencon-

(1) *Grex*. L. *vetus cum leg. sequent. ff. de usufructu.*
(2) Proudhon. usuf. n° 1091 t. 3.
(3) Fenet. t. 14. p. 345.
« Si le total du bétail ne périt pas, mais seulement quelques chefs,
« je crois qu'en ce cas la perte se peut dire en commun, en tant que
« le preneur doit patienter et nourrir ce qui reste de bétail, jusqu'à
« ce que le croît et profit puisse parfournir le cheptel, même ne fût-il
« demeuré qu'une bête femelle. Au fruit et profit de bétail, sont
« compris les petits que les femelles font, hormis ceux qui sont rete-
« nus pour refaire et entretenir le cheptel. »
Coquille. S. la *Coutume du Nivernais*, chapitre 21 art. 4.

tre que dans une agrégation d'animaux de même espèce. Cette opinion qui seule peut faire que la deuxième partie de l'article 1810 ne soit pas une lettre morte pour le cheptel de métairie, ressort donc de la nature des choses, et se fortifie par la doctrine ; elle consite à voir dans le fonds du cheptel donné au colon partiaire, autant de cheptels partiels qu'il comprend d'espèces différentes de bétail. (1)

Cependant, il faut l'avouer, cette opinion quelque bien justifiée qu'elle soit, rencontre dans son application des difficultés, et dans les termes même de l'article 1810, une objection qui justifie l'interprétation donnée à cet article par la cour de Limoges, dans l'arrêt du 21 février 1829. (2)

Déjà, en effet, nous avons fait remarquer que le Code civil, s'éloignant du principe des coutumes, considérait moins la nature des animaux qui composent le cheptel que leur valeur, et ces expressions : *sera supportée en commun d'après le prix de l'estimation originaire et celui de l'estimation à l'expiration du cheptel*, confirment cette observation ; d'une autre part, le

---

(1) « Plaçons-nous, dit M. Troplong, au point de vue du législateur, « lorsqu'il a formulé la section 2 ; qu'a-t-il eu sous les yeux ? un « cheptel placé ailleurs que dans la ferme ou métairie du proprié- taire. » *Louage* n° 1072.

(2) P. 243 à la note.

cheptel est souvent donné sans spécification des espèces, et seulement par l'expression de la valeur totale, comme s'il est constitué pour une somme de.... tant bêtes *à cornes* que *bêtes à laine* et *porcs*; il devient alors impossible de comparer entre elles l'estimation originaire et l'estimation de l'expiration, pour l'espèce qui a péri isolément. Il faudrait donc distinguer le cas où les espèces ont été spécifiées dans la constitution du cheptel, de celui où elles ne l'ont pas été; or, la règle uniforme de l'article 1810, que nous venons de rappeler, ne paraît pas autoriser suffisamment cette distinction.

250. Au reste, ces derniers mots de l'article 1810 indiquent assez que ce n'est qu'à fin de bail que le preneur du cheptel simple est tenu d'entrer en partage et de fournir au bailleur sa part de la perte; jusque-là il peut être seulement privé de réaliser par des ventes les bénéfices du croît. En conséquence, il ne peut être contraint de contribuer au rachat des bêtes manquantes, et ne peut y contraindre le bailleur. Il ne résulte pour le cheptel simple proprement dit, aucun inconvénient grave de ce mode *expectant* de reconstitution du cheptel; les pertes partielles ne peuvent par conséquent donner lieu à la résiliation de ce contrat. En

est-il de même pour le cheptel donné au colon partiaire ?

251. Il faut remarquer que cette espèce de cheptel se trouve liée au bail à métairie, tellement que c'est à juste titre que l'on dit qu'il en fait partie; c'en est au moins l'instrument nécessaire (1); la perte du cheptel suspend la culture. Attendre sa recomposition par le croît, ce serait vouer la métairie à un chômage prolongé pendant lequel le métayer serait privé de tout moyen d'existence, et le maître de revenus. Il est bien évident que le bail à métairie ne pourrait être maintenu dans une pareille position, et que la résiliation, demandée par l'une des parties, devrait être accordée.

252. L'article 1827 répète la première disposition de l'article 1810.

Art. 1827. Si le cheptel périt en entier sans la faute du colon, la perte est pour le bailleur.

Parce que la seconde partie de l'article 1810 n'est point rappelée dans l'article 1827, il ne faudrait pas en conclure qu'elle n'est point applicable au cheptel donné au colon partiaire.

(1) Sans le bœuf, les pauvres et les riches auraient beaucoup de peine à vivre; la terre demeurerait inculte, les champs seraient secs et stériles; c'est sur lui que roulent tous les travaux de la campagne; il est le domestique le plus utile de la ferme; le soutien du ménage champêtre : il fait toute la force de l'agriculture (Buffon).

De même les dispositions de l'article 1828 ,
parce qu'elles diffèrent de celles de l'article 1811,
ne sont point un obstale absolu à ce que celles
de ce dernier article soient applicables au cheptel
du colon; elles ne s'excluent qu'en ce qu'elles
peuvent avoir de contraire; pour le surplus, la
disposition de l'article 1830 reste dans toute sa
force.

Art. 1811. On ne peut stipuler,

Que le preneur supportera la perte totale du cheptel , quoiqu'arri ·
vée par cas fortuit et sans sa faute ,

Ou qu'il supportera , dans la perte, une part plus grande que dans
le profit,

Ou que le bailleur prélèvera , à la fin du bail , quelque chose de
plus que le cheptel qu'il a fourni.

Toute convention semblable est nulle.

Le preneur profite seul des laitages , du fumier et du travail des
animaux donnés à cheptel.

La laine et le croît se partagent.

Art. 1828. On peut stipuler que le colon délaissera au bailleur sa
part de la toison, à un prix inférieur à la valeur ordinaire ;

Que le bailleur aura une plus grande part au profit ;

Qu'il aura la moitié des laitages ;

Mais on ne peut pas stipuler que le colon sera tenu de toute la
perte.

253. Les conséquences de ces dispositions
sont diversement appréciées relativement au
cheptel simple. M. Delvincourt et M. Duranton pensent qu'elles permettent bien de mettre
les deux tiers ou les trois quarts de la perte à la

charge du bailleur, mais sans qu'on puisse lui
attribuer pour cela dans les profits une quotité
plus forte que la moitié. M. Duvergier et
M. Troplong résistent à cet avis, et pensent que
les parties sont toujours libres de modifier la
quotité des parts, pourvu que cette quotité soit
la même pour les profits et pour les pertes. Les
premiers font remarquer que si on ne s'arrête
pas à cette limite de la moitié pour le bailleur
dans les bénéfices, on peut aller jusqu'à les lui
attribuer en totalité. — « Pourquoi pas, répond
« M. Troplong? où serait le grand mal, la
« grande violation du Code ? quelle est la loi
« qui prohibe ce pacte? Sans doute ce ne serait
« pas un cheptel dans sa pureté; l'élément social
« y manquerait; ce serait plutôt un contrat de
« louage d'ouvrage, ou si vous voulez, un
« contrat innommé. »—Cette argumentation est
spécieuse sans doute; mais ne remarque-t-on
pas, qu'à sa faveur, on peut mettre de côté
toutes les prohibitions de la loi; on peut ne plus
laisser au cheptelier que le dixième du lainage,
des fumiers et du labeur des bestiaux; le bailleur
se fera la part du lion, et s'excusera en disant : « A quelle loi suis-je contrevenu ? à celle
« qui règle les cheptels? Mais ce n'est point un
« contrat de cheptel que j'ai prétendu faire, je

17

« ne prends pas le cheptelier comme un asso-
« cié, mais comme un valet; le lien qui nous lie
« est un contrat inommé, ce que je lui laisse
« des profits des bestiaux, n'est pas une part,
« c'est un gage. » La loi ne permet pas qu'on
échappe ainsi à ses prohibitions. Quelque nom
que vous donniez au contrat, le preneur en
fournit-il moins sa peine pour soigner les bestiaux et les produits de la terre pour les nourrir?
cette condition caractérise malgré vous la convention et vous place sous le régime du contrat
de cheptel, sous sa lettre et sous son esprit;
l'équilibre que l'on se sent obligé de maintenir
entre les profits et les pertes, n'offre pas la compensation que l'on croit; elle serait réelle, si la
perte devait toujours égaler le profit; mais le
contrat est fondé sur une autre base; on suppose, et cela est généralement vrai, que le profit
doit surpasser la perte, en sorte qu'en diminuant
dans une proportion égale pour le cheptelier,
la quotité du profit et de la perte, on lui ôte
plus qu'on ne lui donne.

254. Toutefois, M. Duranton, en appréciant
ainsi que nous venons de le rapporter, l'art.
1811, explique que cette opinion ne s'applique
point au cheptel donné au colon partiaire :
« Il en serait autrement, dit-il, dans le cheptel

« simple livré au colon partiaire ou métayer ,
« parce que, dans ce cas , la nourriture du bé-
« tail, et les bâtiments pour le loger , sont
« fournis par le bailleur, et que les conditions
« du bail à métairie sont convenues en consé-
« quence. » On a peut-être exagéré la différence
de position que cette circonstance établit entre
le cheptelier et le colon partiaire ; s'il est vrai
que le colon ne fournit pas la nourriture et le
logement , d'une part , il reste chargé de tous
les soins dûs aux animaux, de la récolte et de
l'engrangement des fourrages ; de l'autre, le
produit des fumiers et des labours ne lui profite que dans la proportion de sa part dans les
récoltes de la métairie. Quoi qu'il en soit, la
loi a été faite sur cette donnée bien ancienne-
ment admise , elle doit servir de règle au commentateur. Le colon partiaire est donc moins
protégé que le cheptelier ; c'est pour cela que
le bailleur peut se réserver une part de profit
plus grande que la moitié. Mais le peut-il sans
diminuer proportionnellement la charge du
métayer dans les pertes?

« On peut, dit encore M. Duranton, stipuler
« que le bailleur aura une plus grande part de
« profit , et il n'est pas nécessaire pour cela de
« mettre à sa charge une part correspondante

« de la perte. L'article 1828 ne dit pas comme
« l'article 1811 , que le preneur ne peut avoir
« une part plus forte dans la perte que dans le
« profit; la raison en est simple , il trouve une
« compensation dans la *culture du fonds*, *dans*
« *le logement et dans les moyens que fournit le*
« *domaine pour nourir et héberger les bestiaux*;
« au lieu que dans le cheptel simple livré à un
« autre qu'au colon partiaire, le preneur n'a
« pas ces avantages..... Rien n'empêche enfin
« que dans le contrat de société , l'un ait les
« deux tiers du profit , et ne supporte cepen-
« dant qu'un tiers de la perte , s'il y a perte.....
« Et si l'on ne s'en explique que sur le profit ,
« on est censé avoir voulu rester dans le droit
« commun , quant à la perte..... Il est bien
« vrai que dans les sociétés ordinaires, il est de
« principe que l'expression des parts , dans le
« gain seulement, est censée répétée dans la
« perte, et réciproquement , § 3, *Institut. de*
« *societate* ; mais ici, ce n'est point une société
« ordinaire; elle est mélangée de louage. »

255. Pourquoi M. Duranton , si bienveillant
pour le cheptelier simple, est-il maintenant si
peu favorable au colon partiaire ?

Ce dernier, il est vrai, ne fournit pas le logement et la nourriture des bestiaux ; mais déjà,

en compensation de cet avantage , estimé peut-
être à trop haut prix , on lui a enlevé celui
d'avoir toujours la moitié des profits assurés ;
on le prive maintenant, sous le même prétexte,
du bénéfice de ce principe équitable qui maintient l'équilibre entre les profits et les pertes ;
nous n'aurons plus à nous étonner, si, toujours
à cause du logement et de la nourriture qu'il
ne fournit pas, on vient lui disputer encore le
droit de se prévaloir de la disposition de l'article
1811 , qui interdit au bailleur de stipuler qu'il
prélèvera à la fin du bail quelque chose de plus
que le cheptel qu'il a fourni; ce serait une troisième compensation au profit du logement et
de la nourriture. Nous connaissons pourtant un
vieux proverbe , trivial mais équitable , selon
lequel « le meunier ne doit pas tirer d'un
même sac deux moutures » ; pourquoi ne pas
l'appliquer ici, et une fois la part faite à la compensation , ne pas rentrer à l'égard du colon
dans la règle si juste de la participation proportionnelle aux profits et aux pertes ; la nécessité de la respecter servira de frein à l'abus que
le bailleur peut faire de la faculté que lui accorde
l'article 1828 de se réserver une plus grande
part du profit ; le même article lui permet
d'ailleurs de stipuler encore que le colon sera

tenu de lui délaisser sa part de la toison, à un
prix inférieur à la valeur ordinaire, ce qui revient presque à s'attribuer la totalité du produit
des laines , et de retirer aussi la moitié du laitage. Ces dérogations formelles aux règles du
cheptel simple sont toutes fondées sur ce que
le colon ne fournit pas le logement et la nourriture des bestiaux. Mais n'est-ce donc pas assez?
— Si la décision de M. Duranton n'est pas absolument contraire à la lettre de l'art. 1855 ,
elle est certainement en contradiction avec son
esprit et celui de l'article 1853; et quand même
le bail à cheptel ne serait pas une pure société
et tiendrait du louage, ce que nous contestons
plus que jamais , il n'en serait pas moins vrai
que la société en est le caractère dominant, et
qu'à moins de raisons bien évidentes , ce sont
les principes de ce contrat qu'il faut faire prévaloir. L'argument tiré de ce que l'art. 1828 ne
répète pas complètement la disposition de
l'article 1811, n'autorise pas suffisamment à en
refuser le bénéfice au colon partiaire ; nous
avons vu déjà l'art. 1827 répéter le premier
paragraphe de l'article 1810, sans que le second,
qui ne s'y trouve pas reproduit, cesse d'être applicable au colon. Rien n'autorise à penser que
le silence de l'art. 1828 ait une autre portée ;

ce qui est plus décisif, c'est que l'art. 1830 renvoie aux dispositions du Code relatives au cheptel simple; que l'article 1811 fait partie de ces dispositions; que l'article 1828 renferme des exceptions expresses à l'article 1811, mais n'en repousse pas l'application d'une manière complète et absolue ; qu'il en maintient, en le tempérant seulement, l'esprit protecteur pour le plus faible des contractants ; que la disposition de l'art. 1811 qui nous occupe n'a rien de contraire à la nature du bail à métairie ; qu'en conséquence il n'y a aucune raison légitime de la modifier en ce point.

Ne quittons pas cette partie de notre sujet sans faire remarquer que l'article 1811, en défendant au bailleur de prélever à la fin du bail *rien de plus que le cheptel qu'il a fourni*, est la condamnation de la prestation colonique, lorsqu'elle excède la moitié des impôts du fisc, et tout au plus la valeur estimative de son loyer ; tout ce qui dépasse en effet, cette double mesure, n'est plus qu'un prélèvement qui ne diffère de celui prohibé par l'article 1811, qu'en ce qu'au lieu d'être perçu *en somme* à la fin du bail, il est perçu *par fractions* et par chaque année. (1)

(1) V. les dispositions des *Cout. de Niv. et de Bourb.*, citées dans l'Introduction, p. 24 et 25.

256. Nous avons vu que le cheptel donné au colon partiaire, était par sa nature et sa destination, moins invariable que le cheptel simple, et souffrait, dans les parties qui le composent, le mouvement de la vente et de l'échange ; il faut chercher dans l'article 1812 les limites dans lesquelles le maître et le colon peuvent ou doivent participer à ces opérations, et quels sont les effets des actes de l'un ou de l'autre à l'égard des tiers.

Art. 1812. Le preneur ne peut disposer d'aucune bête du troupeau, soit du fonds, soit du croît, sans le consentement du bailleur, qui ne peut lui-même en disposer sans le consentement du preneur.

257. L'expression disposer, s'entend non seulement de l'aliénation par la vente ou échange, mais aussi du prêt et du louage ; l'article interdit donc très-clairement au colon le droit de confier à des étrangers, pour les employer à leur profit, les bestiaux du cheptel. La défense de voiturer pour autrui, même en conservant la garde et conduite des animaux, s'y trouve également comprise. S'il peut s'élever quelques doutes sur ce point à l'égard du cheptel simple, dans lesquelles les labeurs du bétail appartiennent au cheptelier, il ne peut en rester pour le cheptel donné au colon partiaire ; ce dernier n'a droit aux fruits que pour sa part, et suivant Coquille : « *Le labeur du bœuf est compris sous le nom de* *fruit et profit.* » Aucune bête du troupeau ne peut donc être vendue, donnée, prêtée, louée, etc., en un mot, *détournée de sa destination*, sans l'agrément du maître ; la répression résultant de condamnations à dommages-intérêts, doit être d'autant plus sévère, qu'en disposant du bétail pour en tirer, à l'insu du propriétaire, un profit clandestin, le métayer commet un acte très-voisin du délit d'abus de confiance. (1)

258. L'interdiction de disposer d'aucune bête du troupeau, sans le concours des deux volontés, oblige également le preneur et le bailleur ; et la précision des termes de l'article, n'autorise pas à penser qu'en cas de désaccord, l'une des volontés doive l'emporter sur l'autre ; aussi les opinions sont-elles partagées seulement en ce sens, que selon les uns, l'une des parties refusant son adhésion à une vente avantageuse,

(1) Voyez ci dessus nᵒˢ 197 et suivants, ajoutez les dispositions de l'article 1729 du Code civil. « Si le preneur emploie la chose louée » à un autre usage que celui auquel elle est destinée, ou dont il puisse « résulter un dommage pour le bailleur, celui-ci peut, suivant les « circonstances, faire résilier le bail. » Ajoutez encore les articles 1766 et 1881.

« Le colon ne peut faire charrois, ni employer les bestiaux à aucun « autre usage qu'à la culture, sans le consentement du maître. » — Salviat *loc. cit.* — V. M. Troplong. *Louage.* nᵒˢ 1120 et 1139 — Coquille. *sur la Coutume du Nivernais.* tit. XXI. Art. 4.

les tribunaux peuvent devenir juges de l'oppor-
tunité de l'aliénation (1), et que selon les autres,
toute action doit être refusée à l'autre partie,
même en dommages-intérêts. (2). Cette égalité
de droit, et l'inertie qui résulte de l'impossibilité
de contraindre à la vente, peuvent jusqu'à certain point convenir au bail à cheptel simple,
qui tend plus à l'accroissement du troupeau,
qu'à la spéculation par le trafic ; mais il est difficile de comprendre que le bail à cheptel donné
au colon partiaire puisse s'en accommoder.

Ce bail n'est, comme on l'a vu déjà, qu'un
accessoire, une partie même du bail à métairie,
et c'est une nécessité qu'il en subisse les conditions générales et essentielles, dont l'une des
principales est la prépondérance de la volonté
du maître. (3)

259. L'objection tirée de ce que les termes de
l'article 1812 sont absolus et abrogent la règle
de Salviat, ne serait point péremptoire. Cet ar-

_____

(1) Pothier. *Traité des cheptels* n° 56. — M. Duranton. p. 17
n° 283. — M. Duvergier. tom. 2. n° 413.

(2) M. Troplong. *Louage* n° 1140.

(3) « Si le maître et le colon ne s'accordent pas sur les bestiaux
« qu'il faut vendre, sur le prix de la vente, et à moins qu'il n'y ait
• entre eux une différence majeure, la volonté du maître serait pré-
« férée. » Salviat. V. *Bail à métairie.*

ticle, il ne faut point le perdre de vue, est écrit
plus spécialement pour le cheptel proprement
dit (1), et sa disposition n'est point de celles
auxquelles il n'est point permis de déroger ;
même dans le cheptel simple, il serait loisible
aux parties de stipuler que dans le cas de désaccord, l'une des volontés serait prépondérante ;
l'autorité du maître peut donc s'établir sans
violation de l'article 1812, par le consentement
des parties ; or, on peut dire que cette convention se trouve implicitement renfermée dans le
contrat de cheptel, du moment qu'on l'associe,
ou plutôt qu'on le confond avec un autre contrat dont c'est une condition *essentielle*.

260. La prépondérance de l'une des volontés
n'est point d'ailleurs exclusive du concours de
l'autre, puisqu'elle lui laisse même la possibilité
de prévaloir, dans le cas où le prix fixé par le
maître est de beaucoup inférieur à la valeur
réelle, et dans le cas aussi où le maître préten-
drait vendre des bestiaux dont l'absence cause-
rait à la métairie un préjudice notable.

Dans ces termes, les limites des droits respectifs du maître et du colon seraient néanmoins
trop vaguement tracées, et les difficultés qui

_____

(1) M. Troplong. *Louage*, n° 1072. V. *Suprà* n° 249. p. 245
à la note.

pourraient naître, causeraient à l'exploitation du bail de fâcheux embarras ; il n'y a souvent qu'un moment opportun, qu'un jour de foire, favorable pour vendre ou pour acheter ; fort souvent, retarder l'un ou l'autre, ce serait l'empêcher, et par ce moyen l'opiniâtreté du colon prévaudrait sur la prépondérance du maître, dont l'autorité doit être à l'abri de ces atteintes. Voici comment on peut allier ces deux principes opposés.

Le maître, administrateur principal et gérant, peut vendre et acheter lorsqu'il le juge à propos, nonobstant l'opposition du colon, et son intérêt à bien faire est une garantie qu'il abusera rarement de cette faculté ; mais s'il le fait mal à propos, et à ce point que l'excès ou la vileté du prix, l'inopportunité de l'achat ou de la vente opérée contre le gré du métayer, puissent être considérés comme une faute grave, le dernier aura contre le maître un recours pour se faire indemniser. Ainsi, sans que la marche de l'affaire sociale en soit entravée, la nécessité du concours du métayer exigé par l'article 1812, sera respectée, en ce qu'il trouvera dans le mépris que le maître en aura fait, la source d'une action par le secours de laquelle il obtiendra que, dans le compte de l'année, il lui soit fait

raison du juste prix ; et s'il s'agit d'un achat ou
d'une vente faite intempestivement, il obtiendra
que les bestiaux achetés soient revendus ou
ceux vendus remplacés, s'ils sont nécessaires à
l'exploitation du fonds ; et comme l'obligation
imposée au maître, dans ces derniers cas, est une
obligation de faire , à défaut par lui de l'accomplir, le métayer obtiendrait des dommages-intérêts, et selon les circonstances , même la résiliation du bail à métairie que suivrait celle du bail
à cheptel. (1)

261. Au surplus , la vente faite par le maître
ou le métayer, profite également aux tiers, en
ce sens, que la revendication ne pourra être exercée sur le seul motif du défaut de concours des
deux volontés. La disposition de l'art 2279, *en
fait de meubles la possession vaut titre*, élève au
profit de l'acheteur un obstacle invincible, s'il
est de bonne foi. Le maître ne pourrait même lui
opposer l'exception accordée par le même article,
au propriétaire de la chose volée ; car la vente
dolosive faite par le métayer, le rend *tout au
plus* coupable du délit d'abus de confiance , et
ces deux espèces ne peuvent être confondues. Si le
métayer n'est pas légalement possesseur des bes-

_____

(1) M. Duranton. t. 17 n° 283.

tiaux confiés à sa garde , il en est au moins légitime détenteur. Cette détention n'a pas pour
origine, la soustraction, la surprise ou la fraude,
mais la libre volonté du maître qui doit s'imputer d'avoir mal placé sa confiance. (1)

262. La vente du bétail faite par le métayer,
à l'insu ou contre le gré du propriétaire , constituerait *tout au plus*, avons-nous dit au n° précédent, un abus de confiance. Les termes de l'article 408 du Code pénal pourraient en effet laisser des doutes qu'il est utile de dissiper.

263. La difficulté naît de ce que l'acticle 408
du Code pénal est limitatif dans l'énonciation
des cas d'abus de confiance , et que l'on peut
se demander si la vente des bestiaux du cheptel

(1) Par arrêt du 6 mai 1835 , la cour de cassation a décidé que la
revendication permise par l'article 2102 du Code civil, pouvait être
exercée pour la vente faite par le fermier des bestiaux du fonds de
cheptel. M. Devilleneuve. en rapportant cet arrêt (*Recueil général des
lois et arrêts*. V 36. 1. 677), l'accompagne d'une critique fondée,
en ajoutant que la revendication pourrait avoir lieu tout au plus en
vertu de l'article 2279. Cette décision n'est pas plus juste que la première, parce qu'il ne s'agit pas d'un vol, mais d'un abus de confiance.
— L'article 408 du Code pénal , modifié en 1832, range dans les délits d'abus de confiance, le détournement des objets donnés à louage;
la cour de cassation l'a appliqué au détournement de cheptel par le
fermier , dans un arrêt du 23 juillet 1846.

par le preneur ou métayer, s'y trouve comprise. (1)

« La vente de cheptel, disent les auteurs de
« la théorie du Code pénal qui, avant la modi-
« fication apportée à l'article 408, ne constituait
« aucun délit, ainsi que l'a reconnu la Cour de
« cassation (arrêt du 5 octobre 1820), consti-
« tuerait évidemment aujourd'hui un abus de
« confiance, puisque le bail à cheptel, soit
« simple, *soit partiaire*, est un véritable contrat
« de louage, et que l'article 408 s'applique au
« détournement de tous les objets remis à titre
« de louage » (2) Cette opinion peut être vraie

_____

(1) Art. 408. « Quiconque aura détourné ou dissipé, au préjudice des
propriétaires, possesseurs ou détenteurs, des effets, deniers, marchandises, billets, quittances ou tous autres écrits contenant ou opérant
obligation ou décharge, qui ne lui auraient été remis qu'à titre de
louage, de dépôt, de mandat, ou pour un travail salarié ou non salarié, à la charge de les rendre ou les représenter, ou d'en faire un
usage ou un emploi déterminé, sera puni des peines portées en l'article 406. — Si l'abus de confiance prévu et puni par le précédent
paragraphe a été commis par un domestique, homme de service à gages, élève, clerc, commis, ouvrier, compagnon ou apprenti, au préjudice de son maître, la peine sera celle de la réclusion. — Le tout
sans préjudice de ce qui est dit aux articles 254, 255 et 256, relativement aux soustractions et enlèvements de deniers, effets ou pièces,
commis dans les dépôts publics. »

(2) *Théorie du Code pénal*, Chauveau et Faustin Hélie. t. 5. pages
414 et 415.

dans sa fin, mais elle est erronée dans son principe ; car le cheptel dont nous nous occupons
n'est pas un contrat de louage.

MM. Devilleneuve et Cerette ont accompagné
dans leur recueil, l'arrêt de 1820 cité par
MM. Chauveau et Faustin Hélie, d'une note qui
contient une explication très-intelligente des
principes de cette matière : « Sous notre droit
« actuel, y est-il dit, il faut distinguer le carac-
« tère du contrat en vertu duquel les bestiaux
« ont été remis entre les mains du fermier : le
« bail à cheptel a tantôt le caractère d'un contrat
« de louage (Articles 1804, 1805, 1821, 1822,
« 1826 du Code civil), tantôt celui d'un con-
« trat de société (Article 1818) ; dans le premier
« cas la vente des bestiaux constitue évidem-
« ment un abus de confiance depuis que la loi
« du 28 avril 1832 a ajouté à l'article 408 les
« mots à titre de louage : la question, dans
« cette première hypothèse, ne contient donc
« aucune difficulté ; — dans le deuxième cas où
« le bail établit entre le preneur et le bailleur
« une véritable société, la question est plus dif-
« ficile. En général, l'associé qui soustrait un
« effet de la société, commet un véritable vol
« au préjudice de ses associés. (Cassation 9 no-
« vembre 1808 et la note, théorie du Code

« pénal. tom. 6. p. 587.) Mais dans l'espèce, il
« ne pouvait y avoir de soustraction puisque
« les bestiaux avaient été déposés dans les mains
« du preneur ; il y avait détournement, mais
« le détournement diffère de la soustraction et
« n'en a pas le caractère. Il n'y a donc pas délit
« de vol. Il n'y a pas non plus abus de confiance
« puisque le preneur agissait comme associé et
« non comme mandataire. » (1)

Il semble que d'après cette opinion, l'action
criminelle serait désarmée contre le métayer vendeur des bêtes du cheptel. Cependant, il faut
remarquer que dans l'article 408, pour définir
le délit d'abus de confiance, le législateur s'est
moins attaché à la qualité individuelle de l'a-
gent, qu'à la destination de l'objet remis ; or,
la remise du cheptel donné au colon partiaire,
a pour destination principale *un travail à faire*,
le labour des champs et les voitures nécessaires
aux besoins de l'exploitation. A ce titre, le métayer vendeur des bestiaux du fonds de cheptel,
doit être soumis à l'application de l'article 408,

(1) Nouvelle édition du recueil. Arrêt de cassation du 5 octobre
1820, et la note. Voir pourtant un arrêt de cassation du 25 janvier
1838. *Recueil général des lois et arrêts*. tom. 38. 1. 246 ; rendu en
matière de cheptel simple, et cassant un arrêt de la cour de Bordeaux
du 7 décembre 1838.

18

comme ayant détourné des effets (ou objets) qui lui ont été remis pour un travail, et pour en faire un usage ou emploi déterminé. Lors donc que le métayer aura détourné, c'est-à-dire, distrait frauduleusement les bestiaux du cheptel, les peines prononcées par l'article 406 du Code pénal, devront lui être appliquées. (1)

264. Nous avons jusqu'ici supposé que les bestiaux étaient en la possession de l'acheteur, et que la vente avait été consommée par la livraison ; nous pouvons supposer maintenant qu'elle n'est point arrivée à ce point de perfection, et qu'il y a seulement de la part du maître ou du

(1) Article 406. Quiconque aura abusé des besoins, des faiblesses ou des passions d'un mineur, pour lui faire souscrire, à son préjudice, des obligations, quittances ou décharges, pour prêt d'argent ou de choses mobilières, ou d'effets de commerce, ou de tous autres effets obligatoires, sous quelque forme que cette négociation ait été faite ou déguisée, sera puni d'un emprisonnement de deux mois au moins, de deux ans au plus, et d'une amende qui ne pourra excéder le quart des restitutions et dommages-intérêts qui seront dûs aux parties lésées, ni être moindre de vingt-cinq francs. — La disposition portée au second paragraphe du précédent article pourra de plus être appliquée.

Article 463. La peine, s'il y a des circonstances atténuantes, peut être réduite à un emprisonnement inférieur à 6 jours, et à une amende même inférieure à 16 francs, ou à l'une de ces deux peines seulement, sans qu'en aucun cas elle puisse être au-dessous des peines de simple police.

métayer, promesse de livrer des bestiaux du cheptel ou du croît. Il faut, dans ce cas, considérer quel est celui, du métayer ou du maître, qui a fait la promesse.

De la part du maître, la promesse vaudra ; c'est la conséquence de son autorité dans le bail à métairie, et les tiers acheteurs s'en prévaudraient contre le métayer avec d'autant plus de force, que le maître étant généralement chargé de l'administration extérieure, la vente des bestiaux est dans son cercle d'action.

De la part du métayer au contraire, la promesse de livrer sera sans effet contre la volonté du maître. (1)

265. Les droits du maître et du métayer sur les bestiaux du cheptel étant ainsi déterminés, quelles seraient les limites de l'action des créanciers de l'un ou de l'autre, qui voudraient poursuivre par la saisie des bestiaux le paiement de leurs créances ? Cette question est plus facile à résoudre en matière de cheptel de métairie, qu'en matière de cheptel simple ; il faut se rap-

---

(1) Art. 1860. L'associé qui n'est point administrateur ne peut aliéner ni engager les choses même mobilières qui dépendent de la société.

V. arrêt de Bourges du 31 janvier 1843.

peler seulement que les bestiaux du cheptel
sont immeubles par destination, et font réellement partie du fonds ; dès lors il devient évident
que les poursuites des créanciers sont limitées à
l'égard du cheptel, comme à l'égard de chacun
des héritages dont la métairie se compose ;
c'est-à-dire que les créanciers du maître ne pourront saisir qu'immobilièrement, et sous la charge
de maintenir l'exécution du bail, et que les créanciers du colon ne peuvent les saisir sous aucune forme.

On objecterait en vain, que le maître ayant le
droit de vendre les bestiaux et de les mobiliser
malgré la résistance du métayer, ses créanciers
peuvent le faire de son chef; on leur opposerait
avec raison, que cette faculté est attachée à sa
personne puisqu'elle tient à la part d'administration qui lui est réservée dans le bail à métairie ; mais on pourrait saisir sur lui des bestiaux
conduits à la foire pour être vendus ; ils sont
alors distraits de leur destination présumée et
cessent d'être attachés à la culture.

266. Les créanciers du maître ne pourraient
pas même saisir, au préjudice du métayer, les
bestiaux du croît, tant qu'ils sont sur la métairie; car il a été jugé avec raison que les bestiaux destinés à la production des engrais et

à la consommation des fourrages d'une ferme ,
ne sont pas moins attachés à la culture que les
bêtes destinées au travail.

267. Quant aux créanciers du colon , la saisie immobilière et la saisie-exécution leur sont
également interdites ; les bestiaux même conduits en foire, ne pourraient être saisis de
cette manière pour être vendus , car la vente
se ferait alors sans le concours du maître ,
et nous savons qu'il est en droit de l'empêcher. Le créancier du colon peut toutefois s'opposer par une saisie arrêt, à ce que le
maître se dessaisisse des profits qui peuvent revenir au métayer.

L'article 1813 contient les dispositions suivantes :

Art. 1813. Lorsque le cheptel est donné au fermier d'autrui, il
doit être notifié au propriétaire de qui ce fermier tient ; sans quoi il
peut le saisir et le faire vendre pour ce que son fermier lui doit.

MM. Duranton et Troplong enseignent que
cet article s'applique non seulement au fermier
proprement dit , mais aussi au simple colon
partiaire ou métayer ; le mot fermier étant employé ici *lato sensu.* (1)

Je comprends cette application pour le cas

_____

(1) M. Duranton, t. 17, n° 28, M. Troplong. *Louage*, n° 1162.

où le bail à métairie est dénaturé, c'est-à-dire, lorsque tous les profits ne sont pas partagés, et qu'il est mélangé d'un forfait qui laisse au métayer, moyennant un prix ou une autre compensation, la totalité des profits du bétail, ce qui arrive principalement lorsque le métayer fournit les bestiaux (1). Dans ce cas, il n'y a point de bail à cheptel, et nous nous occupons ici des règles qui concernent ce contrat. Mais si le contrat est tel que nous l'avons supposé jusqu'ici, complet et sans mélange. si un cheptel est donné au colon partiaire, je ne vois pas comment il pourrait se prêter à l'application de l'art. 1813.

268. Cet article met en rapport deux avantages légaux qui appartiennent, l'un au fermier, l'autre au propriétaire dans le bail à ferme proprement dit, savoir : au profit du premier, le droit d'entretenir, même contre le gré du second, un cheptel simple sur les biens affermés, et au profit du second, un privilége sur le prix

(1) Dans plusieurs départements, notamment celui de l'Orne et celui de Vaucluse (d'après M. de Gasparin), il arrive souvent que les propriétaires livrent la métairie sans cheptel, au cultivateur; celui-ci se procure le bétail nécessaire et profite des croîts et profits. Le propriétaire reçoit la moitié des produits en grains, et une certaine somme qui lui tient lieu de sa part dans la consommation des fourrages.

de tout ce qui garnit la ferme et de tout ce qui
sert à son exploitation (art. 2102, Code civ.)

A moins d'une clause prohibitive dans le
bail, le propriétaire ne peut empêcher le fermier de recevoir les bestiaux d'autrui à titre de
cheptel simple ; c'est une spéculation licite, un
certain emploi de la chose louée, dont il a abandonné la jouissance en entier. Mais évidemment on ne peut accorder au métayer la même
liberté, et dans le cas où il conviendrait de
cheptel simple avec un tiers, le propriétaire ne
serait pas tenu de souffrir que le contrat s'exécute. La notification qui lui serait faite à cette
fin serait absolument vaine. C'est que d'une
part, il ne s'agit plus d'un bail à ferme seulement, mais d'une société sur laquelle il n'est
pas permis au métayer d'en enter une autre ;
et que d'une autre part, le propriétaire, dans
le bail à métairie, se réserve dans l'administration une part assez forte pour que le métayer
ne puisse choisir contre son gré un mode de
spéculation ou d'exploitation exceptionnel. Si
donc le métayer voulait trancher du fermier en
se plaçant dans le cas prévu par l'art. 1813, le
maître aurait le droit d'obliger le bailleur du
cheptel simple à le reprendre, et le métayer à

renoncer à l'effet d'une convention qu'il ne pouvait contracter sans son concours.

269. Si cependant après la notification d'un contrat de cheptel simple convenu entre un tiers et le métayer, le maître ne s'oppose point à l'introduction des bestiaux, son silence peut être considéré comme un consentement tacite, et les profits du cheptel simple se partageraient, pour la part du preneur, entre le maitre et le métayer. (1)

270. L'article 1814 est applicable au cheptel donné au colon partiaire.

Art. 1814. Le preneur ne pourra tondre sans en prévenir le bailleur.

La laine est un profit qui se partage en nature, aussitôt que la tonte est achevée. Nous avons vu déjà que la partie des produits du cheptel qui comprend le travail et les fumiers, se confond, par l'emploi qui en est fait sur les terres, dans le produit des récoltes. Les autres profits du cheptel, c'est-à-dire, le croit et le bénéfice se divisent, soit par l'effet du compte auquel le maître et le métayer procèdent chaque

(1) V. Arrêt de cassation, du 7 mars 1843, *Recueil général des arrêts*, t. 43, p. 285. M. Troplong, *Louage*, t. 3, n° 1161.

année, et dans lequel on balance les achats et les ventes de bestiaux, soit par le résultat de l'estimation qui suit l'expiration du bail. Nous dirons dans un chapitre spécial comment s'opère le compte annuel ; l'article 1817 indique comment se liquide dans l'estimation le partage final du bénéfice ou de la perte.

271. Les art. 1815 et 1816 déterminent les occasions de rupture du bail à cheptel simple, mais le premier ne convient pas au cheptel donné au colon partiaire. Le Code lui substitue la disposition de l'art. 1829.

Art. 1829. Ce cheptel finit avec le bail à métairie.

C'est la conséquence du principe posé par Coquille, que cette sorte de cheptel n'est qu'une partie du bail à métairie ; et réciproquement, la résolution du bail à cheptel entraîne la rupture du bail à métairie, par exemple, dans le cas prévu par l'art. 1816.

Art. 1816. Le bailleur peut en demander plutôt (du bail à cheptel) la résolution, si le preneur ne remplit pas ses obligations.

Ajoutons, pour compléter cette disposition, que cette faculté passerait au colon, si le maître manquait de remplir ses obligations.

272. L'art 1817 mérite toute notre attention.

Art. 1817. A la fin du bail, ou lors de sa résolution, il se fait une nouvelle estimation du cheptel.

Le bailleur peut prélever des bêtes de chaque espèce jusqu'à concurrence de la première estimation. L'excédant se partage.

S'il n'existe pas assez de bêtes pour remplir la première estimation, le bailleur prend ce qui reste, et les parties se font raison de la perte.

Dans cette disposition, il faut distinguer trois parties : la première suppose qu'il a été fait à l'entrée du bail une première estimation, et en ordonné une nouvelle. Nous avons vu cependant que la première n'était point indispensable pour la validité du contrat; et si elle n'a pas été faite, on peut demander comment, dans ce cas, on suppléera au mode de partage ou de liquidation tracé par l'art. 1817.

273. Le plus souvent les choses se passent ainsi : le bail à métairie est reçu par un notaire, plusieurs mois avant l'époque à laquelle il doit entrer en voie d'exécution. Il est impossible alors de faire l'estimation du cheptel, qui peut varier dans l'intervalle, et on se contente d'énoncer que le métayer prendra le cheptel selon l'estimation qui en sera faite à son entrée dans la métairie. Cette époque venue, l'estimation se fait par deux experts qui en dressent un état signé d'eux, et dont ils remettent un double à chaque partie. Quelquefois on convertit cet écrit en un acte notarié, que l'on nomme recon-

naissance ou obligation de cheptel; mais souvent aussi, l'on s'en tient, jusqu'à la fin, à la note signée des experts.

274. Il est rare que le maître ou le métayer conteste la valeur de cette pièce ; elle est néanmoins assez irrégulière pour fournir des ressources à l'esprit de chicane et à la mauvaise foi ; n'étant point signée des parties, elle ne constate que très-imparfaitement l'obligation, et bien plus, comme il n'est pas indispensable d'être lettré, pour être habile connaisseur en bestiaux, les notes ne sont pas toujours parfaitement claires. Enfin, il arrive quelquefois que l'un des experts ne sait pas signer et que la note, par cette raison, ne porte qu'une seule signature ; il arrive même que ni l'un ni l'autre des deux experts ne sachant signer, ils font dresser la note par un tiers étranger à l'expertise, qui signe pour eux.

275. Sans donc supposer chez le maître et le métayer une insouciance telle qu'ils omettent de faire procéder à l'estimation, il peut arriver que l'absence ou l'irrégularité de l'écrit qui la constate, les place exactement dans la même situation que s'ils l'avaient omise ; et pour faire comprendre quelles graves difficultés cette omission peut engendrer, je vais citer un exemple.

276. N.... avait acheté une terre composée
de plusieurs métairies : l'une d'elles était cul-
tivée à moitié fruits par une famille de colons
qui ignoraient à quelle époque avait été consenti à leurs ancêtres le bail qui, de génération
en génération, était arrivé jusqu'à eux ; quant
au cheptel, ils prétendaient en connaître le
montant par tradition, mais il n'en restait aucune trace écrite, soit dans leurs mains, soit dans
celles du propriétaire ; du côté de celui-ci, la
tradition avait été rompue, la propriété ayant
changé de mains par plusieurs ventes successives. N...... ayant affermé sa terre, et le fermier voulant augmenter les charges des colons,
ceux-ci préférèrent abandonner le domaine ;
pleins de confiance dans la tradition qui réduisait à un chiffre très-faible le montant de l'estimation (1), ils se consolaient de leur émigration
forcée, par le calcul de la somme importante
qu'ils auraient à recevoir pour la moitié leur
revenant dans l'excédant de la nouvelle estimation sur la première ; mais leur déception fut
grande, lorsque le fermier, refusant de prendre
pour base cette estimation traditionnelle, si

_____

(1) On peut juger de ce qu'elle devait être, en se reportant à ce
que nous avons dit au n° 235 de l'estimation des bestiaux qui, en 1714,
garnissaient le domaine d'Auroux des Pommiers.

faible qu'elle rendait leur bonne foi suspecte à
ceux qui ignoraient dans quelle proportion la
valeur des bestiaux s'est élevée depuis un siècle,
exigea une justification légale du montant primitif du cheptel. La difficulté s'aplanit par
l'intervention du propriétaire qui prit à sa charge
le sacrifice nécessaire pour amener une tran-
saction ; mais cette solution n'est point juri-
dique, et l'on peut, en présence de l'art. 1817,
se sentir embarrassé pour dire quelle eût dû
être, en justice réglée, l'issue d'un procès opi-
niâtrement engagé entre le propriétaire et le
colon. Voici quelle nous parait être la raison de
décider.

277. L'existence du bail à cheptel est prouvée par cela seul que les bestiaux servent à
l'exploitation d'une métairie tenue à colonage
partiaire, à moins qu'il ne soit d'un usage constant dans la contrée que les bestiaux appartiennent au métayer. Il ne s'agit donc plus que
de fixer le montant du profit ou de la perte; or,
il est conforme aux principes du droit, que
la charge de prouver le profit ou la perte,
reste à celui qui s'en prévaut. Quelle sera cependant la règle à suivre pour déterminer l'admissibilité de la preuve par témoins, lorsqu'on
ne pourra invoquer un commencement de

preuve par écrit? Devra-t-on prendre pour base
le montant de la somme réclamée à titre de
part de bénéfice ou de contribution à la perte ;
devra-t-on, au contraire, se déterminer d'après
la somme que le demandeur indique pour être
celle du fonds primitif du cheptel? Une simple
observation conduit directement à la solution :
il faut remarquer que le bénéfice ou la perte sont
des résultats dont la valeur du cheptel à l'entrée,
et la valeur à la sortie, sont les causes; qu'ici ce
qui manque d'abord, c'est la connaissance de la
valeur à l'entrée; c'est donc le montant de cette
valeur inconnue qui doit servir de règle pour
l'admissibilité de la preuve testimoniale d'après
les règles déterminées par les dispositions de la
section II, titre 3, liv. 3 du Code civil ; et
comme les cheptels d'une métairie de la moindre
importance sont d'une valeur supérieure à 150 fr.,
il arrivera rarement, sauf le cas de commencement de preuve par écrit, que la preuve de cette
valeur puisse être faite par témoins.

Il est donc aussi important pour le maître que
pour le métayer, non seulement de faire procéder à l'estimation, mais d'en conserver un
titre régulier.

278. La valeur primitive du cheptel étant
déterminée, l'estimation qui se fait des bestiaux

à l'expiration du bail, fixe les droits des parties
et sert à les liquider ; trois hypothèses se présentent naturellement à l'esprit : ou la nouvelle
estimation est supérieure à la première, ou elle
lui est inférieure, ou elle lui est égale. L'article
1817 fixe le mode de procéder dans les deux
premiers cas et se tait sur le troisième ; la règle
se tire seulement de l'analogie.

279. Dans l'hypothèse d'une estimation supérieure à la première, la rédaction de l'article
1817 n'est pas irréprochable, même au point de
vue du cheptel simple ; elle est sérieusement
critiquable lorsqu'on l'applique au cheptel
donné au colon partiaire.

S'il était permis d'interpréter le mot *peut*,
dans le sens du mot *doit*, les termes de l'article
suffiraient à toutes les éventualités, car ils dé-
termineraient un mode invariable de partage ;
mais la signification en est trop positive, pour
qu'on s'abandonne à cette interprétation, et il
est évident que le mot *peut* indique une pure
faculté dont le bailleur peut user ou ne pas
user. L'article dit bien que s'il prélève, l'*excédant se partage* ; mais il laisse à rechercher ce
qui doit avoir lieu, *s'il ne prélève pas*.

On peut, dans cette hypothèse, proposer

trois systêmes différents , et dire pour le premier qu'on doit partager , non l'excédant , mais
toutes les bêtes ; pour le deuxième, qu'on doit
les vendre toutes pour partager la somme dont
le prix de vente excèdera la première estimation;
pour le troisième, qu'on ne doit rien partager.
Il importe d'autant plus de se fixer sur ce
point, que le prélèvement n'étant accordé qu'à
titre de simple faculté , et un droit de pure faculté étant généralement une exception , on
peut en conclure que dans le droit commun , le
prélèvement ne doit pas avoir lieu.

Dans l'esprit du Code civil , le partage forcé
des choses en suppose la co-propriété entre les
co-partageants ; sous quel prétexte pourrait-on
contraindre le cheptelier à partager le fonds dont
il n'est pas propriétaire? En recevant la moitié du
bétail, il serait nécessairement obligé de restituer
au bailleur la moitié de la valeur du fonds primitif; ce serait donc le contraindre à acheter
cette moitié du cheptel, assurément il n'a pas
entendu s'assujétir à cette obligation.

La vente de la totalité des bestiaux pour partager l'excédant du prix de vente sur le prix
d'estimation , ou supporter en commun le déficit,
n'est pas plus dans l'esprit de la loi ; elle viole
ouvertement le droit de propriété réservé au

bailleur sur le fonds de cheptel, puisqu'elle
l'en dépouille forcément. On comprend d'ailleurs que dans l'un et l'autre cas, il n'y aurait
pas lieu à estimation, et les prescriptions de
l'article 1817 ne seraient point observées.

Le troisième système, qui consiste à ne rien
partager en nature lorsque le bailleur n'use pas de
son droit de prélèvement, est donc seul admissible.

Il en était ainsi sous les anciennes coutumes,
le bail se terminait par une licitation forcée entre
le bailleur et le preneur; l'un d'eux mettait à prix
les bêtes du cheptel, et l'autre était obligé de
les abandonner ou de les retenir pour ce prix. (1)
Il est facile de comprendre que l'une des parties
étant presque toujours dans l'impossibilité de re-

(1) Le bailleur peut exiger et priser le bétail, depuis le dixième
jour avant la nativité de Saint-Jean, jusque audit jour. Et le preneur
dix jours avant la fête de Saint-Martin. Nivernais du Chatel, art. 9.
Berri du Chatel, art. 1; dit que le bailleur et le preneur ne peuvent
exiger devant trois ans, à compter du bail, art. 2, et si le bétail
est à moitié, devant cinq ans.

Après que le bailleur a prisé, le preneur a dix jours pour retenir
ou laisser : et si le preneur prise, le bailleur a semblable temps. —
Nivernais du Chatel, art. 10 Berri du Chatel, art. 3, dit que
celui qui prise doit payer comptant, si les bêtes lui demeurent, et si
elles demeurent à celui qui n'a pas prisé, il a huitaine pour payer.
Bourbonnais art. 535, ne baille que huit jours après le prisage; mais
charge le preneur de bailler caution du prix, autrement les bêtes seront mises en main tierce. Coquille. — *Inst. au droit français.*

19

tenir, les bestiaux restaient à l'autre pour une
mise à prix très-inférieure à la valeur réelle ;
aussi cette coutume avait-elle fléchi sous sa propre iniquité, à ce point que la jurisprudence
lui avait substitué le mode de prélèvement que
l'on retrouve dans l'article 1817. La coutume
avait d'ailleurs l'inconvénient que nous avons
signalé plus haut, dans la supposition d'un partage forcé, de contraindre le cheptelier à acquérir le fonds du cheptel; cet usage ne peut évidemment nous servir de règle aujourd'hui. La solution se trouve en dehors de ce système.

280. Il faut remarquer que lorsque le bailleur
prélève des bêtes jusqu'à concurrence de la première estimation, il s'opère par cela même,
une séparation du fonds et du croît ; et c'est le
croît divisé, distingué du fonds par cette opération, qui fait l'objet du partage; si au contraire
le propriétaire n'use pas de cette faculté, le fonds
et le croît restent confondus; de ces deux choses,
l'une est la principale, l'autre l'accessoire; il est
conforme aux principes généraux du droit que
le second reste uni au premier. (1) Et comme
le fonds du cheptel est certainement la propriété
du bailleur, la volonté de la loi est bien évi-

_____

(1) 551 et 552 et suivant du Code civil.

demment que s'il ne veut pas prélever le fonds,
il conserve le *tout*; le partage se réduit alors à un
remboursement par le bailleur au preneur de
la moitié de l'excédant de la deuxième estimation
sur la première.

281. La conséquence de l'article 1817, ainsi entendu, est de laisser au bailleur le droit de retenir
la part du croît du preneur au prix d'estimation;
cet avantage lui est justement accordé dans le
bail à cheptel simple, parce que l'excédant de
valeur pouvant n'avoir d'autre cause que la
hausse du prix des bestiaux, il pourrait être
obligé de recevoir, pour la reprise de son fonds
de cheptel, un nombre de bêtes inférieur à
celui qu'il a donné; cette préférence est bien plus
équitable encore dans le bail du cheptel donné au
colon partiaire. Les bestiaux qui se trouvent à
l'expiration garnir la métairie, sont des instruments nécessaires de l'exploitation, et cela est
vrai même pour ceux qui excèdent le fonds du
cheptel ; les innovations agricoles exigent souvent l'accroissement du nombre des têtes de
bétail, et le propriétaire qui serait obligé d'en
abandonner une partie au colon, serait forcé de
les racheter le lendemain ; et comme il n'est pas
commun de rencontrer dans un bref délai toutes
les convenances de prix et d'espèces, l'exploita-

tion se trouverait gênée et ralentie, quelquefois
en partie interrompue. Il y a d'ailleurs un intérêt réel, bien compris des cultivateurs, à conserver dans un domaine les animaux qui y ont été
élevés, et qui sont acclimatés à son sol et à ses
herbages.

Il était donc juste d'accorder au maître le
droit de retenir la part du colon dans le croît ;
mais il eût été juste aussi de lui en imposer
l'obligation, et c'est sous ce rapport que nous
avons dit que la disposition de l'article 1817
appliquée au cheptel de métairie, pouvait être
justement critiquée.

282. Nous avons remarqué que si le maître
était obligé d'abandonner au colon une partie des
bestiaux, il serait probablement obligé de les
racheter ; il est plus certain encore, que le colon contraint de recevoir en nature sa part des
animaux du croît, serait obligé de les revendre
immédiatement. Le jour, en effet, où il quitte
une métairie, il entre dans une autre, et celle-
ci se trouve garnie des bestiaux que comporte
son exploitation ; le métayer ne peut y introduire
les bestiaux qu'il a retirés de la première ; et le
jour où ceux-ci lui sont remis, il est sans
moyen pour les loger, les nourrir, et n'a d'autre ressource que de les vendre à bas prix.

La position du colon partiaire est, à cet égard, bien différente de celle du preneur de cheptel simple ; celui-ci nourrissait et logeait la veille toutes les têtes du cheptel ; il pourra sans difficulté nourrir et loger le lendemain celles en nombre moindre qui lui auront été laissées pour sa part du croît ; c'est donc mal à propos que sur ce point le cheptel simple et le cheptel de métairie sont soumis à une seule et même règle.

283. C'est le sort ordinaire des lois dont les dispositions ne sont pas dans un juste rapport avec les intérêts qu'elles sont destinées à régir, de rencontrer une résistance opiniâtre à leur exécution ; aussi est-il fort rare que le métayer contraint de recevoir sa part de bénéfice en nature, s'y résigne sans subir un procès ; il appelle de la lettre de la loi à l'équité, et s'appuie d'ailleurs de raisons de droit assez graves, pour que nous ne devions pas abandonner cette partie de notre sujet sans les avoir appréciées.

L'article 1817, dit on, est rédigé en vue du cheptel simple, et n'est impérieusement obligatoire que pour ce contrat ; les termes de l'article 1830 sont trop généraux pour constituer une règle absolue ; il doit être permis de s'en écarter, lorsqu'il s'agit d'une disposition qui convient à la nature du cheptel simple , mais est évidemment en opposition avec la nature du cheptel donné au colon partiaire.

D'ailleurs, ajoute-t-on, pour certaines contrées au moins , il est d'usage constant que le maître conserve la totalité du bétail en faisant compte au métayer de sa part de l'excédant ; et dans ces contrées, on doit supposer que les parties en contractant ont entendu se conformer à cet usage, et les articles 1156 et 1160 du Code civil permettent de suppléer au silence de la convention. (1)

284. A ces objections il faut répondre que l'article 1817 ne satisfait pas, il est vrai, aux besoins du contrat de cheptel donné au colon partiaire; mais que cette observation n'est rien de plus qu'un reproche adressé à l'imprévoyance du législateur , malgré que l'obligation d'obéir à la loi reste entière.

Quant au moyen tiré des habitudes de la contrée, il faut remarquer que l'usage a ici un caractère particulier.

---

(1) Art. 1156. On doit dans les conventions, rechercher quelle a été la commune intention des parties contractantes, plutôt que de s'arrêter au sens littéral des termes.

Art. 1160. On doit suppléer dans le contrat, les clauses qui y sont d'usage , quoiqu'elles n'y soient pas exprimées.

L'article 1817 crée un droit d'option au profit
du maître, et lui confère le droit de prélever
seulement le fonds du cheptel, ou de retenir le
tout ; dans l'exercice de cette faculté, le maître
n'a plus de règle à suivre que celle qui lui est dictée par son intérêt. L'usage dont il est question
prouve seulement que l'intérêt du maître le porte
le plus souvent à faire son choix d'une certaine
manière; mais il ne prouve pas qu'il ait entendu
se dépouiller de ce droit d'option. La renonciation à un droit conféré par la loi en termes exprès,
ne se présume pas, et ce serait dépasser la portée de l'article 1160, que de s'en appuyer pour
suppléer au défaut d'une renonciation formelle.

285. Le métayer, lorsque le propriétaire use de
la faculté de prélever, est donc dans la nécessité
fâcheuse d'accepter le partage en nature de
l'excédant. Il est arrivé que, pour tempérer la
rigueur de cette décision, on accordait au métayer l'avantage de choisir dans les bestiaux du
cheptel et du croît, ceux qui lui convenaient le
plus, jusqu'à concurrence de la valeur estimative de l'excédant; cette concession est plus
conforme aux principes de l'humanité qu'aux
règles de droit, qu'il faut appliquer dans leur
entier. Et cependant il faut se garder aussi
d'une application aveugle et trop absolue; voici

deux observations importantes qui peuvent protéger le métayer contre de trop injustes exigences.

1° Si lorsque la fin du bail approche, le colon s'aperçoit que l'excédant considérable du
cheptel le menace d'une charge trop lourde
pour la part qui lui en reviendra, il peut mettre
le maître en demeure de réduire par des ventes
le cheptel à sa valeur, à moins qu'il ne veuille
retenir l'excédant; et si le maître ne vend pas,
il sera censé avoir voulu retenir : les motifs s'en
trouvent dans l'observation suivante.

2° Il faut se rappeler que le bail à cheptel du
colon est un accessoire, une partie même du
bail à métairie; que les opérations qui se rattachent à l'un et à l'autre sont corrélatifs et se
confondent dans une même administration; il
faut encore se souvenir que le cheptel donné
au colon partiaire comporte un mouvement de
ventes et d'achats qui ne se rencontrent pas dans
le cheptel simple; que c'est principalement le
maître qui dirige le mouvement, et ces observations conduisent à ceci: L'accroissement du cheptel simple provient de l'augmentation de la valeur vénale des bestiaux, de leur engraissement
ou de leur multiplication. On n'y ajoute pas de
nouveaux chefs par des achats. Il est donc évident

que dans l'art. 1817, le mot excédant se rapporte
au bénéfice résultant dans le cheptel simple de
cet accroissement naturel. En appliquant l'article
au cheptel donné au colon partiaire, il ne faut
pas lui donner une signification plus étendue.
Avant donc de décider si le métayer doit recevoir son excédant en nature, il faut vérifier
comment cet excédant s'est produit; cette vérification est d'ailleurs très-facile : il suffit d'examiner si pendant le cours du bail, et plus spécialement pendant les dernières années, les
achats de bestiaux ont été supérieurs ou infé-
rieurs aux ventes. Dans le second cas, l'excédant
est évidemment le profit naturel du cheptel,
comme il le serait dans le cheptel simple, et
l'art. 1817 doit être appliqué. Dans le premier,
au contraire, il est manifeste que jusqu'à concurrence au moins de la différence, les achats
sont l'origine de l'excédant ; or des bestiaux
ainsi ajoutés au cheptel, sont un accroissement
volontaire du fonds par le propriétaire, bien
plutôt qu'un profit de ce cheptel; cet accroissement suppose un accroissement correspondant
de travaux à faire ou de fourrages à consommer;
le propriétaire ne peut contraindre le métayer
à retenir une part de cette augmentation du
fonds.

Lorsque le cheptel a été donné avec désignation des espèces qui le composent, le prélèvement doit s'opérer en recomposant le cheptel
primitif, autant qu'il est possible, jusqu'à concurrence de la première estimation ; le propriétaire ne pourrait pas, par exemple, après avoir
donné un cheptel composé d'espèces diverses,
prendre à son gré tous les bestiaux d'une même
espèce, et laisser ceux d'une autre en totalité,
pour faire porter sur eux seuls l'opération du
partage : il faut, en rapprochant les deux estimations, vérifier dans quelle proportion le
bénéfice s'est produit pour chaque espèce, et
laisser dans la masse à partager, une quotité
proportionnelle au bénéfice qui s'y est produit,
le tout, autant qu'il est possible de le faire équitablement, et conformément à cette règle de
Coquille *sicut vir bonus arbitraretur.* Si le cheptel a été donné en bloc, sans spécification des
espèces, le prélèvement doit s'opérer néanmoins
en ayant égard aux besoins de la métairie, et
en restant toujours dans les limites du possible
et de l'équité.

286. Si la deuxième estimation est inférieure à
la première, le métayer doit rembourser au
propriétaire la moitié de ce qui manque.

287. Ce n'est point à cette obligation de rem-

boursement que s'applique la deuxième disposition de l'article 2062 du Code civil ainsi conçu:

Art. 2062..... Néanmoins, les fermiers et les colons partiaires peuvent être contraints par corps, faute par eux de représenter à la fin du bail le cheptel de bétail, les semences et les instruments aratoires qui leur ont été confiés, à moins qu'ils ne justifient que le déficit de ces objets ne procède pas de leur fait.

Elle se rapporte au défaut de représentation du cheptel, et non à la perte qu'il a subie : « L'intérêt général de l'agriculture, disait M. Bi-« got de Préameneu, dans l'exposé des motifs « au Corps législatif, veut encore que les fer-« miers et colons partiaires puissent être con-« traints par corps, faute par eux de représen-« ter à la fin du bail, *le cheptel de bétail, les se-« mences et les instruments aratoires* qui leur « ont été confiés. Ils ne peuvent s'excuser à « l'égard de ceux de ces objets qu'ils ne re-« mettraient pas, qu'en justifiant que s'ils « manquent, ce n'est point *par leur fait.* » Les termes d'une condition qui sort ainsi du droit commun, ne peuvent être étendus d'un cas à un autre. Ainsi, malgré que dans le premier projet, M. Jollivet eût fait placer les engrais dans la nomenclature des objets dont le défaut de représentation donne lieu à la contrainte par corps, et que l'on ne trouve dans les procès-

verbaux de la discussion du conseil d'Etat, aucun motif de la suppression de ce mot, il suffit
de son absence pour que l'article ne soit pas
applicable à ce cas particulier. (1)

Pour échapper à la contrainte par corps, le
métayer doit justifier que le déficit ne procède
pas de *son fait*. L'article ne dit pas de *sa faute* ;
il rentre à cet égard dans les principes que
nous avons développés dans le commentaire des
articles 1807 et 1808. (2)

288. La première partie de l'article 2062 permet de stipuler la contrainte par corps dans les
baux à ferme pour le paiement des fermages
des biens ruraux, et interdit de l'ordonner contre
les fermiers, lorsqu'elle n'a pas été stipulée. Le
colon partiaire ne se trouve pas dans cette partie
comme dans la deuxième, placé sur la même
ligne que le fermier ; on ne pourrait donc pas
stipuler la contrainte par corps pour l'exécution
du bail à métairie. Remarquons cependant que
l'article 126 du Code de procédure laisse aux
tribunaux la faculté de la prononcer pour dommages-intérêts, lorsque le tort est assez grave
pour que la réparation s'élève au-dessus de trois

_____

(1) V. M. Troplong. *Contrainte par corps*, n° 197.
(2) V. *suprà*, n° 241 et suiv.

cents francs ; cette disposition est applicable en
toute matière.

289. Le même motif qui laisse les bestiaux,
dont l'estimation est inférieure à celle de la
constitution de cheptel, dans les mains du bailleur, les y conserve dans le cas où les deux
estimations sont égales, et cette décision confirme celle que nous avons adoptée pour le cas
où le bailleur n'exerce pas le prélèvement.

290. Si la nouvelle estimation est inférieure à la
première, l'article veut que le bailleur retienne
la totalité des bêtes estimées; le preneur doit lui
faire raison de sa part dans le *déficit*. Je me sers
à dessein de ce mot, au lieu du mot *perte* qui
se trouve dans le Code ; il est plus applicable au
bail à métairie, car l'estimation nouvelle peut être
inférieure à la première quoiqu'il y ait eu profit,
ce profit pouvant avoir été réalisé dans une
vente antérieure.

291. Lorsqu'une métairie soumise au colonage
partiaire est donnée à bail à ferme, elle devient
l'objet d'un double contrat; il en est de même
du cheptel qui, donné d'abord au colon, est
livré ensuite à un titre nouveau, au titre de
cheptel de fer, par le propriétaire au fermier.
Cette combinaison fait naître des difficultés qu'il
est facile de prévenir, mais que l'imprévoyance

ou l'ignorance des principes différents qui régissent les deux contrats, laissent souvent s'élever. Pour s'en faire une idée nette, il faut suivre
le cheptel primitif dans les modifications que
cette combinaison lui fait subir.

292. Le propriétaire d'une métairie la donne
à colonage partiaire , et son métayer reconnait
avoir trouvé à son entrée un fonds de cheptel
d'une certaine somme , soit 3,000 francs ;
comme nous supposons que le propriétaire cultivait lui-même auparavant la métairie, cette
somme représentait la valeur de tous les bestiaux dont le domaine était garni. Après deux
années , le propriétaire afferme sa métairie , et
le fermier se charge , à titre de cheptel de fer ,
des bestiaux qui la garnissent alors. Suivant
l'estimation qui en est faite, ces bestiaux sont
reconnus valoir 3800 fr. Le bail à colonage se
continuant, le métayer n'est pas appelé à cette
estimation qui n'a d'utilité que pour le cheptel
de fer qui lui est étranger. Supposons que le
fermier accepte le cheptel de fer pour cette
même somme de 3800 fr. ; plus tard, il rompt
le bail à colonage, et à l'époque de cette rupture, les bestiaux qui garnissent la métairie sont
estimés seulement 3600 fr. Il y a eu conséquemment, depuis l'entrée du fermier, une perte

de 200 fr. Cependant le métayer, qui n'avait
trouvé qu'un cheptel de 3000 fr., à son entrée
doit retirer pour sa part dans le profit, 300 fr.,
puisque l'estimation du cheptel de colon est supérieure de 600 fr. à la première. Il restera
donc entre les mains du fermier des bestiaux,
pour 3300 fr. seulement. Si les choses restent au
même point jusqu'à la sortie de ferme, il devra
rendre au propriétaire, en outre des bestiaux,
500 fr. pour parfaire la valeur du fonds de
cheptel de fer qui était de 3800 fr.

Si cependant on observe les conditions dans
lesquelles s'est produite la diminution qu'a subie
le fonds de cheptel, on reconnait que pendant
la durée du bail à ferme, il n'a été réellement
réduit que de 200 fr. (de 3800 fr. à 3600 fr.)
et comme cette perte s'est opérée pendant que
la métairie était tenue à colonage partiaire, le
fermier n'en devait supporter que la moitié,
c'est-à-dire, 100 fr. En payant au propriétaire
500 fr., il est évident qu'il est dupe d'une erreur de 400 fr. Cette erreur remonte au jour
où il a accepté le cheptel de 3800 fr. En entrant
en ferme, au lieu de prendre à charge de cheptel la totalité des bestiaux de la métairie, il devait
considérer que ces bestiaux étaient soumis à un
premier contrat; et qu'il y avait lieu de compa-

rer leur valeur estimative; il aurait reconnu alors
qu'elle se composait : 1° du fonds de cheptel
du colon.   3,000
    2° D'un bon croît de.   800
_____

        Total   3,800

  Dont moitié appartenant au colon dans le bon croît.   400
  Ce qui réduisait les droits dans
lesquels le propriétaire le subrogeait
contre le colon à.   3,400
Somme pour laquelle il devait s'engager.

  Cette observation étant faite, il est facile de
comprendre que, rendant des bestiaux pour la
somme de 3300 fr., il n'a point à payer au propriétaire 500 fr., mais 100 fr. seulement.

  293. Si le métayer, au lieu de retirer sa part de
bénéfice en nature, l'avait reçue du fermier en
argent, soit 300 fr., et que la valeur des bestiaux
restant se trouvât néanmoins être de 3600 à
l'expiration de la ferme, dans ce cas, au lieu
d'avoir à rendre au propriétaire aucune somme,
il aurait à en recevoir 200 fr. (1)

_____

(1) Nota. Le fermier reconnaissant l'erreur à l'époque de la sortie
du métayer, aurait le droit d'adresser, dès ce moment, sa réclamation
au propriétaire.

Ce dernier n'en serait pas quitte pour offrir de réduire l'obligation

294. Au lieu de tomber en perte pendant la jouissance commune du fermier et du métayer, le cheptel aurait pu s'accroître de valeur et être estimé 4000 fr. à la sortie du métayer. Le bénéfice sur le cheptel primitif étant alors de 1000 fr., le fermier, conservant la totalité des bestiaux, aurait eu à payer au métayer 500 fr. Si à l'expiration du bail à ferme, le cheptel est encore de 4000 fr., le propriétaire, pour retenir la totalité des bestiaux, devra payer au fermier 600 fr., représentant, d'une part, 500 fr. payés au métayer, de l'autre, 100 fr. représentant le bénéfice du fermier dans l'accroissement survenu pendant sa ferme; de manière enfin à réduire toujours ce qu'il rend à ce qu'il a reçu, c'est-à-dire, à 3400 fr.

295. Il aurait pu arriver encore qu'à l'entrée du fermier, le cheptel donné au colon, au lieu d'être en bénéfice, eût été en perte ; que par exemple, les bestiaux reçus par le colon pour 3000 fr., ne valussent plus alors que 2600 fr.; la perte serait de 400 fr., dont moitié pour le métayer, 200 fr. Si le cheptel de fer est donné pour

de cheptel du fermier, car il a promis un cheptel de 3800 fr., et pour remplir cette obligation, il faut qu'il acquière du métayer sa part dans le bon croît qu'il a donné comme fonds de cheptel.

20

cette somme de 2600 fr., et que les choses se
trouvent au même état à la sortie du métayer,
le fermier aura à recevoir de ce dernier 200 fr.
pour la moitié de la perte éprouvée ; et en
supposant qu'à l'expiration de la ferme les
bestiaux aient encore la même valeur, le fermier, en les rendant, n'aura en apparence rien
à recevoir ni à payer, car les bestiaux de la métairie qu'il a reçus pour 2600 fr., représentent
encore cette somme. Cependant il aura reçu du
métayer 200 fr. qui ne lui appartenaient pas,
puisque pendant sa jouissance il n'y a eu ni
perte ni profit. Il en devra donc compte au propriétaire à qui ils appartiennent certainement,
car celui-ci avait donné au métayer 3000 fr., il
n'a retiré du fermier qu'une obligation de
2600 fr. ; il ne devait supporter qu'une moitié
de la perte, ou 200 fr.

296. Pour prévenir les erreurs de ce genre ou
les réparer, il suffit de comparer le cheptel
donné au colon, à la valeur estimative des bestiaux qui garnissent la métairie à l'époque de
l'entrée en ferme, et de ne comprendre dans le
cheptel de fer que la portion qui appartient au
maître, en réservant son droit contre le métayer pour la restitution de la portion de perte
à la charge de celui-ci.

297. Les difficultés qui naissent de la combinaison des deux cheptels se présentent sous une
nouvelle forme, lorsque le bail à ferme et le
bail à colonage partiaire prennent leur cours à
des époques différentes de l'année. C'est en
posant encore quelques hypothèses, que nous
ferons mieux connaitre l'origine de ces difficultés
et leurs solutions. Nous allons supposer pour
tous les cas quelques dates et quelques chiffres.

Le propriétaire d'une métairie y a placé un
colon, le 11 *novembre* 1844, et lui a donné un
cheptel de 3000 fr. Le 25 *juin* 1845, il afferme
sa métairie, et pour constituer un cheptel de
fer, on estime la totalité des bestiaux dont la
valeur s'élève à 3400 fr.; en déduisant, d'après
la règle que nous avons indiquée, la part du
métayer dans les bénéfices, le cheptel de fer se
trouve porté à la somme de 3200 fr. Le bail à
ferme expire au 25 juin 1849. On procède à
l'estimation de la totalité des bestiaux du domaine; elle produit 2600 fr. seulement. Le
cheptel de fer a donc subi une perte de 600 fr.
Il semble, au premier coup-d'œil, que le fermier
n'ait plus rien à faire que de payer cette somme
au propriétaire qui reprend la jouissance de la
métairie. Examinons pourtant : Lorsque le fermier est entré en ferme, les bestiaux de la mé-

tairie avaient une valeur de 3400 fr.; à sa sortie, ils sont réduits à une valeur de 2600 fr. différence : 800 fr.—Jouissant par colon, le fermier n'a dû perdre que la moitié de cette somme , c'est-à-dire, 400 fr.; en payant au propriétaire 600 fr., il supporte inéquitablement une perte de 200 fr. Il est facile de voir d'où lui vient cette différence ; le métayer avait reçu un cheptel de 3000 fr., les bestiaux sont réduits à une valeur de 2600 fr., il y a une perte pour le métayer de la moitié de la différence, ou 200 fr. Supposez que son bail de colonage expire au 11 novembre 1849, et que les bestiaux soient encore estimés 2600 fr., il sera tenu de payer au propriétaire redevenu son maitre, cette somme de 200 fr., au moyen de quoi le propriétaire aura reçu , du fermier 600 fr., du métayer 200 fr. , plus un cheptel de la valeur de 2600 fr. ; au total : 3400 fr. Cependant nous avons vu qu'à l'entrée du fermier, il n'avait donné qu'une valeur de 3200 fr.; ainsi , en résumé, le propriétaire aura reçu 200 fr. au-delà de ce qu'il devait recevoir , tandis que le fermier a payé 200 fr. au-delà de ce qu'il devait. Il semble que le moyen d'éviter cet inconvénient se présente naturellement : il consiste à déduire de la différence des deux estimations du cheptel de fer la moitié de la perte éprouvée sur le cheptel du colon, et de prendre le résultat de l'opération pour mesure de la somme à payer par le fermier au propriétaire ; dans notre espèce, elle serait de 4oo fr., *sauf au propriétaire à recevoir du métayer, à la fin du bail*, les 2oo fr. qui lui manquent pour compléter son cheptel.

Cette solution sera satisfaisante et réglera bien selon leurs droits les intérêts des parties, mais à une condition cependant : c'est que le métayer, à l'expiration de son bail, sera solvable et pourra payer sa part du déficit; car s'il est insolvable, malgré que le fermier aura payé tout ce qu'il devait personnellement, le propriétaire n'aura pas reçu tout ce qui lui était dû. Il s'agit donc de savoir qui, du fermier ou du propriétaire, doit supporter les conséquences de l'insolvabilité du colon. Il nous paraît évident que ce doit être le fermier.

Son obligation principale n'était pas de payer une somme d'argent, mais de maintenir et de rendre le cheptel en nature, pour la valeur qu'il avait reçue ; c'est faute d'avoir rempli en son entier cette obligation, qu'il est tenu de payer la différence en argent; et, si le cheptel eût été complet, c'est-à-dire, si l'obligation du fermier eût été accomplie comme elle devait

l'être, le maître n'aurait pas eu à courir la chance
de l'insolvabilité du métayer.

En second lieu, c'est pendant la gestion du
fermier que la perte s'est produite ; c'est lui
qui d'abord est devenu le créancier du métayer
pour cette perte, et lorsqu'il laisse au propriétaire à toucher de ce dernier l'équivalent de sa
part dans la perte, c'est qu'il lui délègue sa
créance. Or, le créancier n'est pas obligé de
recevoir son paiement par délégation d'un nouveau débiteur, et s'il y consent, le débiteur
originaire n'est complètement libéré que si le
créancier le décharge expressément. (Art. 1275,
Code civ.)

Enfin, pour confirmer les motifs de droit par
des raisons prises dans le fait, ajoutons que le
fermier qui serait créancier du métayer pour
des causes étrangères à la dépréciation du cheptel, et qui craindrait de perdre sa créance, ne
manquerait pas de vendre des bestiaux, de
réduire son cheptel avant la fin de son bail, et
de rejeter sur le propriétaire, par cette trans-
formation de la dette du métayer, un danger
que la nature même de sa créance laisserait à sa
charge.

Dans cet ordre d'idées, la remise du cheptel
s'opèrera d'après la formule suivante :

Cheptel reçu.   3,200

Cheptel remis :

1° Obligation du métayer.   3,000

2° Déficit à la charge du fermier. .   200

Total.   3,200

Avec réserve de la garantie du propriétaire
contre le fermier, jusqu'à concurrence de 200 fr.
pour l'acquittement de l'obligation de cheptel
du colon. Si à l'expiration du bail à colonage,
le cheptel du colon a repris son niveau, ou si le
métayer est en état de payer sa part de perte, le
propriétaire se trouve couvert de sa créance, et le
fermier libéré définitivement de la dette. Il faut
remarquer que dans cette hypothèse, les sûretés
fournies par le fermier pour l'exécution de son
bail, restent assujéties à la garantie de la dette
du colon pour la part dont il s'agit ; si par
exemple, il a été consenti hypothèque, elle sera
maintenue jusqu'à l'acquittement définitif de la
dette.

Ce mode de réglement convient ordinairement
aux parties; il n'est pas cependant le plus conforme au droit, et offre encore des inconvénients assez réels. Exposons-les clairement par
l'exemple.

Nous avons supposé qu'à la sortie du fermier,

au 25 juin, le bétail était réduit à une valeur de
2600 fr.; admettons que du *25 juin* au 11 novembre, le propriétaire achète de ses deniers
des bestiaux pour 600 fr. et en vende pour 150.
La différence sera de 450. Le cheptel pourra se
trouver alors élevé à 3050; c'est-à-dire, supérieur au cheptel du colon. Ce dernier qui n'aura
rien fourni pour les achats ne devra rien *pour
déficit de cheptel,* mais sera débiteur, pour
avances, de 225 fr., et nous supposons toujours
qu'il est insolvable. Le fermier se prétendra-t-il
libéré de sa garantie, parce que le cheptel du
colon a repris son niveau? le propriétaire ré-
pondra que cette libération n'est qu'apparente,
et que la dette n'a fait que changer de titre.
De là, le débat ; car le fermier soutiendra qu'il
était nominativement garant de la remise du
cheptel, et non des avances que le propriétaire
ferait à son colon. Remarquons bien qu'il s'agit
de décider, quoiqu'avec le fermier, sur la libération relative au cheptel du colon, et n'oublions
pas que nous avons appris de Coquille que,
dans les questions qui se rattachent à ce contrat,
l'équité, le *jugement du prud'homme* doit l'emporter sur les subtilités logiques. Je n'ai pas besoin d'ajouter qu'ici l'équité est en faveur du
propriétaire et contre le fermier. Ainsi, nonobs-

tant la reconstitution du cheptel du métayer , le
propriétaire, en justifiant de la balance des
achats et des ventes, pourra dans les cas semblables à celui que nous venons de citer, exercer sa garantie. Dans tous les cas , en réglant
avec le fermier, il aura sagement fait d'expliquer
l'étendue de la garantie qu'il se réserve ; cette
précaution évitera tout embarras, et il a le droit
de dicter ses conditions , car il peut exiger plus
qu'une garantie.

Il serait, en effet, plus conforme au droit des
parties, qu'en quittant la ferme, le fermier rem-
boursât complètement au propriétaire le déficit
du cheptel, sauf son recours contre le métayer.
Ceci résulte de ce que nous avons exposé au
numéro précédent , et de cette considération
que le propriétaire pouvant avoir besoin , pour
la bonne exploitation de la métairie, d'un cheptel
de même valeur que celui dont il l'avait précédemment garnie , ne doit pas être mis dans la
nécessité de le compléter de ses deniers. S'il y a
avance à faire de la portion de la perte à la
charge du colon , c'est le fermier qui la doit,
parce que c'est par le fait de son administration
que la dépréciation a eu lieu.

Toutefois, le paiement, par le fermier, de la
portion afférente au métayer dans le déficit du

cheptel, ne serait de sa part qu'une avance, et
nous devons indiquer de quelle manière et à
quelle époque il pourra se faire rembourser ;
mais prévenons d'abord une objection. On demandera peut-être pourquoi la difficulté subsiste,
en observant qu'elle n'existerait pas si le métayer étant appelé à l'estimation, on l'obligeait
à rembourser immédiatement au propriétaire
ou au fermier sa part du déficit. Je réponds,
qu'on ne peut obliger le métayer, dont le
bail court de *novembre* à *novembre,* à procéder
en *juin* à l'estimation du cheptel, et à rembourser le déficit, à moins d'une stipulation expresse. Les estimations comparatives doivent
être faites à des époques de l'année correspon-
dantes. (1) Il est donc impossible de l'obliger à
payer une dette dont on ne peut pas constater
contre lui l'existence. Il y a plus, comme il peut
toujours espérer jusqu'à la fin du bail, que le
croît suffira pour ramener le cheptel à son
niveau, il peut repousser jusqu'à l'expiration de
ce bail l'estimation comparative. Sa prétention

---

(1) Et quoique les bailleurs bien souvent et quasi ordinairement,
font mettre au contrat de bail à cheptel la clause de priser et estimer
toutefois et quantes , elle se doit entendre avec tempérament , et que
ce soit en saison tempestive. — Coquille *sur Niv.* , chap. 21, art. 9.

à cet égard trouvera sa justification dans l'article 1817 du Code civil. (1)

Ajoutons que les opérations qui font l'objet de la société qui s'établit entre le maître et le métayer, se coordonnent en périodes successives, dont chacune comprend une année ; par suite, chaque fin d'année est l'occasion d'un compte et d'un partage des bénéfices réalisés dans cette période, et qui n'ont point été divisés au moment de leur perception. Il se fait alors notamment une balance des recettes et des dépenses provenant des achats et des ventes de bestiaux, et les parties se font réciproquement raison de ce qu'elles peuvent se devoir pour cette cause. Dans l'hypothèse d'un bail à colonage ayant pris cours au 11 novembre, c'est au 11 novembre de chaque année que ce compte doit avoir lieu ; c'est alors aussi que le fermier peut réclamer le montant de son avance. Le maître en effet ayant reçu cette avance, a dû en faire emploi en achat de bestiaux, et cet achat porté pour moitié au débit du compte du métayer, a dû le rendre débiteur au moins de la somme de cent francs, représentant l'avance faite pour son compte par le fermier. Celui-ci

(1) V. supr. n° 249. p. 243.

peut alors , soit de son chef, soit du chef du
propriétaire, répéter contre le métayer les 200
fr. payés pour lui. Si le maître n'a point acheté
de bestiaux qui aient relevé le cheptel , il doit
s'en imputer la faute et rendre les 200 fr. au fermier dont il ne peut prolonger à son gré l'incertitude.

298. Enfin , pour ne rien omettre de cette
partie du sujet, je dois parler d'une autre com-
plication de cheptels, qui se rencontre moins
souvent que la précédente, que l'on retrouve
cependant encore quelquefois.

Les cheptels de colon et de fermier ne
sont pas constitués toujours d'une manière
identique pour les espèces différentes dont elles
se composent : les unes sont données par tête de
bétail , les autres par estimation ; l'usage en
était autrefois beaucoup plus fréquent qu'aujourd'hui. L'estimation s'appliquait aux gros
bestiaux ; pour le menu bétail on ne tenait
compte que du nombre des chefs et l'on négligeait
la valeur. Cela tenait sans doute au peu de
soin qu'on avait pris jusqu'alors d'améliorer la
race des bêtes ovines. Le meilleur et le pire
se balançaient d'un troupeau à l'autre ; et
l'on ne courait pas un grand risque de perte
ou de profit dans la substitution d'un trou-

peau à un autre, pourvu que le nombre des têtes s'y trouvât. Cette coutume se perd, depuis que l'importation de nouvelles races et les croisements ont modifié et différencié les troupeaux. Il y va de la moitié, des deux tiers et plus de la valeur d'un troupeau à un autre. Toutefois il se rencontre encore quelques cheptels de colon constitués suivant l'ancienne coutume, c'est-à-dire, avec obligation de rendre les moutons et brebis tête pour tête, avec désignation d'une valeur préfixe pour les chefs manquant à l'expiration du bail ; soit par exemple un cheptel ainsi composé :

1° Gros bestiaux estimés. 3,000
2° Moutons en nombre.   40) ceux-ci à rendre
3° Brebis.   *Id.*   100) en nombre avec

stipulation que chaque tête manquant à l'expiration du bail, sera évaluée à 3 fr. pour une brebis, et 5 fr. pour un mouton. (1) Si l'on afferme la métairie, et que le fermier reçoive un cheptel dont toutes les parties seront estimées, il en résulte un inconvénient dont nous allons offrir un exemple pour que la solution soit d'une application plus facile à tous les cas analogues.

(1) V., pour exemple, dans le cheptel du domaine des Pommiers, cité ci-dessus, n° 235, ce qui est dit des vaches.

Supposez que le cheptel de fer s'établisse
ainsi :

Gros bestiaux.   3,000
40 moutons estimés à 10 fr. l'un. .   400
100 brebis à 5 fr. l'une.   500
                                    ─────────
            TOTAL.   3,900

Le bail à colonage et le bail à ferme expirant au même jour, nous supposons que le
cheptel se trouve dans l'état que voici : Gros
bestiaux pour une valeur de 3,000 fr. — 20 moutons, 80 brebis.

Le fermier compte d'abord avec le colon, et
celui-ci est constitué débiteur envers lui de la
moitié du déficit de 20 moutons à 5 fr. , et de
la moitié du déficit de 20 brebis à 3 fr. l'une ;
au total le colon est constitué débiteur de 80 fr.

Il procède ensuite avec le propriétaire à l'estimation du cheptel qui donne le résultat que
voici :

Gros bestiaux.   3,000
20 moutons à 10 fr. et 80 brebis,
à 5 fr.   600
                                    ─────────
            TOTAL.   3,600

Son cheptel de fer étant de. . . .   3,900
Il est constitué débiteur de. . . .   300

Sur cette somme , il reçoit du mé--
tayer.   80

    Sa perte reste pour.   220

    Cependant il a administré la ferme
à moitié fruits, et sa perte ne devrait
être que de.   150

    Il peut donc se considérer comme
inéquitablement chargé d'une perte
de.   70

    Cette perte peut être lourde, si la ferme com-
prend un grand nombre de métairies dans la
même condition.

    Pour qu'il se plaigne avec une apparence de
raison , cependant, il faut qu'il ait été chargé
d'entretenir le bail d'un colon placé avant lui
dans la métairie ; car s'il avait placé lui-même le
colon, et s'il avait conclu le bail dans ces conditions , il aurait à s'imputer son imprévoyance.
Si le bail lui a été imposé, de deux choses l'une :
ou, lorsqu'il a pris la ferme, il a connu les conditions du bail à métairie ou il les a ignorées ;
dans le premier cas, il a accepté la situation
à ses risques et périls ; il a dû faire entrer cette
chance de perte dans ses calculs pour fixer
son prix de ferme , et il doit subir les conséquences d'une condition volontairement acceptée. Il faut observer toutefois , que cette

connaissance du bail à métairie doit ressortir du bail à ferme ; la preuve littérale serait seule admise pour y suppléer, car en admettre la preuve testimoniale, ce serait contrevenir aux prohibitions de l'article 1341 du Code civil qui défend de recevoir aucune preuve par témoins contre et outre le contenu aux actes, ni sur ce qui serait allégué avoir été dit avant, lors, ou depuis les actes, encore qu'il s'agisse d'une somme moindre de 150 francs ; d'autre part, aux termes de l'article 1602, applicable au bailleur comme au vendeur, le silence de l'acte s'interprète contre lui. Mais si le propriétaire a laissé le fermier dans l'ignorance relativement à la clause du cheptel du colon, il doit s'imputer de ne l'avoir pas éclairé sur ce point important ; le fermier a dû compter sur ce qui est de droit commun, et, dans ce cas, c'est au propriétaire à supporter les conséquences d'une erreur dont son silence est la cause. La question entre le propriétaire et le fermier se tranche donc par une vérification de fait.

CHAPITRE VI.

DURÉE DU BAIL.

299. Si le bail à métairie était un contrat de louage, c'est aux articles 1774 et suivants du Code civil, qu'il faudrait recourir pour déterminer les règles de sa durée. Dans cette opinion, lorsque la convention ne serait point écrite, la durée du bail serait subordonnée à la nature des héritages et à leur assolement. (1) Il cesserait de plein droit, c'est-à-dire, sans qu'il fût besoin de donner congé, à l'époque ainsi déterminée (2) ; enfin, si le bail continuait d'être exé-

(1) Art. 1774 Le bail, sans écrit, d'un fonds rural, est censé fait pour le temps qui est nécessaire, afin que le preneur recueille tous les fruits de l'héritage affermé.

Ainsi le bail à ferme d'un pré, d'une vigne, et de tout autre fonds dont les fruits se recueillent en entier dans le cours de l'année, est censé fait pour un an.

Le bail des terres labourables, lorsqu'elles se divisent par soles ou saisons, est censé fait pour autant d'années qu'il y a de soles.

(2) Art. 1775. Le bail des héritages ruraux, quoique fait sans écrit, cesse de plein droit à l'expiration du temps pour lequel il est censé

cuté après cette époque, il reprendrait son cours pour une nouvelle période, par l'effet de la tacite reconduction.

3oo. Mais cette hypothèse n'est pas la nôtre; il nous est prouvé que les règles du louage ne peuvent être admises dans le bail à colonage partiaire, qu'à titre d'auxiliaires, et que la loi fondamentale de ce contrat est uniquement celle du contrat de société. Pour rester d'accord avec cette doctrine, c'est aux articles 1865 et suivants du Code civil, que nous devons nous reporter pour définir les conditions de la durée du bail à métairie.

Art. 1865. La société finit :

1° Par l'expiration du temps pour lequel elle a été contractée;

2° Par l'estimation de la chose, ou la consommation de la négociation ;

3° Par la mort naturelle de quelqu'un des associés ;

4° Par la mort civile, l'interdiction ou la déconfiture de l'un d'eux;

5° Par la volonté qu'un seul ou plusieurs expriment de n'être plus en société.

3o1. Chacune de *ces différentes manières dont finit la société,* convient au bail à colonage partiaire, mais exige cependant quelques explications particulières.   /

fait, selon l'article précédent. — Il n'est pas nécessaire d'un congé pour rompre les relations du bailleur et du preneur.

M. Troplong. *Louage* n° 770. *et infrà,* n° 313.

3o2. La durée du bail peut être déterminée
par la convention à une date précise ; elle peut
avoir pour terme une date certaine , ou un évènement dont l'époque est incertaine; dans l'un
et l'autre cas, on dit du bail comme de la société , qu'il est à temps limité. Si au contraire
aucune époque fixe ou éventuelle n'est indiquée pour l'expiration, on dit que la durée est
illimitée. On voit ici combien il est important
d'avoir une idée arrêtée sur le caractère du bail
à colonage ; car le bail à ferme n'est jamais illimité quant à sa durée , la loi fixant son terme
légal à celui de la rotation des assolements, lorsque les parties n'ont point déterminé par la convention l'époque de son expiration.

3o3. Quoi qu'il en soit , la loi laisse aux parties toute liberté sur le choix de l'époque à déterminer pour l'expiration du bail ; cependant
l'équité , d'où procèdent les règles du contrat de
société plus encore que celles de tout autre
contrat frapperait de nullité la clause qui fixerait un terme tel qu'il dût y avoir nécessairement perte pour l'une des parties et profit pour
l'autre ; comme si , par exemple , la durée embrassait le temps des travaux que doit exécuter
le colon , sans comprendre celui de la récolte
et de la perception des fruits. Si cette convention

devait être maintenue, il ne faudrait plus y
voir un bail à partage de fruits, puisqu'il serait
précisément exclusif d'un tel partage , mais bien
un louage d'ouvrage , ou tout autre contrat, selon la nature des conditions qui s'y trouveraient
stipulées. (1)

(1) Le bail à métairie perpétuelle était autrefois fréquemment
usité dans certaines provinces , et les règles de la jouissance étaient
les mêmes que celles du bail à métairie à temps limité. (Salviat.,
V. *bail à métairie perpétuelle.*) Mais là s'arrêtait la similitude ; les
deux contrats différaient profondément sous le double rapport de leur
origine et de leurs effets, quant aux droits du maître et du métayer
sur le fonds même des héritages soumis au bail. Le métayer perpétuel
était réputé foncier en partie ; et cette qualité lui conférait un droit
de propriété , qui était réglé au tiers de la métairie. (Salviat d'après
Reynaut, commentateur de la *coutume de la Marche.*) Ces baux
avaient pour cause des besoins que le développement de l'industrie ,
l'accroissement de la population , et les institutions nouvelles ont fait
disparaître. « De grandes terres ayant besoin d'être mises en culture ,
« se trouvaient entre les mains des seigneurs ou propriétaires , et leur
« produit était presque nul. Pour mettre les terres en valeur, il au-
« rait fallu des dépenses considérables , tandis que par un travail
« lent mais opiniâtre et successif , le laboureur venait à bout de les
« dessécher , de les clore et les diviser en pacages ou terres laboura-
« bles. »

« D'autres fois, un propriétaire trouvant ses champs trop peu con-
« sidérables pour former un labourage , engageait un colon voisin ,
« aussi propriétaire, à confondre ses propriétés avec les siennes , pour
« du tout faire un corps de métairie ; mais il tirait avantage de cette

3o4. Le Code civil ne fixe aucune limite à la
durée des baux à ferme ; mais la loi du 18 décembre 1790, dont les dispositions n'ont point
été abrogées , prohibe expressément les baux
perpétuels. (1) La perpétuité, dans le sens attaché
à ce mot par notre langue, n'est pas moins interdite dans les contrats de société : *Nulla societa-*

« réunion, et l'on convenait que le colon jouirait du tout à titre de
« métairie perpétuelle.

« Quelquefois encore, le colon acquérait le droit de perpétuité ,
« moyennant un prix déterminé. » (Salviat.)

La perpétuité stipulée aujourd'hui pour la durée du bail ne donnerait aucun droit sur le fonds au métayer qui , ne possédant qu'à titre
précaire, ne pourrait même se prévaloir de la prescription. Il en serait ainsi dans le cas même où le colon aurait payé une somme d'argent, s'il n'était pas exprimé qu'il a voulu acquérir, et qu'on a entendu lui vendre une portion quelconque de la propriété. Enfin, s'il
avait confondu ses champs avec ceux du maitre , chacun demeurerait
propriétaire en droit soi, et serait réputé n'avoir mis en commun que
la jouissance.

Nous n'avons donc à considérer la stipulation de perpétuité, que
pour reconnaitre quelle serait, dans les principes de notre droit actuel, son influence sur la durée d'un *bail à métairie.*

(1) Art. 1er.... Il est défendu de ne plus, à l'avenir, créer aucune
redevance foncière non remboursable , sans préjudice des baux à rente
ou emphytéotes et *non perpétuels,* qui seront exécutés pour toute leur
durée, et pourront être faits à l'avenir pour 99 ans et au-dessous ,
ainsi que les baux à vie, même sur plusieurs têtes, à la charge qu'elles
n'excéderont pas le nombre de trois.

tis in æternum coitio est. (1) La conséquence de
cette prohibition est évidemment de placer le
bail ou la société contractée à perpétuité, dans
la condition d'un contrat sans assignation de
terme; et dans ces principes, le bail à métairie
perpétuelle, convenu sous la législation nouvelle, constituerait une société à temps illimité,
régie, pour sa durée, par la disposition de l'article 1844. (2)

Art. 1844. S'il n'y a pas de convention sur la durée de la société, elle
est censée contractée pour toute la vie des associés, sous la modification portée en l'art. 1869.

305. Selon M. Duvergier (3), la société peut
également être contractée pour la vie des associés, et cette opinion est fondée sur la loi 1. ff.
*Pro socio. Societas coiri potest in perpetuum, id
est, dùm vivunt, vel ad tempus.* (4) « Est-il besoin,
« dit cet auteur, de montrer qu'affranchies de la
« limite posée par l'art. 815, les associations

(1) Paul, l. 70, D. *Pro socio.*
(2) Championnière et Rigaud, n° 3062.
(3) *Soc.* n° 415.
(4) Il faut remarquer que le mot *perpetuum* n'avait pas la signification du mot français *perpétuel* ; il indiquait une perpétuité relative, si
l'on peut dire ainsi : Ce qui est viager est en effet perpétuel relativement à celui qui contracte. Le mot *æternum* exprimait dans le droit
romain l'idée de la perpétuité prise dans un sens absolu.

« peuvent fort bien n'avoir d'autres bornes que
« celles de la vie humaine; que l'art. 1780, qui
« ne permet pas d'aliéner sa liberté, qui rompt
« l'engagement de celui qui se place pour tou-
« jours en état de servitude ou de domesticité ,
« est absolument étranger au sujet qui nous
« occupe? Cela me semble tout-à-fait inutile ;
« il est assez évident que les liens qui unissent
« des associés sont d'une autre nature que ceux
« qui existent entre un maître et ses domes-
« tiques ou gens de service.

Il est vrai que M. Troplong enseigne une
doctrine contraire, et range la société viagère
dans la classe des sociétés illimitées : « La liberté
« de l'homme peut se trouver compromise par
« certains engagements qui enchainent sa vie
« entière; un engagement de service viager est
« déclaré nul. Dans la société , de même que
« dans le louage d'ouvrage , le travail de
« l'homme entre presque toujours comme élé-
« ment; mais ce qui y tient une place non
« moins grande, c'est la confiance réciproque ,
« l'esprit d'union et de confraternité. Or , ne
« serait-ce pas une promesse téméraire que
« celle qui obligerait un associé à continuer
« jusqu'au bout les rapports organisés par le
« contrat...... Si la société devait durer toute

« la vie, une telle chaîne serait insupportable ,
« odieuse, contraire aux véritables intérêts des
« parties.... Il suffit donc que l'engagement soit
« perpétuel, c'est-à-dire, viager, pour qu'il
« soit censé exorbitant et susceptible d'être
« rompu. » (1)

Les inconvénients signalés dans le passage
qui précède existent en effet dans la société viagère et dans le bail à métairie plus que dans
tout autre peut-être, parce que, sous un certain rapport, ce contrat n'est pas sans affinité
avec le louage d'industrie. Mais, pour s'en défendre, il n'est pas nécessaire de déclarer illimitée une société à laquelle les parties ont
assigné un terme fixe, que rien n'interdit, et
qu'un texte autorise au contraire formellement.
Cette stipulation trouve dans l'article 1871 un
correctif suffisant. (2) Cette ressource manquerait au bail à métairie, s'il fallait l'assimiler au
bail à ferme ; les parties y seraient fatalement
enchaînées l'une à l'autre, et leurs rapports em-
poisonnés par tous les embarras que M. Troplong découvre dans la constitution d'une société
viagère.

(1) *Soc.* n° 966
(2) V. *infrà.* sur cet article;

Disons donc que le bail à métairie contracté pour la durée de la vie de l'un des associés, doit être exécuté jusqu'à l'évènement ; qu'il serait sujet cependant à résolution dans les termes de l'art. 1871.

306. A l'échéance du terme convenu, le bail cesse de plein droit ; le colon doit quitter le domaine, et le maître en reprend la libre disposition.

307. En matière de baux à ferme, si après le terme convenu, le bail continue d'être exécuté, un nouveau bail commence, *ipso facto*, et se maintient pendant toute la durée accordée aux baux dont le terme n'a point été fixé par la convention (art. 1776). L'art. 1866 contient pour le contrat de société une disposition contraire.

Art. 1866. La prorogation d'une société à terme limité ne peut être prouvée que par un écrit revêtu des mêmes formes que le contrat de société.

Le bail à métairie est très-fréquemment prorogé, et nous devons ajouter que le plus souvent aussi les parties négligent de le renouveler par écrit; cette continuation revêt alors toutes les apparences d'une tacite reconduction. Le maître et le métayer se considèrent comme réciproquement engagés par cette nouvelle exécution.

Faut-il dire, par application de l'art. 1866, que
ce lien n'existe pas entr'eux, ou recourir pour
le fortifier, à l'art. 1776 que n'admet pas le
contrat de société ? Nous ne sommes pas enfermés dans le cercle étroit de ce dilemme , et les
termes de l'art. 1866 ne sont pas tellement im-
périeux qu'ils obligent à nier l'évidence des
faits. La jurisprudence a souvent admis comme
preuves suffisantes de l'existence des sociétés,
des inductions tirées de faits d'exécution, ap-
puyés d'un commencement de preuves par écrit.
Il est vrai que ces faits doivent être incontes-
ables, et tels qu'ils ne puissent être expliqués
que par l'existence même de l'association. Or,
quels faits plus positifs peuvent révéler l'existence d'un contrat, que ceux qui suivent nécessairement l'exécution du contrat de colonage
partiaire ? ils s'impriment en quelque sorte sur
la chose même par les modifications qu'elle en
reçoit ; la preuve du bail est écrite en sillons
dans les champs, et si le colon est demeuré dans
les bâtiments, s'il continue à donner ses soins
au cheptel, comment le maître ou le métayer
pourraient-ils expliquer autrement que par la
prorogation du contrat , ces faits conformes en
tout à leurs précédentes relations ? L'interrogatoire sur faits et articles , la comparution des

parties devant le juge , offriront toujours un
moyen sûr d'arriver à la preuve de la prorogation. (1)

3o8. La prorogation ne constitue pas une
nouvelle société, mais la continuation de la
précédente; seulement le terme fixé par le contrat étant dépassé, la société se trouve établie sans
terme, sujette par sa durée à l'application des articles 1844 et 1869; il y a donc cette différence
entre le bail à ferme renouvelé par tacite reconduction, et le bail à métairie continué par prorogation, que le preneur recommence pour une
période nouvelle déterminée suivant la nature
des héritages et l'ordre de leur assolement , tan-

(1) Je cite ici, à cause de son analogie avec ce qui précède, le passage suivant :

« Les règles prescrites pour le cas de bail verbal dont l'exécution a
« commencé , ne peuvent souffrir de difficultés, lorsque cette exécu-
« tion est convenue; mais, dans le cas où elle serait déniée, la preuve
« peut-elle en être faite par témoins?

« Il serait difficile à celui qui occupe la maison , ou *qui cultive le
« fonds* d'autrui, de dénier le commencement d'exécution , à moins
« qu'il ne prétende posséder à un autre titre. La question dont il s'agit
« ne peut donc se présenter que dans le cas où le propriétaire de-
« manderait le prix d'un bail verbal à un fermier dont la jouissance
« aurait cessé, etc.

« La jouissance des terres ou l'occupation d'un bâtiment , pendant
« tel nombre d'années , sont des faits qui peuvent être prouvés par
« témoins, étant indépendants de toute convention. »

M. Curasson, *Compétence des juges de paix*, 1, p. 279.

dis que le second se continue sans condition pour sa durée. (1)

3o9. *La société finit par l'extinction de la chose ou la consommation de la négociation.*

Pour apprécier les occasions dans lesquelles le bail à métairie peut être affecté de cette double cause d'expiration, joignons d'abord à ce fragment de l'article 1865, la disposition de l'article 1867.

Art. 1867. Lorsque l'un des associés a promis de mettre en commun la propriété d'une chose, la perte survenue avant que la mise soit effectuée, opère la dissolution de la société par rapport à tous les associés.

La société est également dissoute dans tous les cas, par la perte de la chose, lorsque la jouissance seule a été mise en commun, et que la propriété en est restée dans la main de l'associé.

Mais la société n'est pas rompue par la perte de la chose dont la propriété a déjà été apportée à la société. (2)

3io. Les sociétés ont le plus souvent pour objet des choses périssables, dont il était naturel que la loi supposât l'extinction par suite d'évènements que les parties n'avaient pu prévoir. Le bail à colonage partiaire paraît avoir un fondement plus solide. Dans ce contrat, la chose, c'est principalement la terre, qui pour produire aura toujours besoin du travail de l'homme; et sous ce rapport le bail à colonage peut sembler

(1). V. *infrà*, n° 313.
(2) V. Duvergier, t. 5. n° 417.

à l'abri de cette cause d'expiration. Cependant ,
il est des cas où le sol même peut lui manquer :
ainsi , les terrains qui avoisinent des fleuves
peuvent être ou emportés par les crues , ou
frappés de stérilité par l'inondation , lorsqu'à la
place d'un terrain fertile , les eaux ne laissent
que des galets ou des sables arides. Dans ce
dernier cas, malgré que l'étendue superficielle
du terrain soumis au colonage se retrouve après
la retraite des eaux , on ne doit pas hésiter à assimiler à l'extinction de la chose la modification
qu'elle a subie. Car ce qui a été soumis au bail,
ce n'est pas l'étendue, l'espace , mais la force
productive de la terre , qu'il serait inhumain
d'obliger le laboureur à arroser de ses sueurs ,
lorsqu'il est certain qu'elle ne pourra lui en rendre le prix. Toutefois , pour que la perte ainsi
survenue entraine la résolution du contrat , il
faut que le terrain soustrait à la culture soit ou
la totalité de l'héritage , ou une portion assez
importante, pour faire présumer que le contrat
n'aurait pas eu lieu si les choses eussent été en
cet état lorsqu'il a été convenu.

311. La résolution par extinction de la chose
peut encore arriver , alors même que les héritages sont demeurés intacts , si des parties accessoires , mais nécessaires à l'exécution du contrat

viennent à périr. Si, par exemple, l'incendie
dévore les bâtiments ; si l'épizootie détruit le
cheptel, ou même la partie du cheptel indispensable à la culture. Il faut néanmoins réserver le
cas où l'une des parties consent à faire les avances nécessaires pour le rétablissement des bâtiments ou du cheptel.

312. On peut enfin considérer comme une
extinction de la chose l'éviction du propriétaire
qui a consenti le bail. Cependant la résolution
du contrat n'en sera pas toujours la conséquence
nécessaire, nonobstant la maxime *resoluto jure
dantis resolvitur jus accipientis*. Si l'exécution
du bail a commencé avant l'éviction, si le colon
a été introduit dans les héritages, a exécuté des
travaux de culture, le bail devra être maintenu
avec le propriétaire restitué. Le bail n'est rien
de plus qu'un acte d'administration ; l'introduction du colon dans les héritages, prouve que le
bailleur en avait la possession publique et pai-
sible, et cela suffit pour justifier et faire respecter
la bonne foi du colon. Pour faire rompre le
bail, le nouveau propriétaire serait tenu de
prouver une collusion frauduleuse entre le
maître évincé et le colon. (1)

(1) V. *Suprà*, nᵒˢ 56 et 108.
C'est par inadvertance que le nom de M. Belime, auteur d'un

313. *La société finit par la co nsommaiion de la négociation.*

On a décidé quelquefois, par application de l'art. 1774, que le bail à colonage partiaire, sans terme convenu, devait, comme le bail à ferme, durer autant que la période d'assolement. Cette décision erronée en ce qu'elle accordait au bail le caractère d'un louage, pouvait se justifier au point de vue du contrat de société. L'art. 1774 est fondé sur cette idée que tous les héritages qui composent la ferme étant compris dans le bail, ce contrat doit avoir la durée nécessaire pour que le fermier ait la perception des fruits de chacun d'eux. On a pensé avec quelque raison que, dans un domaine divisé en plusieurs soles, l'opération de la culture n'était pas complète par le travail et par la perception des fruits d'une seule année, que cette opération n'était consommée qu'après un nombre d'années égal au nombre des soles, qui sont considérées comme des fractions de l'opération agricole.

---

excellent traité de la possession, n'a pas été compris au n° 102, p. 86, parmi ceux des auteurs qui accordent au fermier un droit réel sur les biens affermés ; je prends occasion de ce qui précède pour réparer cette omission.—V. dans le même sens M. Curasson, *Compétence des juges de paix.*

L'analogie est séduisante , et l'on serait facilement entrainé à introduire en sa faveur la
règle de l'art. 1774 dans la société de culture
à portion de fruits. Je crois néanmoins que ce
serait fausser les termes de l'article 1865.

Remarquons d'abord que si l'on éprouve du
penchant à appliquer l'art. 1774, on n'est pas
moins disposé à repousser l'application de l'art.
1775 , selon lequel le bail, quoique fait sans
écrit, mais sans stipulation de durée, expire de
plein droit, c'est-à-dire, sans qu'il soit besoin de
donner congé (1) avec la période d'assolement.
Il n'y a pas de métayer et pas de maître qui
suppose que le bail soit alors à son terme, de
plein droit, lorsque la durée n'en a pas été ainsi
fixée par le contrat; c'est pour l'un et pour
l'autre une sécurité précieuse à laquelle ils
renonceraient à regret , parce qu'ils s'y sentent
à l'abri des surprises de la mauvaise foi ou de la
méchanceté l'un de l'autre. (2) Cependant les
deux articles sont tellement corrélatifs, qu'à
moins de faire de la jurisprudence de fantaisie, il est impossible d'admettre l'un comme
règle du contrat, et de rejeter l'autre. On es-

(1) M. Mouricaut, rapporteur au tribunat.
(2) V. l'arrêt cité *infrà*.

saierait vainement d'éluder la difficulté en met-
tant au compte de l'influence de l'usage la nécessité de donner un congé ; M. Carou interdit par de bonnes raisons cet échappatoire.

« Néanmoins, dit-il, si dans certaines loca-
« lités, il était d'usage de notifier des congés,
« même pour les baux ruraux, cet usage de-
« vrait-il être suivi ? l'affirmative semblerait
« résulter de l'esprit général du Code qui parait
« avoir pris soin, surtout lorsqu'il s'agit des
« intérêts de l'agriculture, de consacrer les
« usages reçus ; et cela est raisonnable parce
« qu'en général aussi l'on ne saurait admettre
« une meilleure loi que celle que les parties
« consentent à se faire. Cependant il est douteux
« que cette opinion doive être suivie. La loi est
« formelle : elle fait cesser de *plein droit* le bail
« après l'expiration du temps déterminé par les
« prescriptions que la loi elle-même indique :
« c'est une présomption de droit qui ne semble
« pas, dans les principes de notre législation,
« devoir céder à un usage contraire que la loi
« elle-même n'a pas formellement consacré. (1)»

Les règles pures du contrat de société nous
offrent une solution plus nette et plus sûre. La

(1) M. Carou, *De la juridiction civile des juges de paix* ; t. 1,
p. 275.

négociation dont la consommation met fin à la société selon l'art. 1865, ne peut s'entendre que d'une opération parfaitement distincte de toute autre, isolée dans les limites de sa spécialité ; comme si la société se forme pour l'achat et la vente de la cargaison d'un navire : la cargaison vendue, il ne subsiste plus rien de ce qui faisait l'objet de la société dont l'action est épuisée. La culture d'un domaine n'est pas circonscrite dans des limites aussi absolues ; la rotation de l'assolement achevée ne laisse pas l'action de la société au dépourvu, et l'année nouvelle présente à son exercice les mêmes facilités que l'année écoulée ; l'industrie agricole apparait donc bien plutôt comme une œuvre continue, perpétuelle, dont les opérations se renouvellent et s'enchainent, et comparable à l'exploitation d'une branche de commerce, à l'entreprise d'un trafic indéfini.

Un autre motif semble devoir écarter l'application de l'article 1774 ; le fermier en prenant la direction de la culture, s'impose l'obligation de respecter et maintenir l'assolement existant ; le maître et le colon prennent au contraire la direction de la culture avec la plus entière liberté pour le mode d'exploitation, sans engagement à ce sujet envers les tiers, et ne relevant que d'eux mêmes ; n'en résulte-t-il pas que la règle

de l'assolement ne peut avoir sur les deux contrats la même influence.

Si ces aperçus sont exacts , le bail à métairie
ne peut finir par la *consommation 'de la négociation*, et un terme certain pour sa durée ne
peut résulter que d'une conventiou expresse , à
défaut de laquelle il tombe comme toutes les
sociétés illimitées, sous le régime de l'article
9 , qui rend le congé obligatoire.

314. La *société finit par la mort naturelle , la
mort civile, l'interdiction ou la déconfiture de l'un
des asssociés.*

L'article 1868 complète cette disposition.

Art. 1868. S'il a été stipulé qu'en cas de mort de l'un des associés,
la société continuerait avec son héritier...... Cette disposition sera
suivie.

La jurisprudence a consacré pour cette partie
de l'article 1865 une interprétation que la raison
approuve, et qui en rend facile l'application au
bail à métairie. Cette interprétation est fondée
sur ce principe que la mort d'un associé est une
cause d'expiration de la société , lorsqu'elle a été
formée *respectu personarum* , mais que cette
règle peut fléchir lorsque la société a été formée
respectu negotii. (1) C'est par suite de cette dis-

(1) M. Troplong. *soc.* n° 887 ; Malpeyre et Jourdain. n° 474 ;
Pardessus. t. 4. n° 1087.

tinction que dans les sociétés anonymes et les sociétés en commandite, dont le capital est divisé en actions, la mort d'un associé ne dissout pas la société. (1)

Il est donc permis d'interroger la nature du contrat et l'intention des parties. Sous ce rapport le bail à métairie présente une double face, car le maître s'associe au colon, *respectu personœ* ; tandis que le colon s'associe à l'exploitation, *respectu negotii*. Il faut donc décider que le décès du colon donne lieu à la résolution du contrat, qui se maintient au contraire nonobstant le décès du maître. (2) Coquille pensait, au contraire, que la mort du métayer ne rompait pas le bail (3); mais il se fondait sur deux motifs, qui manquent d'exactitude. « Doncque, disait-il, le « profit que recueille le métayer, c'est comme « le loyer de son labeur et industrie ; par con- « séquent, puisque c'est *ad instar* de location, la « métairie ne finit pas par la mort du métayer. »

(1) Ainsi un arrêt de la cour de cassation, du 12 janvier 1842, maintient une société d'assurance mutuelle contre l'incendie, parce qu'il est évident, par la nature même de cette société, que les contractants n'avaient point été déterminés par la considération des personnes, qu'on avait nécessairement prévu le décès des premiers assureurs, etc.

(2) M. Troplong. *soc.* nos 888, 884. *Louage.* nos 647, 1186.

(3) M. Duranton suit l'opinion de Coquille. t. 17. no 177.

Il faut remarquer en premier lieu que le louage auquel, dans ce passage, Coquille rapporte le bail à métairie, est le louage d'ouvrage; or, la conséquence qu'il en tire, très-juste lorsqu'il s'agit du louage des choses, n'en est pas une suite nécessaire lorsqu'il s'agit du louage d'industrie ; car la mort de l'ouvrier résout certainement le contrat, lorsqu'il a été choisi à raison de son habileté personnelle. Il est vrai que Coquille s'empresse d'ajouter : « Le labourage et « la nourriture du bétail ne sont choses d'in- « dustrie exquise, et la fonction en est vulgaire, « commune et aisée. » On peut s'étonner que Coquille ait si peu estimé l'industrie du laboureur ; sans doute on peut la dire vulgaire et commune ; mais faut-il la réputer si peu exquise et si fort aisée, s'il est vrai que le revenu d'un domaine puisse être considérable dans les mains d'un métayer intelligent et soigneux, et complètement nul au contraire dans les mains d'un colon inhabile et négligent. L'expérience le prouve tous les jours, et si l'on estime chaque chose à raison de son utilité, on reconnaîtra qu'il importe plus à l'intérêt général qu'il y ait de bons laboureurs que de bons bijoutiers, comme il importe plus au propriétaire d'avoir des cultivateurs industrieux, qu'un habile coupeur d'habits.

Au reste, l'industrie est assez exquise pour
que la mort de l'ouvrier opère la résolution du
contrat, toutes les fois que c'est en vue de la
qualité de la personne qu'on a contracté ; et
cette intention ne peut être douteuse dans le bail
à métairie, ou la personne du colon est non
seulement en contact avec la chose, mais aussi
en rapport continuel avec la personne du propriétaire.

En second lieu, Coquille devait d'autant moins
soumettre son opinion à la règle du louage
que, quelques lignes auparavant, il reconnait
que le bail à métairie n'est pas un louage, et
qu'il n'emprunte des règles à ce contrat *que
par analogie.* » Or, l'analogie n'oblige pas, et
c'est la nature des choses qu'il fallait consulter,
pour décider la question. (1)

On peut trouver la raison de cette erreur de
Coquille dans les instutions qui de son temps
étaient en honneur dans les campagnes ; je veux
parler de ces sociétés de travail qui unissaient si
étroitement entre eux les membres d'une même
famille, sous la direction de son chef dont la
place était, à sa mort, immédiatement remplie
par un successeur que son rang dans la famille
désignait à l'avance. Le bail à métairie était alors
consenti moins au chef de la famille qu'à la famille

(1) Troplong. *soc.* 883.

elle-même, dans laquelle se perpétuaient les tra-
ditions, les méthodes de culture et les habitudes
de travail. Coquille estimait donc que les héritiers du colon étaient tenus de continuer l'exercice de la métairie : « Toutefois, ajoutait-il, si
« les hommes qui ont entrepris la métairie vien-
« nent à décéder, et ne laissent que des femmes
« ou des petits enfants, je crois que le proprié-
« taire ne devra pas contraindre ces survivants
« à l'exercice de la métairie, et cela malgré que
« la femme veuve ou les enfants puissent le
« faire exercer par des valets ; la règle *difficul-*
« *tas prestationis non impedit effectum obligatio-*
« *nis*, n'étant applicable qu'aux contrats du
« droit étroit, et non aux contrats de bonne foi,
« comme est le bail à métairie. »

Ainsi le principe faiblissait devant l'incapacité
de l'héritier du colon ; mais la rupture du bail
n'était qu'une concession à sa faiblesse, à sa misère, il pouvait n'en pas profiter et le maître
restait seul exposé à tous les inconvénients de
son impuissance. Il est plus juste que la loi soit
égale pour les deux parties, et que chacune
d'elles puisse demander que le bail finisse lorsque le motif qui l'avait fait contracter n'existe
plus (1).

_____

(1) « Quandla faculté d'exiguer à volonté est octroyée par le con-

, Toutefois, les héritiers du colon ne sont pas affranchis de toute obligation par la mort de leur auteur ; ils ont droit et devoir de continuer la culture jusqu'à l'expiration de l'année. C'est en effet un principe généralement admis en matière de société, que la dissolution par la mort n'empêche pas l'accomplissement des opérations commencées, et que l'héritier de l'associé décédé, doit conduire à fin celles entreprises par son auteur. Or, on doit reconnaître que labour, semence et récolte, c'est-à-dire tout le le travail de l'année sont les parties d'une même opération.

314. La société finit encore *par la volonté qu'un seul ou plusieurs des associés expriment de n'être plus en société.*

1869. La dissolution de la société par la volonté de l'une des parties ne s'applique qu'aux sociétés dont la durée est illimitée, et s'opère par une renonciation notifiée à tous les associés, pourvu que cette renonciation soit faite de bonne foi et non faite à contre-temps.

1870. La renonciation n'est pas de bonne foi, lorsque l'associé renonce pour s'approprier à lui seul le profit que les associés s'étaient proposé de retirer en commun.

Elle est faite à contre-temps, lorsque les choses ne sont plus entières, et qu'il importe à la société que sa dissolution soit différée.

« trat au bailleur, semble que la raison est que le preneur l'ait
« pareille, à ce qu'il ne semblât que la société fut léonine si autre-
« ment était; la loi blâme la société léonine qui est quand il y a plus
« d'avantage d'un côté que de l'autre. L si non fuerint ff. pro socio. »
Coquille *sur Nivernais.* chap. XXI. art. IX.

1871. La dissolution des sociétés à terme ne peut être demandée par l'un des associés avant le terme convenu, qu'autant qu'il y a de justes motifs, comme lorsqu'un autre associé manque à ses engagements, ou qu'une infirmité habituelle le rend inhabile aux affaires de la société, ou autres cas semblables dont la légitimité et la gravité sont laissées à l'arbitrage des juges.

315. La puissance accordée à la volonté des parties sur l'existence du contrat, varie donc selon que le bail est illimité pour sa durée, ou à terme convenu. Dans le premier cas, l'art. 1869 n'impose à celui qui demande la dissolution qu'a une seule condition, celle de faire sa renonciation de bonne foi et non à contre-temps. (1)

Cette règle se réduit à des termes bien simples pour le bail à colonage : Le colon n'ayant droit aux bénéfices qu'en échange de son travail, et le maître n'ayant droit à une part des produits de ce travail qu'à la condition d'en laisser au colon la portion convenue, la renonciation sera de mauvaise foi et faite à contre-temps toutes les fois qu'elle aura pour effet d'attribuer au colon des bénéfices en le déchargeant du travail, ou de lui laisser la charge du travail, en le privant des bénéfices qui y correspondent ; et l'une de ces alternatives se présentera certainement toutes les fois que la dissolution sera de-

----

(1) « Ce qui dépend de la règle générale des sociétés, qui défend « de dissoudre intempestivement les sociétés. » Coquille, loc; cit.

mandée avant l'expiration de l'année courante;
car, c'est alors seulement que les travaux se ba-
lancent avec les profits, que les choses peuvent
être laissées dans les conditions où elles ont été
prises; que la dernière estimation du cheptel
peut être équitablement comparée à la première. (1) La résolution dans le cours de l'année
ne peut être demandée que pour inexécution
des obligations imposées par le contrat.

316. Le même article exige que la renonciation soit notifiée; et pour qu'elle n'ait pas lieu
à contre-temps, un délai fixé par l'usage, doit
être observé entre le jour de la notification et
celui où la dissolution doit s'accomplir; la rupture immédiate, imprévue pour l'un des contractants, pourrait être frauduleusement méditée par
l'autre et serait presque toujoure nuisible au
premier. On aurait tort de décider, par application de l'art. 1775, qu'un congé est inutile,
lorsque le bail à métairie a duré le temps fixé
par la période d'assolement des terres. Par un
jugement que la Cour de Limoges a confirmé, le
18 mars 1842 (2), le tribunal de Brives a sta-

_____

(1) Car si le bailleur exigeait un temps qui fût du tout mal propre
« comme par animosité ou mauvaise volonté au fort des moissons ou
« des labourages, le preneur pourrait demander et avoir son intérêt,
« à cause de la dissolution intempestive de la societé. » Coquille, *loc.
cit.*

(2) Devill. 42. 2. 522. *Journal du palais*, 1843. 1. 319.—

tué sur cette question dans les termes suivants :

« La position des fermiers est tout-à-fait dif-
« férente de celle des colons ; les fermiers sont
« suffisamment avertis par leur bail que , à son
« expiration, ils peuvent être expulsés, et que ,
« dès-lors, ils ont à s'imputer s'ils ne prennent
« pas les précautions nécessaires pour renouve-
« ler leur bail , ou pour chercher une autre
« situation , tandis qu'au contraire , les colons
« étant dans une ignorance complète de l'é-
« poque de leur sortie , n'ont pas été mis à
« même de s'assurer une existence dans un
« autre domaine ; qu'il suit de là que l'avertis-
« sement donné *à une époque trop rapprochée
« de l'expiration* (le 23 novembre), ne serait
« pas suffisant, comme n'ayant pas été fait en
« temps opportun. » Ces dernières expressions
montrent assez que sans l'exprimer formellement, le tribunal de Brives a entendu appliquer
au bail à métairie les principes du contrat de
société.

Le même jugement tire de ces principes une
autre conséquence : c'est que le congé peut être
donné verbalement et prouvé par témoins , en

V. aussi *Encyclopédie du droit*, de MM. Sebire et Carteret. V. *Congé*,
n° 6.

cas de dénégation. A cette occasion, M. De Villeneuve fait remarquer « que c'est un principe
« universellement admis et comme conséquence
« de l'art. 1715 du Code civil, d'après lequel
« le bail fait sans ecrit et qui n'a pas encore
« reçu d'exécution ne peut être prouvé par té-
« moins, que cette preuve n'est pas non plus
« admissible pour établir un congé donné ver-
« balement ; mais que la décision du tribunal
« de Brives s'explique très-bien par le principe
« énoncé dans l'arrêt confirmatif, que ce genre
« de bail n'est pas régi par les règles du Code
« civil relatives aux baux ordinaires. (1) »

Je crains cependant que la Cour de Limoges
n'ait statué sur ce point d'une manière trop générale ; ne semblerait-il pas en effet d'après les
termes de son arrêt, que la preuve testimoniale
peut être admise dans tous les cas, quelle que
soit l'importance des objets soumis au colonage?
Cette conséquence me paraît trop étendue. Si
en matière de fermage, le congé ne peut dans
aucun cas, être prouvé par témoins, c'est que
d'après l'art. 715, le bail qui n'a pas encore
reçu d'exécution, ne peut être prouvé par témoins. (V. *suprà* l'opinion de M. de Villeneuve).
C'est donc qu'il faut appliquer à la preuve du

(1) *Ibid.*

congé la même règle qu'à la preuve du contrat
qui y a donné lieu. (1) Or , nous savons que le
bail à métairie rentre, quant à la preuve de son
existence, sous l'application du principe général
déterminé par l'art. 1341 du Code civil ; il en
doit être ainsi pour la preuve du congé. (2)

L'usage étant, quant au délai, différent selon
les localités , on peut dire que le premier huis-
sier venu en sait plus à cet égard que le plus fin
docteur. Toutefois , il faut observer comme
règle générale que, soit que le délai se compte
par mois ou par un certain nombre de jours , il
importe de vérifier si l'usage est de comprendre
ou non dans le délai le jour de la notification ;
l'usage le plus suivi et le plus régulier est de ne
l'y pas comprendre; ainsi le bail expirant au 11
novembre et le délai étant de 3 mois , le congé
doit être signifié le 10 août.

(1) ARRÊT.—Attendu que le bail à colonage partiaire ne peut être
assimilé au bail rural, dont parlent les art. 1774 et 1.775 du Code
civil; que dans l'usage de l'arrondissement de Brives , le congé doit
être donné trois mois d'avance au colon partiaire ; que ce congé peut
être donné verbalement ; qu'ainsi la preuve testimoniale du congé
donné a été régulièrement admise.

(2) Attendu que le congé se rattache nécessairement au bail dont il
opère la résolution , et qu'il doit être conséquemment régi par les
mêmes principes. Cassation, 12 mars 1816 , — V. Curasson, t. 1 ,
p. 289.

. V. suprà, nº 59 et suiv.

317. Il serait peut-être impossible de prévoir toutes les occasions qui peuvent donner lieu à la dissolution d'une société à terme, sur la demande de l'un des associés; l'art. 1871 en donne quelques exemples en termes énonciatifs et généraux ; il s'en réfère d'ailleurs à la sagesse des tribunaux pour apprécier la gravité des faits allégués à l'appui de la demande.

La dissolution motivée sur l'inexécution des engagements de la part de l'une des parties , n'est que l'application à l'espèce de l'art. 1184 du Code civil. Quant à l'infirmité habituelle qui rend inhabile aux affaires de la société , il faut remarquer que ce ne peut jamais être une cause de rupture, lorsque c'est le maître qui en est atteint ; la part qu'il prend à l'administration ne l'oblige pas à des faits personnels ; il peut toujours agir par mandataire, et l'effet de son inaction se borne à laisser au métayer , qui n'a point traité *respectu personœ*, une plus grande liberté d'action. Il en est autrement du métayer qui doit à l'exploitation des soins personnels. Cependant il ne faut pas oublier, ainsi que nous l'avons fait remarquer déjà (1) que ce n'était pas seulement pour son travail personnel, mais aussi

(1) V. *suprà*, nº

pour son aptitude à diriger l'exploitation, que le
métayer était choisi par le maître. La demande
en dissolution fondée par ce dernier sur l'infirmité du colon, ne serait donc pas admise, si cette
infirmité ne lui ôtait pas la faculté de diriger et
surveiller les travaux, s'il tenait d'ailleurs sous
ses ordres des ouvriers ou domestiques en nombre suffisant, si enfin, l'exploitation ne parais-
sait pas en souffrir.

318. Entre le bailleur et le preneur d'un bail
à ferme, la discorde, la haine même n'a d'autre
effet que de les rendre plus exigeants, plus rigoureux l'un envers l'autre pour l'exacte exécution des conditions du bail; dans le bail à
métairie, au contraire, l'esprit d'union est indispensable à la bonne exécution du contrat; le
concours exige l'harmonie. Si la défiance et
l'esprit de contrariété se glissent dans les rapports du maître et du colon, l'exploitation sera
sans cesse embarrassée par le conflit de leurs
volontés, et le contrat formé en vue de bénéfices à recueillir, aboutira nécessairement à des
pertes successives. Trop souvent même l'inimitié
engendre des rixes et des délits contre les personnes que l'ordre public autant que l'intérêt
privé, commande de prévenir par la résolution
du bail; les règles du louage ne le permettraient

pas, celles du contrat de société l'autorisent.
Mais il ne suffira pas pour obtenir la dissolution
de manquer à ses engagements et de se montrer
associé turbulent, *socius rixosus* ; le droit de le
demander n'appartient qu'à celui qui souffre des
désordres de l'autre, contre lequel il peut obtenir en même temps des dommages-intérêts.
*La légitimité de la demande et la gravité des
circonstances sont laissées à l'arbitrage des
juges* (1).

Il est évident que les soustractions fraudu-
leuses, les abus de confiance, tous les actes
d'inégalité dans les rapports réciproques entre
le maître et le colon, peuvent donner lieu à la
résiliation du contrat qui a pour base la confiance personnelle.

Lorsque le congé a été donné par l'une des
parties, elle ne peut le retirer et obliger l'autre

___

(1) V. ce que dit M. Troplong, des dangers de la mésintelligence
entre les associés; cité *suprà*, n° 305.

Coquille *sur* l'art. 9, *Coutume du Nivernais.* « Et quoique selon
« les règles du droit, nul ne puisse être contraint de demeurer en
« société outre son gré, *L. ult. c. comm. divid.* Néanmoins si in-
« tempestivement et hors saison due, l'un dissout la société, il est
« tenu de l'intérêt. *L. si convenerit*, *in fine ff. pro soc.* Aussi les
« lois, quand aucune chose à faire est remise à volonté d'autruy,
« entendent que ce soit volonté raisonnable, qui telle serait jugée par
« un prud'homme. »

à continuer le bail ; la déclaration de l'un des contractants qu'il veut être libéré des obligations qui dérivent du bail libère, *ipso facto*, celui auquel s'adresse le congé. (1) Cependant, il faut limiter cette décision au cas où le retrait serait notifié à une époque postérieure à celle à laquelle le congé peut être valablement donné ; jusque là, en effet, le *regrès* doit être permis, parce qu'il ne porte point préjudice au droit de l'autre partie qui, si elle ne veut point l'admettre, peut elle-même manifester, soit par un congé, soit par une protestation contre le retrait, son intention de faire cesser le bail; si néanmoins le retrait avait lieu dans un moment trop rapproché du jour indiqué précisément par l'usage, pour celui d'une signification utile de congé, et qu'il parût évidemment que, soit à raison de la brièveté du délai, soit par d'autres circonstances, la partie congédiée n'a pu se mettre en mesure contre le retrait, sa protestation, quoique notifiée postérieurement au jour d'usage pour les congés, pourrait être admise et faire maintenir l'effet du congé.

(1) Is enim qui renuntiavit, à se quidem liberare socium suum, etiam ignoranter, potest. — Le président Favre sur la loi 17, § 1, D. pro socio.

M. Troplong. *soc.* n° 982.

23

319. Lorsque le bail à colonage a été consenti par plusieurs co-propriétaires , le congé donné au colon par un ou quelques-uns d'eux, est-il suffisant pour opérer la résolution du contrat? *Quid* si le bail a été à l'inverse, consenti par un propriétaire à plusieurs colons, et que le congé soit signifié à la requête de l'un de ces derniers?

Dans le premier cas, le congé signifié par l'un des co-propriétaires n'est pas suffisant; ses droits sont indivis et confondus avec ceux de ses co-propriétaires ; il ne peut les diviser , pour en jouir privativement, que par les moyens indiqués par la loi pour faire cesser l'indivision ; de concert avec eux il a engagé la chose commune dans un mode de jouissance dont il ne peut seul le retirer ; il suffit que le colon puisse s'armer contre lui de la volonté manifestée par l'un des co-propriétaires , ou résultant de son silence , pour être maintenu ; et si un nouveau colon se présente du chef de celui qui a donné congé , l'ancien sera maintenu ; on fera à son profit application de la règle , *melior est causa possidentis*.

Il en est autrement , lorsque c'est un des colons qui a signifié congé ; son co-personnier ne pourrait l'obliger à continuer l'exploitation; il ne pourrait pas davantage faire maintenir le bail contre la volonté du propriétaire, car d'une part, le colon qui donne congé n'ayant engagé son fait personnel que pour un temps donné, est libre de se retirer lorsqu'il n'est plus tenu par le lien du contrat ; de l'autre, le propriétaire qui avait mis en commun la jouissance de ses héritages, contre le travail et l'œuvre de deux colons, ne peut être tenu de les laisser engagés contre le travail d'un seul.

320. La loi du 25 mai 1838, dans son article 3, attribue expressément aux juges de paix la connaissance des demandes auxquelles peuvent donner lieu les congés qui se rapportent aux baux à colonage partiaire.

Les juges de paix connaissent, sans appel, jusqu'à la valeur de 100 francs, et à charge d'appel, à quelque valeur que la demande puisse s'élever.

Des actions en paiement de loyers ou fermages, *des congés*, le tout lorsque les locations verbales ou par écrit, n'excèdent pas annuellement, à Paris, quatre cents francs, et 200 francs partout ailleurs....

Si le prix principal du bail consiste en prestations non appréciables d'après les mercuriales, ou s'il s'agit de *baux à colons partiaires*, le juge de paix déterminera la compétence, en prenant pour base du revenu de la propriété, le principal de la contribution foncière de l'année courante multiplié par 5. (1)

(1) Il est regrettable que la loi de 1838 n'ait pas attribué à la

La méthode introduite par cette loi pour déterminer l'importance du litige, est simple et
bien trouvée, et je m'étonne qu'elle n'ait pas
été appliquée à tous les cas dans lesquels le
prix du loyer ou fermage n'est pas déterminé en
somme d'argent ; les mercuriales sont souvent
inexactes, et ont l'inconvénient d'être essentiellement variables ; en sorte que pour le même
objet, le juge de paix peut être compétent en
dernier ressort au mois de mars, ne l'être pas en
avril, et ainsi de mois en mois pendant toute la
durée du bail. (1) La contribution foncière n'est

même juridiction, sous la même réserve du droit d'appel, toutes les
actions se rapportant au bail à colonage ; les juges de paix sont les magistrats les plus aptes pour apprécier les contestations de cette espèce,
qui pour rappeler l'avis de Coquille, semblent appartenir naturellement à leur juridiction paternelle, *arbitrio boni viri.* Les droits des
colons seraient mieux garantis, parce que pour les faire valoir ils ne
seraient pas retenus par l'éloignement du tribunal et l'importance des
frais. La simplicité des formes et le bon marché de la justice, conviennent aux litiges dans lesquelles l'une des parties engagées est
presque toujours ignorante et pauvre.

(1) Dès à présent, ce mode d'apprécier l'importance des baux à
colonage, peut être considéré comme acquis légalement pour régler
l'admissibilité de la preuve par témoins, dans le cas précédemment indiqué au numéro 69, dont je m'empresse de rectifier la solution, en
reconnaissant qu'au moment de sa rédaction, je n'avais pas assez présente à l'esprit la disposition de cet article de la loi du 25 mai 1838.
La précision, la fixité et la certitude, sont dans les dispositions législatives des qualités trop précieuses pour être négligées ; elles se ren-

pas invariable il est vrai , mais elle n'est modi-
fiée que d'année en année et diffère de bien peu
pour les cotes inférieures à 40 fr. La mercuriale
d'un marché n'est pas toujours conforme à celle
d'un marché voisin , etc... Mais ces observations
ne sont pas de notre sujet ; sans en sortir , nous
pourrions au moins émettre le vœu qu'elles
soient adoptées pour servir de base à la perception des droits d'enregistrement sur les baux à
colonage partiaire , si nous n'avions déjà dit
qu'il conviendrait mieux encore de soumettre
ces actes comme les actes de société , à un
droit fixe, dont le chiffre serait abaissé. (1)

321. « C'est le demandeur , dit M. Carou ,
« qui saisit le juge de paix : C'est par conséquent
« à lui aussi qu'il incombe de justifier du mon-
« tant de la contribution. Cela se fait par un
« bordereau des contributions des biens loués ,
« ou un certificat du percepteur constatant le
« principal de la contribution foncière de

---

contrent dans celle de la loi de 1838 , que nous venons de transcrire,
et qui nous paraît applicable à tous les cas dans lesquels il s'agit de
déterminer l'importance du bail.

(1) V. *suprà*. nos 79 et suivants. Je tiens de notaires que j'ai
consultés, que le droit d'enregistrement à payer , quoiqu'il soit modique, est souvent un motif suffisant, pour faire restreindre à une année la durée du bail exprimée au contrat.

« l'année courante. Ce bordereau ou certificat
« doit être joint à la demande, ou tout au
« moins produit au jour de la première compa-
« rution. En cas contraire, le demandeur de-
« vrait être déclaré non recevable en sa de-
« mande et condamné aux dépens. Mais si le
« principal de la contribution, multiplié par 5,
« excédait le taux de la compétence du juge de
« paix, ce magistrat devrait de suite se déclarer
« incompétent, renvoyer le demandeur à se
« pourvoir, et le condamner aux dépens.

« En règle générale, ajoute le même auteur,
« le juge de paix doit apprécier sa compétence
« *à priori*, au jour même où la cause lui est
« soumise, et d'après les éléments déjà exis-
« tants...... Par conséquent, si au moment où
« la cause est présentée au juge de paix, elle a
« une valeur qui excède sa compétence, ou si
« cette valeur n'est pas déterminée, il doit de
« suite se déclarer incompétent.»

Toutefois, il ne faut pas prendre trop à la
lettre cet avis très-juste en principe ; et si le
demandeur ne se présente pas, à la première
comparution, muni d'un bordereau des contributions, ou d'un certificat du percepteur, le juge
de paix, appréciant les motifs de cette omission,
peut renvoyer la cause et impartir un délai pour
la réparer.

CHAPITRE VII.

—

PARTAGES ET COMPTES.

322. Les bénéfices des sociétés ne sont communément partagés qu'à l'époque de leur dissolution; mais les plus rigides observateurs de cette règle générale conviennent qu'elle souffre de nombreuses exceptions, notamment lorsque la nature de la spéculation indique que les parties ont entendu que les bénéfices ne seraient pas accumulés. On cite, comme exemple, le bail à colonage. (1) Dans ce contrat, en effet, les époques convenables pour le partage des produits sont indiquées par la nature des choses, et varient selon leur espèce. Les fruits que les parties retirent en nature, comme les céréales, se partagent selon la convention ou l'usage des lieux, soit aussitôt après la récolte, soit après l'écossage. L'excédant du cheptel résultant du rapprochement des estimations ne se divise qu'à

(1) Félicius, cité par M. Troplong, *Soc.*, n° 622.

l'expiration du bail ; enfin le produit des ventes
faites pour le compte commun, se répartit au
moyen d'un compte annuel dans lequel se ré-
sument les recettes et les dépenses de l'année.
Ce compte comprend tous les faits de la gestion
de l'année qui peuvent donner lieu pour l'une
ou pour l'autre des parties, à recevoir, à payer
ou à rendre. Et cette liquidation périodique est
fondée sur ce que chaque année comprend un
ensemble complet d'opérations. (1)

323. D'un aveu unanime , l'application du
contrat de société au bail à métairie n'est plus
contestable, lorsqu'il s'agit du partage des bénéfices et de la contribution aux pertes ; toute
analogie avec le louage disparait, lorsqu'on arrive
à cette phase du contrat. C'est donc à l'art. 1872
du Code civil, qu'il faudrait recourir pour résoudre les difficultés qui peuvent se présenter.

Art. 1872. Les règles concernant le partage des successions, les
ormes de ce partage et les obligations qui en résultent entre co-héri-
tiers, s'appliquent aux partages entre associés.

Mais il suffit de jeter les yeux sur les dispositions du Code relatives aux successions, pour

(1) Dans notre législation, lorsqu'il s'agit de prestations annuelles,
on doit voir autant de dettes particulières qu'il y a de termes échéant
successivement. —Proudhon, usuf. t. 2, n° 465.

Il y a autant d'apports différents qu'il y a de perceptions de fruits.
—Delvincourt, t. 3, aux notes, p. 232 et 233.

s'apercevoir qu'il est bien difficile d'en tirer
une utilité réelle et pratique pour le bail à métairie. La facilité de division des objets à partager entre le maître et le métayer est telle, qu'il
ne peut se présenter de difficultés pour le partage proprement dit. Il en est autrement du
compte que les parties doivent régler entre elles
soit annuellement, soit à fin de bail, pour se
faire raison de ce qu'elles peuvent se devoir à
cause des recettes ou dépenses communes, ou
des avances réciproques. Les parties peuvent
n'être pas d'accord sur le fait des achats ou des
ventes, la quotité ou le prix des objets vendus,
les avances faites. A cet égard, les faits allégués
peuvent être établis par tous les moyens de
preuve ; car pour aucun de ces faits les parties
ne peuvent être astreintes à retenir une preuve
littérale. (1) Les tribunaux accordent ordinairement une grande confiance aux registres du maître, c'est d'un bon usage ; cependant ils doivent être attentifs à se défier des écritures irré-
gulières, sans ordre, sans suite, sans certitude,

_____

(1) Il est des cas où l'on aurait pu à la rigueur faire un écrit ,
mais où la rapidité des transactions est considéré comme étant une
sorte d'impossibilité morale. — M. Bonnier. *Traité historique et prati-*
que des preuves, p. 112 n° 141.

et à ne pas se laisser surprendre par des énonciations inscrites après coup. La sagacité du juge
a quelquefois à déjouer de honteuses fraudes et
à protéger contre elles la bonne foi et la simplicité.

324. A ce sujet, le tribunal d'appel de Lyon
avait, dans la série des articles qu'il proposait
pour réglementer le bail à portion de fruit, placé
le suivant :

« Le propriétaire et le colon partiaire ont cha-
« cun un livre. Le propriétaire écrit sur tous
« deux au fur et à mesure de chaque avance
« qu'il fait au colon partiaire, chaque paiement
« qu'il en reçoit. Ces livres font foi en justice sur
« leurs comptes respectifs. A défaut par le colon
« partiaire de représenter son double, le pro-
« priétaire est cru sur la présentation du sien ;
« il est tenu, si le colon l'exige, d'en affirmer la
« sincérité. »

Pour imposer au maître l'obligation d'écrire
sur le livre du colon, il faudrait lui imposer
d'abord celle de savoir écrire ; mais si cette proposition du tribunal de Lyon n'est pas susceptible d'être rendue obligatoire, elle reste néanmoins comme un bon conseil pour les propriétaires ou fermiers qui jouissent par métayer. Celui-ci pouvant à tout instant faire vérifier son li-

vre par une tierce personne, la double relation
de la gestion du bail ne laisserait aucune incertitude sur les opérations diverses qui la constituent. Il est certain que le défaut de représentation d'un livre par le propriétaire qui sait écrire,
élève contre lui une présomption défavorable.

325. S'il résulte du compte une dette d'une
partie envers l'autre, ce reliquat est immédiatement exigible, et alors que le bail se continue ,
la partie débitrice ne serait point admise à renvoyer pour le remboursement à l'année suivante,
ou à la fin de bail; si le maître accorde ordinairement des délais, c'est indulgence, non obligation.

326. Le débiteur poursuivi dans le courant
d'une année pour le paiement du reliquat de
l'année précédente, ne serait pas même admis
à objecter que le compte de l'année nouvelle le
rend créancier, et à demander que l'état en soit
dressé pour offrir en compensation les profits
qui lui reviennent. (1) Le principe général qui
ne permet pas aux associés de demander le par-

(1) Cette règle suppose que le maître se charge de faire les recettes
et les dépenses, sans en compter autrement qu'à fin d'année. Il en
serait différemment si le maître et le métayer étaient dans l'habitude
de partager les recettes et de fournir par contribution aux dépenses ,
au fur et à mesure qu'elles ont lieu.

tage avant l'expiration de la société, retrouve
ici son application pour interdire au maître et
au colon de se contraindre à liquider dans le
courant de l'année agricole; pendant sa durée,
les recettes et les dépenses se produisent alternativement et jour par jour; les achats succédant
aux ventes, les ventes aux achats, on ne peut
considérer comme susceptible de constituer une
créance sérieuse, que le reliquat du compte qui
comprend l'ensemble de toutes les opérations de
cette période. C'est là le droit rigoureux, que
l'article 1244 permet aux tribunaux de tempérer,
en accordant des délais au débiteur, et le droit
du juge à cet égard n'est limité que par le sentiment de l'équité.

327. Lorsque le compte doit être rendu,
c'est le maître qui doit en présenter l'état, parce
que c'est lui qui administre, vend, achète, paie
et reçoit. (1) Cet état comprend quatre chapitres:

Recettes communes, dans lesquelles entre le
prix des ventes de bestiaux, denrées ou autres
objets faits pour la communauté.

Dépenses communes, comprenant le montant
des achats et tous autres déboursés à la charge
de la société.

(1) V. Coquille *sur Nivernais*. chap. XXI. art. VI. et *suprà*, n°⁴
181 et suivants. 220, 240, 259, 261 et suivants.

Avances faites au métayer, dans lesquelles se place la redevance en argent s'il en a été stipulé.

Avances par le métayer. Cet article se compose de toutes les sommes qu'il peut avoir payées pour le compte commun , ou en acquit de sa redevance.

Pour liquider le compte, on balance les résultats des deux articles de recettes et dépenses ; on en porte la différence , si elle établit un profit, aux avances par le métayer ; si elle établit une perte , à l'article des avances au métayer ; et l'on balance ensuite ces deux derniers articles dont la différence constitue la créance ou la dette du métayer ou du maître à l'égard l'un de l'autre.

328. Le maître et le métayer ont pour se contraindre à payer le reliquat du compte, tous les droits ordinaires d'un créancier contre son débiteur ; nous avons à rechercher quels droits extraordinaires peuvent être attachés à cette créance. Supposons d'abord que le maître est créancier, le métayer débiteur ; voici ce qu'enseigne M. Duranton.

« Quoique le Code distingue, et avec raison , « dans plusieurs de ses articles (522, 585, « 1801 et autres), le fermier du métayer ou co- « lon partiaire ; que la redevance payée *pour*

« *charge de culture* par un métayer ou colon
« partiaire ne soit pas, dans l'usage, appelée
» fermages ou loyers, et que l'article 2102
« accorde le privilége dont il s'agit pour *loyers*
« et *fermages* ; néanmoins il n'est pas douteux
« que le propriétaire d'une métairie ou d'un
« vigneronage donné à culture , moyennant
« une portion des fruits, n'ait pas pareillement
« le privilége pour la somme que le métayer ou
« cultivateur est tenu de payer annuellement,
« d'après le bail, pour son logement, sa part
« d'impôts ou autres charges appelées dans
« l'usage de certains pays, *charges de culture.*
« Nous verrons plus loin si le privilége existe
« aussi pour les avances en blé ou argent, que
« le propriétaire a faites au cultivateur dans le
« courant du bail, non en vertu d'une clause
« portée dans le bail, ce qui ne souffrirait au—
« cune difficulté, mais de son plein gré, pour
« lui donner le moyen de subsister et de pouvoir
« continuer la culture. » (1).

On peut en effet distinguer théoriquement au
moins, la prestation colonique, (2) des avances
que le maître peut faire à son métayer; peut-
être la distinction sera-t-elle moins facile à éta-

---

(1) M. Duranton. t. 19. p. 90. n° 71. nouv. édit.

(2) V. *supra.* n°ˢ 201 et suivants.

blir pratiquement dans les réglements du compte;
nous reviendrons bientôt sur ce point. Quoi qu'il
en soit, pour envisager au point de vue le plus
complet la question de privilége, ajoutons au
passage de M. Duranton que nous venons de
transcrire, ce que dit le même auteur des avances faites par le propriétaire à son fermier ou
métayer.

« Quant aux avances qui ont été faites en grain,
« ou en argent pour s'en procurer, à un fermier
« ou à un colon partiaire, cultivateur ou mé-
« tayer, pendant la durée du bail, sans qu'il
« y eût de convention à ce sujet dans le bail, on
« peut dire, avec Pothier, *que ce n'est là qu'une*
« *créance ordinaire*, un simple prêt, pour lequel,
« par conséquent, le privilége du bailleur
« n'existe pas ; sauf ce qui est dit à l'article
« 2102 quant au privilége pour fourniture de se-
« mence, et pour prix d'ustensiles. Et toute-
« fois, Pothier lui-même, malgré cette raison,
« l'accordait pour ces sortes d'avances, parce
« que, disait-il, sans elles, le cultivateur n'eût
« *peut-être* pas pu continuer la culture, et, dès
« lors, cela rentre dans les obligations résul-
« tant de l'exécution du bail.

« Dans nos précédentes éditions, mais au ti-
« tre du louage, seulement, nous avions con-

« sidéré ces avances comme une créance ordi-
« naire, un prêt, et en conséquence nous n'ac-
« cordions point le privilége, à *moins que les*
« *avances n'eussent été faites en vertu d'une*
« *clause portée dans le bail.* Mais en y réfléchis-
« sant davantage, nous avons pensé que nous
« nous étions trompé: ces avances ne sont point
« un prêt avec les caractères ordinaires du prêt ;
« c'est une créance de propriétaire à fermier ou
« métayer : le propriétaire ne les a faites que
« pour faciliter au fermier ou métayer le moyen
« de cultiver le fonds. Dans beaucoup de cas,
« sans de telles avances, la culture serait aban-
« donnée, par suite de l'indigence des cultiva-
« teurs, surtout dans les pays de vignobles., où
« les récoltes sont si incertaines. Le proprié-
« taire de la ferme ou métairie ne les eût *pro-*
« *bablement* pas faites au même individu, si cet
« individu n'eût pas été son fermier ou son mé-
« tayer. C'est donc *en vue de la culture*, de
« l'exécution du bail par conséquent, qu'il les a
« faites ; car l'article 2102 accorde le privilége
« pour tout ce qui concerne l'exécution du
« bail. » (1)

L'avis de Pothier est également adopté par

(1) M. Duranton. t. 19. p. 128. n° 97. nouv. édit.

M. Troplong (1); mais MM. Grenier, Delvincourt, Dalloz, Zachariæ et Bugnet annotateur
de Pothier, professent une opinion contraire. (2)
« Les priviléges étant de droit strict, et la loi
« ne l'accordant que pour ce qui concerne l'exé-
« cution du bail, il est difficile de l'étendre
« aux avances faites par le bailleur au preneur,
« postérieurement au bail. » (3)

Il faut remarquer que Pothier établit une
distinction positive entre les avances faites en
vertu d'une clause du bail, et celles qui n'ont
pas cette origine; et qu'il ne se détermine à
accorder pour les dernières un droit de privilége,
qu'avec une certaine réserve, je dirais presque
une certaine timidité. « La créance de ces
« avances, dit-il, naît d'un contrat de prêt sé-
« paré et distingué du bail, et qui n'en fait pas
« partie; néanmoins *il parait* que *l'usage* a
« étendu à cette créance les droits des seigneurs
« de métairie, surtout lorsque ces avances ont
« été faites en grains ou autres espèces, etc. »
La cour d'Angers, dans l'arrêt cité par M. Du-

<hr>

(1) Pothier. *Louage.* n° 254. M. Troplong. *priv. et hyp.* n° 154.

(2) Grenier. *hyp.* t. 2. n° 309; — Delvincourt. t. 3. p. 275.
notes; — Dalloz. *hypoth.* 35. n° 13; — Curasson. *Louage.* t. 1 p.
279; —

(3) M. Bugnet. — s Poth. *loc. cit.* — conf. Zachariæ.

24

ranton, dit : « Que c'est au juge à décider si
« les objets réclamés ont été fournis en vue de
« la culture et par le preneur. » (1)

329. Il est facile de voir que si l'on donne pour
base au privilége du maître, pour le remboursement des avances qu'il fait à son métayer, sa
qualité de locateur, cette garantie lui est faible-
ment assurée. Je me garderai bien d'apporter
dans la balance le poids trop faible de mon opinion ; je ne puis éviter cependant de dire que
les motifs qui ont déterminé M. Duranton à
abandonner sa première doctrine, me paraissent
plus propres à faire regretter que le Code civil
n'ait pas accordé le privilége pour les avances
faites par le propriétaire au fermier, qu'à prouver que ce privilége est réellement concédé par
l'art. 2102. Quel détour n'est-on pas contraint
de prendre pour ramener des avances d'argent
ou de denrées, auxquelles on ne pensait pas en
convenant de bail, pour lesquelles il n'y a pas
d'obligation prise, au nombre des actes *d'exécution de ce bail* ! et cela dans une matière *de
droit strict*, qui n'admet que les chemins en
ligne droite! Est-ce bien sur des *peut-être*, sur
des *intentions probables*, qu'on peut asseoir ce

(1) Devilleneuve. nouv. édit. t. 6. — Dalloz. V. *privilége* p. 40.

droit de privilége ? Je crains que ce ne soit une erreur d'équité. Le bail est une convention, et l'exécution d'une convention, c'est l'accomplissement des obligations qu'elle engendre ; le propriétaire n'est pas assurément obligé de faire des avances à son fermier, et s'il consent à lui en faire, c'est un acte de nouvelle volonté dont la cause est en-dehors du contrat de bail. Supposez, par exemple, qu'il y eût hypothèque consentie pour l'exécution du bail, croit-on que les créanciers inscrits postérieurement au bailleur, qui sont réputés avoir mesuré le crédit qu'ils accordaient au fermier, sur l'étendue des obligations qu'il avait contractées par le bail, se laisseront primer par une créance d'avances dont le germe ne se trouve pas formellement dans le bail ? Cela ne serait-il pas contraire à tous les principes en matière d'hypothèques ?

33o. Il serait bien regrettable que le privilége du propriétaire pour les avances qu'il fait au métayer, fût frappé de la même incertitude ; la confiance du maître dans son droit de préférence, l'engage seule à faire ces avances ; et si elle était ébranlée, cette source unique de crédit pour le colon serait bientôt tarie ; c'est là pourtant une condition indispensable pour la culture des métairies soumises au colonage partiaire, et pour

l'existence même des colons. Les avances du
propriétaire au fermier, garanties ordinairement,
en dehors du bail, par les précautions dont s'entoure le contrat de prêt, comme lui productives
d'intérêts, sont des exceptions assez rares; celles
que le métayer obtient de son maître, escomptant
ainsi, sans usure, pour les nécessités du présent, les espérances et les ressources de l'avenir, sont entr'eux une habitude constante, une
situation presque normale, et semblent dériver
bien plutôt des rapports de bienveillant concours qui existent entre des associés, que des
rapports d'exigence réciproque dans lesquels
vivent le plus ordinairement le fermier et le
propriétaire.

331. Envisagé au point de vue sous lequel nous
avons jusqu'ici considéré le bail à métairie, le
droit de préférence nous semble avoir dans le
contrat de société une racine plus solide. Les
charges de la culture, les frais de récolte et de
perception des produits constituent l'apport du
métayer; si le maître est contraint, dans l'intérêt commun, d'y pourvoir à sa place, le métayer
est dans la position d'un associé qui ne peut,
et dont les créanciers personnels ne peuvent
retirer la part des bénéfices avant d'avoir

acquitté sa dette ; *(1)* dans la position, encore, d'un héritier dont la part dans les dépenses, pour la gestion d'une propriété commune, a été payée par son cohéritier. *(2)* C'est pour cela que nous avons vu le commentateur de la Coutume du Bourbonnais enseigner que cette préférence est accordée au maître, *domino prœdii*, à cause du contrat de société, *ex instrumento societatis*. (3) Le même commentateur lui donne encore pour origine la faveur due à celui qui a fourni les semences, *ex causâ seminis*. Selon le Code civil, les frais de la récolte de l'année jouissent du même avantage ; il est constant en effet, que les avances faites par le maître au métayer, sont presque toujours destinées à la nourriture et au paiement des ouvriers que le métayer est obligé d'employer pour les travaux extraordinaires de la moisson ou de la récolte des fourrages, pour lesquels son travail et celui de la famille sont insuffisants. C'est donc, dans la réalité, le maître qui fait les avances des frais de récolte, et son droit de préférence est fondé sur des motifs de la plus pure équité.

332. Enfin, si l'on considère le métayer comme

(1) V. M. Troplong, *soc.*, n° 865.
(2) Arg. de l'art. 1872.
(3) V. *suprà*, n° 25.

locataire , par un contrat dépendant, mais distinct du bail à métairie , de la maison qu'il habite et du jardin dont il jouit privativement, et
la redevance qu'il paie , comme le prix de cette
location , il faudra pour le montant de cette
redevance , et si l'on peut le distinguer dans le
reliquat du compte , accorder au propriétaire
le privilége du locateur ; mais cette garantie
n'atteindrait que les meubles garnissant la maison d'habitation , les grains qui se trouveront
sur le grenier , et les autres effets mobiliers qui
y seront déposés. Il est plus équitable , plus
pratiquement utile, et plus raisonnable aussi, de
s'en tenir à ce qui a été dit au n° 218 , et de
ne faire aucune distinction entre cette dette et
toutes autres que le métayer peut contracter
envers le maître à l'occasion du bail.

333. Le privilége du maître prend par sa
nature, et au besoin, par des motifs d'analogie,
le rang qu'occupe le privilége du propriétaire
dans l'art. 2102 du Code civil.

334. Le maître, dépensant et recevant dans
l'intérêt commun , peut aussi se trouver débiteur du reliquat du compte. Le paiement de sa
dette est-il garanti par un droit de privilége ,
comme l'est le recouvrement de sa créance ? Non,
s'il jouit , seulement à titre de locateur, du pri-

vilége qui lui est accordé; oui, s'il est débiteur comme associé. On comprend tout de suite
pour quel parti réclame l'équité ; le maître doit
sa part dans les produits au travail du colon,
comme le colon devait la sienne à la fertilité des
héritages du maître. La loi n'établit pas de privilége au profit du preneur contre le bailleur ,
parce qu'il n'est pas dans la nature des choses
que le premier soit créancier du second ; le colon et le maître sont, au contraire, à tous égards,
dans des rapports de réciprocité , qui exigent
qu'on maintienne entre eux un juste équilibre.
Comment ! le maître créancier du colon , trouve
garantie et privilége pour sa créance, jusque
sur le prix des meubles personnels du colon , et
celui-ci sera forcé de partager avec les créanciers d'un maître, propriétaire ou fermier, ruiné
dans des spéculations étrangères à la métairie,
le prix des moissons qu'il a semées et cueillies,
du bon croît du cheptel qu'il a élevé et nourri !
Il faudra qu'il aille, dans une distribution par
contribution , leur disputer un maigre divi-
dende, ou même souffrir que des privilégiés
prélèvent jusqu'à la dernière obole du gage naturel qu'il semblait avoir dans sa main ! Le
maître est le gérant , le caissier de l'association.
Sa part dans les bénéfices doit répondre de sa

gestion, de sa comptabilité. On ne peut invoquer, pour établir le privilége du maître, un
seul motif d'équité, qui ne réclame aussitôt en
faveur du colon. L'usage, un usage fondé sur
une erreur, peut lui être opposé, sans doute;
les vrais principes du droit, non ceux qu'on ar-
rache à la lettre séche de la loi, mais ceux qui
jaillissent des sources inaltérables de la justice,
le défendent.

335. Qu'elle que soit d'ailleurs l'origine du
privilége accordé au propriètaire, par cela seul
qu'il existe, les motifs d'analogie sont suffisants
pour qu'il soit autorisé à saisir-gager les objets
sur lesquels porte le privilége, et à profiter de
tous les avantages résultants des dispositions des
articles 819 et suivant du Code de procédure
civile.

336. Il a été décidé, dans un jugement de
première instance, par application de l'article
593 du Code de procédure civile, que les instruments de culture appartenant au métayer
pouvaient être saisis et vendus pour assurer le
paiement du reliquat de compte dont il se trouvait débiteur, par le motif « que dans le compte
« étaient comprises des sommes dues pour re-
« devances ou prestations coloniques ; qu'à cet
« égard, la dette était un véritable prix de loca-

« tion, *soit pour les terres, soit pour l'habitation*,
« et que toutes les stipulations relatives au
« paiement de la prestation sont de l'essence du
« contrat. »

Les raisons qui doivent faire rejeter cette
opinion, même au point de vue du loyer de
l'habitation, ont été amplement exposées; nous
n'avons pas à y revenir; mais s'il restait un doute
sous ce dernier rapport, ce serait un motif de
plus pour appeler sur notre contrat l'attention
des législateurs. Il importe à un haut degré pour
l'intérêt public, que les cultivateurs ne soient
pas chassés misérablement du métayage, et
c'est un moyen de les y retenir que de ne les
dépouiller, dans aucun cas, des instruments indispensables à cette condition. (1) Dans tous les
temps, on a pris soin de garantir aux artisans
de l'agriculture une protection particulière. On
peut citer, par exemple, cette constitution de
l'empereur Frédéric, approuvée par Louis-le-
Hutin, le 15 décembre 1315 : *Agricultores et
circa rem rusticam occupati, dùm illis insident,
dùm agros colunt, securi sint.* (2)

(1) V. la première et la dernière partie de cet ouvrage. (Introduction, conclusion.)
(2) Ordonn, roy.

CONCLUSION.

Dans la première partie de ces études, l'introduction, qui avait été publiée en 1847 dans le *Bulletin de la Société d'Emulation de l'Allier*, j'avais indiqué les fâcheux résultats de l'isolement qui s'est fait entre les propriétaires et les colons, partout où le fermage s'est mis en tiers avec eux. Des événements considérables se sont accomplis depuis cette publication ; qu'on les répute heureux ou funestes, ce qui doit être certain pour tous, c'est qu'ils ont mis à jour tout ce que nos institutions et nos mœurs recelaient de bien et de mal, et c'est un devoir pour chacun de signaler à l'attention de ceux qui font les lois, les améliorations qui lui paraissent pouvoir être apportées à une situation pour le moins douloureuse. Dans ce champ si vaste ouvert à l'observation, mon esprit a dû s'arrêter sur le sujet dont il était alors préoccupé, et je me suis de plus en plus affermi dans l'opinion que j'avais précédemment exprimée.

Qui n'a été surpris du peu d'influence que, dans les departements du Centre, cultivés à portion de fruits, les propriétaires ont exercé sur les cultivateurs? Qui n'a été effrayé, dans l'intérêt de l'ordre social, de la facilité avec

laquelle pénétraient dans l'esprit des campagnes , les
doctrines déplorables qui menaçaient le droit de pro -
priété ? Ceci est un fait nouveau, car lors de la première
révolution, les métayers s'étaient montrés confiants ,
souvent dévoués envers les propriétaires, et sourds aux
mauvaises inspirations. Pour découvrir la cause d'un
changement aussi marqué, il faut comparer l'état de la
population des campagnes aux deux époques :

La révolution de 1789 la trouve groupée par familles
dans les associations de travail , en rapport direct avec
les propriétaires, ou tout au moins avec des fermiers ai-
sés et bienveillants. La seconde trouve la population
métayère numériquement amoindrie , en contact avec
des fermiers exigeants, spéculateurs, trafiquants ; les familles divisées , et la plupart de ceux qui appartenaient
au métayage par leur origine , transformés en journaliers.

Si l'on compare ensuite la condition dés métayers à
celle des journaliers , on découvre immédiatement les
motifs d'une situation dont on a pu s'étonner d'abord.

Le métayer partageant directement la jouissance de
la propriété, *dans une proportion une fois convenue*, peut
vivre fraternellement avec elle ; dévoué à une œuvre
continue, dont les opérations successives s'engendrent et
s'enchainent, trouvant, pour tous les moments de sa vie,
l'objet toujours prêt d'une occupation régulière et d'un
travail modéré, il échappe naturellement à l'influence
fatale de l'oisiveté. Labourant et semant pendant une
année pour récolter dans une autre , il reporte incessamment sa pensée vers l'avenir ; et son esprit se repose dans
l'espérance du succès qu'il prépare. Chez lui, la faculté
de prévoir, privilége et distinction de l'homme, source

inépuisable de moralité, toujours en action, s'exerce, se développe, se fortifie sans cesse. La régularité du travail s'impose comme un besoin à toutes les habitudes de sa vie, et l'esprit d'ordre, c'est-à-dire le respect de tout ce qui est juste, de tout ce qui est dû, devient facilement la règle de ses actions.

Le journalier, au contraire, n'a de rapports avec la propriété que pour entrer en contestation avec elle, lorsqu'il s'agit de fixer la mesure *toujours variable* de son salaire ; il est en contact avec elle pour le travail et pour la peine, non pour la perception des fruits ; son intérêt immédiat, celui dont il est le plus touché, n'est pas de faire bien, mais de faire peu. Par cela même, le penchant naturel et essentiellement moral de l'homme vers la perfection s'altère et disparaît en lui. Payé le soir pour l'ouvrage de la journée, il ignore quel sera le sort du lendemain, et vit au jour le jour ; il est dépendant des caprices de la volonté d'autrui, de sa bonne fortune, du hazard ; sans autorité, sans influence directe sur son avenir, il s'accoutume à attendre tout de l'imprévu ; la faculté de prévoyance s'énerve dans l'inaction, s'assoupit, s'éteint (1). Tantôt employé à des travaux pénibles,

(1) A cet égard, l'époque où nous sommes est précieuse pour l'observation : les denrées alimentaires sont au plus bas prix, et le prix de la main-d'œuvre au plus haut. Le sentiment de la prévoyance la plus vulgaire, enseignerait au journalier qu'il peut enrichir son épargne, et se prémunir contre les douleurs des temps de disette et de chômage ; il n'en est rien : la plus grande partie des journaliers chôment volontairement une partie de la semaine, le travail de deux ou trois jours pourvoyant suffisamment aux besoins de sept. — Le métayer ne chôme pas

tantôt inoccupé, le jour où il ne maudit pas la fatigue du travail, il reste abandonné aux mauvaises suggestions de l'ennui et de l'oisiveté. Dans son existence, tout est fatalement irrégulier ; et cette règle inévitable de ses habitudes devient, de toute nécessité, celle de ses actions, de ses idées ; et qu'y a-t-il entre l'irrégularité et le désordre ?

Si l'on poursuit ce parallèle jusque dans l'ordre des idées les plus élevées, on s'aperçoit bientôt qu'il est plus facile de faire pénétrer le sentiment religieux dans l'esprit du laboureur habitué à attendre le prix de sa peine de la terre et du ciel, que dans celui du manœuvre qui ne connaît d'autre source à son pain de chaque jour que la bourse de celui qui l'emploie. Si le salaire est abondant et large, le premier élève à Dieu ses actions de grâces, le second n'a rien à bénir que le besoin qu'un autre a eu de son travail.

Telles sont les conditions naturelles de l'existence de l'un et de l'autre, et leurs conséquences absolues. Reconnaissons néanmoins que si vous altérez ces conditions normales par des conventions exceptionnelles, oppressives ou bienfaisantes, leur influence réagira nécessairement sur les résultats ; si vous ôtez au métayer tout espoir d'obtenir une meilleure part de bénéfices par un redoublement d'efforts, si vous assurez au journalier un travail régulier, continu et convenablement rétribué, vous aurez, au moins en partie, renversé les conditions de leur situation morale ; mais j'aurai peut-être le

et ne peut pas chômer ; le travail du jour s'enchaîne à celui du lendemain et le commande ; mais il se repose très-exactement le septième jour.

droit de dire que vous avez fait du métayer un ilote, du journalier un domestique.

En tout ceci, mon but est d'enseigner qu'en retenant les familles des campagnes dans le métayage, soit, de la part des particuliers, par de bonnes conditions ; soit, de la part du législateur, par des dispositions de loi où leurs droits et leurs devoirs seraient clairement et équitablement définis, loin de nuire à l'intérêt général, on suit la meilleure voie pour maintenir et ramener des populations considérables dans les idées d'ordre et de moralité, qui sont la première assise du bien public. Si donc j'avais assez d'autorité pour donner un conseil à mes concitoyens, propriétaires dans les départements soumis au régime de la culture à portion de fruits, répondant, en dehors de tout esprit de parti politique, à celles de leurs plaintes qui se rapportent à l'attitude des habitants des campagnes, au milieu des évènements qui se sont accomplis, je leur dirais : « Renoncez, le plus « que vous le pourrez, à livrer vos terres à un système « de fermage vicieux : soyez convaincus que c'est en « vous rapprochant des cultivateurs, en assurant, par « de bonnes conditions, votre richesse et leur bien-être, « en cimentant par la justice et la bonté votre association « avec eux, que vous pourrez reconquérir leur confiance. « Ne sentez-vous pas que c'est surtout dans ces rapports « intimes, dans ces conversations familières, dont les « besoins de l'intérêt commun renouvellent sans cesse « les occasions, que vous leur ferez comprendre que « vous n'êtes pas propriétaires, comme on a pu le leur « dire injustement, *parce que vous avez pris la peine de* « *naître*, mais parce que vous, ou ceux qui vous ont « légitimement transmis leurs droits, vous avez accu-

« mulé sur cette terre qu'ils cultivent, un capital bien
« supérieur à la valeur du fonds primitif; représentez au
« colon le sol nu, en friche , dépouillé de la maison
« qu'il habite , des bâtiments dans lesquels il enserre
« ses moissons, ses fourrages et élève ses bestiaux ,
« des haies qui entourent ses prés , de l'herbe épaisse
« qu'il y fauche , des fossés qui assainissent ses champs,
« et il comprendra que s'il vous donne une part dans son
« travail d'aujourd'hui , vous lui donnez une part dans
« un travail précédent, sur lequel nul sophisme ne sau-
« rait lui donner l'apparence d'un droit, et sans lequel
« ses efforts désespérés ne parviendraient pas à le tirer
« de la misère la plus extrême. Comprenez bien que
« vous prenez accès dans sa confiance, lorsque dans vos
« entretiens avec lui , vous dites, *nos* champs, *nos* prés,
« *nos* moissons. Le seul emploi de ces monosyllabes
« vaut tout un raisonnement , et l'initie au secret de
« l'association légitime du capital et du travail. Il ne
« reste plus qu'à poser cette association sur des bases
« équitables et bienveillantes, pour que des dispositions
« hostiles vous deviennent amies. »

Il reste à indiquer par quelles dispositions nouvelles la
législation pourrait imprimer au métayage la direction favorable dont nous nous sommes efforcé, dans toutes les
parties de cet ouvrage, de faire comprendre l'utilité. En
réparant ainsi une omission regrettable, commise par les
rédacteurs du Code civil, notre Assemblée législative ne
ferait qu'imiter le sage exemple des Etats sardes ; mais

il nous semble qu'elle pourrait mieux faire encore , en donnant pour base au contrat de bail à métairie, comme le Code autrichien, les principes généraux du contrat de société, au lieu des principes du contrat de louage adop-tés par le Code de Sardaigne. Au reste , les motifs qui ont déterminé la rédaction des propositions suivantes se trouvent répandus dans les divers chapitres qui pré-cèdent; nous y renverrons par l'indication des numéros ou des pages

I.

Le bail à culture , moyennant une portion des fruits, est une société dans laquelle un propriétaire apporte la jouissance de ses héritages , et un cultivateur ou colon partiaire, le travail nécessaire pour leur exploitation.— Ce contrat est soumis aux règles générales du contrat de société , et spécialement aux dispositions suivantes , si les parties n'y ont pas dérogé par des conventions parti-culières, dans les cas où la faculté de le faire ne leur est pas interdite.

V. chap. I : nᵒˢ de 1 à 36. — 43 et suiv.—86 et suiv.—ch. V. nᵒ 222. — Projet du tribunal de Lyon , art. 1 , 2 , 3 — Code sarde, art. 1795.

II.

Les profits et les pertes se partagent par moitié, s'il n'y a stipulation contraire; dans aucun cas , on ne peut stipuler que le métayer supportera dans la perte une part plus forte que celle qu'il prend dans le profit , sauf le prélèvement autorisé à l'art. 4.

V. chap. V, nᵒ 253 et suiv. — Code sarde, art. 1786.—1799.

III.

Le colon ne peut céder son droit au bail, si la faculté ne lui en a été expressément accordée. En cas de contravention, le propriétaire peut expulser le colon et obtenir des dommages-intérêts.

V. chap. III, nᵒˢ 173 et suiv.—Code sarde, art. 1787.

IV.

La contribution foncière est à la charge du colon dans la proportion de sa part aux bénéfices. Il ne peut être exigé de lui aucune autre redevance fixe en argent ou en denrées, à titre de loyer, charge de culture ou autrement. Toute convention contraire est nulle. Il peut néanmoins être stipulé que le propriétaire ou le colon prélèvera sur les produits, indépendamment de sa part, une quotité quelconque déterminée par la convention. La part du propriétaire dans le produit des volailles, des abeilles et du laitage, peut être convenue à forfait, pourvu que ce soit en nature et sans fraude.

V. Introd. de la page 11 à 14.—*Id.* de la page 20 à 27.—P. 39. —Chap. IV, nᵒˢ 201, 207 et suiv.

V.

S'il existe sur les héritages des bâtiments destinés à leur exploitation, le colon sera tenu de s'en servir et de résider dans ceux destinés à l'habitation. Il est tenu, pour ces derniers, de toutes les obligations imposées aux locataires de maisons, en ce qui concerne les réparations, les impôts et la responsabilité en cas d'incendie. Le propriétaire est tenu de faire aux bâtiments d'exploi-

25

tation toutes les réparations qui peuvent devenir nécessaires , sans la faute du colon, et les entretenir en état
de servir leur destination.

V. chap. III, numéros 135,—139 et suiv. —152.—163 et suiv.,
—chap. IV, n° 218.

VI.

Le colon doit donner les soins d'un bon père de famille aux travaux de la culture , à la conservation et à
l'entretien des héritages et du cheptel. Il répond du fait
des personnes qu'il emploie. Il ne peut récolter les grains,
ni les battre, si le partage ne doit avoir lieu qu'après
cette opération, ni vendanger ni tondre sans avoir averti
le propriétaire.

V. chap. III, n°ˢ 153. — 157 et suiv.—Ch. V , n° 241 et suiv.—
270.—Proj. du trib. de Lyon, art. 6.

VII.

Celui du propriétaire ou du colon qui contracte des
engagements envers les tiers , même pour l'intérêt commun , est seul tenu envers eux. — S'il y a désaccord
entr'eux sur le mode de culture, l'achat et la vente des
bestiaux, la volonté du propriétaire est prépondérante.
Néanmoins , si l'acte accompli contre la protestation du
colon, constitue une faute grave, il a droit d'être indemnisé. Si le colon a agi contre la volonté du propriétaire,
il est tenu de tous les dommages auxquels son obstina-
tion aura donné lieu.

V, chap. IV, numéros 219, 220.—Id. n° 181;—chap. V, n°ˢ 240,
259,261 et suiv.

VIII.

Le colon n'est pas obligé de contribuer à l'achat des engrais, amendements ou fourrages qu'il plait au maître d'introduire dans la métairie , à moins qu'ils ne soient destinés à remplacer ceux dont la métairie a été privée par cas fortuit ; mais il est tenu de les voiturer, et d'en faire emploi conformément à leur nature.

V. chap. III, n° 132 et suiv., chap. IV , n° 188, 189 et suiv.

IX.

Le colon est chargé de l'entretien des fossés et rigoles d'irrigation; celui des canaux et le curage des cours d'eau est à la charge du propriétaire.—Le colon entretient les haies mortes et vives ; il doit y employer la retaille en provenant, et celle des arbres à ce destinés. Ce qui reste après cet emploi lui appartient , mais seulement pour son usage personnel.

V. chap III, n° 144 et suiv.—161.—Projet du tribunal de Lyon, art. 6 , 4°—Code sarde , art. 1797 , 1799.

X.

Le propriétaire peut faire à ses frais, sur les héritages cultivés à moitié fruits , toutes sortes de plantations et constructions, et y établir des pépinières , à la charge d'indemniser le colon , s'il en résulte pour celui-ci un préjudice notable.

V. chap. III, n° 147 et suiv. —Code sarde, 1796.

XI.

Le propriétaire procure, à titre de cheptel donné au colon partiaire, après estimation, les bestiaux nécessaires à la culture. — Le colon fournit les instruments aratoires; il les doit tels que ceux en usage dans le pays; il ne peut refuser d'employer des instruments meilleurs, si le propriétaire veut les fournir : dans tous les cas, l'entretien est à sa charge.

V. chap. III, n° 154; — chap. V, n° 222 et suiv.

XII.

Le colon n'est pas tenu de recevoir dans le cheptel qui lui est donné, les bestiaux atteints de vices rédhibitoires. S'il les a reçus sans connaître le vice, il peut obliger le propriétaire à les reprendre et remplacer, en se conformant aux dispositions de la loi du 20 mai 1838. —Le propriétaire a le droit d'être indemnisé pour ceux qui, dans les mêmes conditions, lui auraient été laissés, lors de la remise du cheptel.

V. chap. V, n° 238 et suiv.

XIII.

Le colon doit se servir des bestiaux du cheptel pour l'exploitation des héritages, le transport des denrées qui en proviennent et des matériaux nécessaires pour les réparations. — Il ne peut en disposer, ni les employer à voiturer pour autrui, ou à tout autre usage étranger à la culture, sans l'agrément du maître. Les charrois reservés annuellement ne s'arréragent pas.

V. Chap. III. n°ˢ 142-143; — chap. IV. 196 et suivants ; —chap. V. n° 257 et suivants ; — projet du tribunal de Lyon art. 6, 7; — code Sarde. art. 1788, 1797.

XIV.

Si le cheptel périt en entier , sans la faute du colon , il n'est pas tenu de contribuer à la perte. Il en est de même dans les cas de perte en entier des animaux d'une même espèce, lorsque le cheptel comprend des espèces différentes , si ces espèces ont été distinguées dans l'estimation ; dans ces deux cas il doit prouver qu'il est exempt de faute. — Il contribue à la perte partielle dans la proportion de ses droits aux profits.

V. Chap. V. nᵒˢ 243 et suivants.

XV.

A l'expiration du bail , les bestiaux garnissant la métairie , même ceux du croît , restent en la possession du propriétaire. S'il y a excédant de valeur de la nouvelle estimation sur la première, il fait compte au colon de sa part dans cet excédant; s'il y a perte , le colon tient compte au propriétaire de la portion à sa charge.

V. Chap. V. nᵒˢ 273 et suivants ; — 279 , 281 et suivants; — 286 , 289 et suivants.

XVI.

Le bail à métairie, perpétuel ou viager, celui par lequel il n'a pas été déterminé d'époque d'expiration, ne cesse pas de plein droit. Il peut être résilié à la fin de chaque année , à partir du jour où il a commencé. La partie qui veut s'en dégager doit signifier congé dans le délai fixé par l'usage des lieux. — Si après l'époque déterminée pour l'expiration du bail, le colon est resté et a été laissé en possession , le bail continue.; mais chaque partie peut.

le faire cesser, comme il vient d'être dit. — Enfin, la résolution du bail peut toujours être obtenue s'il existe des motifs suffisants, dont l'importance et la légitimité sont abandonnés à l'appréciation des tribunaux, qui en la prononçant peuvent condamner celui qui y a donné lieu, à des dommages intérêts.

V Introd. p. 9; — chap III. nos 111 et 112; — chap. V. no 271; — chap. VI nos 299 et suivants, 307, 309 et suivants, 314, 316 et suivants; — proj. du trib. de Lyon. art. 8, 9, 10, 11, 12, 13, 14; — code Sarde art. 1789, 1790, 1800.

XVII.

Si le colon décéde pendant le cours du bail, ses héritiers et le propriétaire peuvent réciproquement faire résilier le contrat à la fin de l'année, en donnant congé dans le délai d'usage, ou dans la quinzaine du décès s'il arrive dans l'intervalle de ce délai.

V. Chap. VI. no 314; — proj. du trib. Lyon. art. 10; — code Sarde. art. 1791

XVIII.

La vente du fonds ne donne pas lieu à la résolution du bail à métairie qui a date-certaine, ou qui a commencé d'être exécuté avant la vente.

V. Chap. II no 56, 97 et suivants.

XIX.

Le propriétaire doit fournir au colon à qui appartient la récolte pendante par racine, au moment de sa sortie, les facilités nécessaires pour sa perception, suivant l'usage des lieux.

V. chap. III. no 87.

XX.

Le propriétaire est privilégié sur les meubles du colon et sur sa part dans tous les produits de l'exploitation, tant qu'ils sont dans la métairie :

1° Pour toute créance résultant de l'exécution du bail;

2° Pour ce qu'il peut avoir payé en l'acquit du colon pour dettes contractées par celui-ci pendant un bail précédent et à l'occasion de ce bail ;

3° Pour les avances faites au colon pendant la durée du bail, pour sa nourriture ou l'utilité de l'exploitation.

De son côté, le colon est privilégié sur tous les produits de la métairie recueillis pendant son bail et sur le bon croît du cheptel, pour le paiement des sommes dont la balance du compte le rend créancier contre le propriétaire.

V. chap. VII. nᵒˢ 328 et suiv. — 334.

XXI.

Le propriétaire peut faire saisir-gager, conformément aux articles 819 et suivants du Code de procédure civile et article 10 de la loi du 25 mai 1838.—Les instruments aratoires du colon, jusqu'à concurrence d'un objet de chaque espèce, ne peuvent être saisis.

V. chap. VII. nᵒ 336.

XXII.

Toutes les demandes relatives à l'exécution d'un bail à portion de fruits qui a commencé d'être exécuté, ou dont l'existence n'est pas contestée, seront portées devant le juge de paix de la situation des lieux, qui pronon-

cera en dernier ressort jusqu'à concurrence de cent
francs, et à charge d'appel à quelque somme que la demande puisse s'élever.

V. Introd. p. 42 ; — chap. III. nos 115. et suivants ; — chap.
VI n° 520, à la note.

XXIII.

Les dispositions des articles 1729, 1735, 1739, 1740,
1741, 1763, 1764, 1805, 1809 et 2062 du Code civil sont
applicables au bail à métairie et au cheptel donné au colon partiaire.

Disposition particulière.

L'enregistrement des actes authenthiques ou sous signatures privées, contenant bail à portion de fruits, donnera lieu à la perception d'un droit fixe de 2 fr., quelle-
que soit la durée du bail. Les reconnaissances de cheptel
donné au colon partiaire, se rattachant à un bail précédemment enregistré, donnera lieu à la perception du
droit fixe de 50 centimes.

V. chap. I. n° 85.

FIN.

TABLE.

—

Le numéro placé après *intr.* indique la page à l'introduction. — Celui placé après *tr.* (traité) indique les § numérotés. —Après *concl.* le chiffre arabe indique le § de la conclusion; le chiffre romain le numéro du 2e §.

ERRATA.

Page 155, à la 9e ligne, *au lieu de* le fermier, l'usufruitier devraient, etc., *lisez* : le fermier et l'usufruitier, on devrait, etc.

Page 323, ligne 12, *au lieu de* : que le preneur recommence, *lisez* : que l e premier recommence, etc.

Page 331, ligne 9, *au lieu de* : 9, *lisez* : 1869.

— 338, à la note, *au lieu de* : exigeait, *lisez* : exiguait.

— 344, 13e ligne, *au lieu de* : les actes d'inégalité, *lisez* : les actes d'improbité.

Page 211, 15e ligne, *au lieu de* : le cheptel et la métairie, *lisez* : le bail à cheptel et le bail à métairie.

Page 288, ligne 16, *au lieu de* : corrélatifs, *lisez* : corrélatives; et ligne 22, *au lieu de* : dirige le mouvement, *lisez* : ce mouvement.

Page 221, ligne 18, après le chiffre 1830, *ajoutez* : cette conséquence.

Page 206, ligne 17, *au lieu de* : paiement des portes et fenêtres, *lisez* : paiement de la contribution des portes et fenêtres.

www.ingramcontent.com/pod-product-compliance
Lightning Source LLC
Chambersburg PA
CBHW060537220326
41599CB00022B/3526